LAROUSSE
saveurs

PLANTES & HERBES AROMATIQUES

CONNAÎTRE ET PRÉPARER

PLANTES & HERBES AROMATIQUES

CONNAÎTRE ET PRÉPARER

ANDI CLEVELY • KATHERINE RICHMOND

LAROUSSE

17 Rue du Montparnasse 75298 Paris cedex 06

Conseil scientifique
Bernard Pasquier
Directeur du Conservatoire National des Plantes à Parfum, Médicinales, Aromatiques et Industrielles (CNPPMAI, Milly-la-Forêt)

Photographie
John Freeman et Michelle Garrett

Traduction-adaptation française et réalisation
Atelier d'édition européen
(Massimo Casati, Anna Klykova et Frédéric Perroud)

Coordination éditoriale Larousse
Véronique Herbold et Susan Jones

Lecture-correction
Françoise Moulard, Frédéric Perroud et Édith Zha

Fabrication
Annie Botrel

Couverture
Gérard Fritsch

Illustrations de couverture
Photo © P. Ginet ; verso © R. Mazin

L'éditeur tient à remercier de leur collaboration : Anthony Gardiner, Simon et Judith Hopkinson, Lucas Green Nurseries, Bernard Pasquier, Warren et Jenny Prestwich, Rosemary Titterington
Cet ouvrage est l'adaptation française de *The Complete Book of Herbs*
Première publication en 1994 Lorenz Books

Distributeur exclusif au Canada : les Éditions Françaises, Inc.

ISBN : 2-03-516 002-2
N° de série éditeur : 18975
Dépôt légal : septembre 1996
516 002-septembre 1996

Imprimé et relié en Chine

SOMMAIRE

INTRODUCTION

Genièvre

Les hommes se sont, de tout temps, intéressés aux plantes, et aux herbes en particulier. Ils ont appris à les apprécier ou à les redouter, puis à les cultiver. Ils en ont même convoité certaines, n'hésitant pas à mener de grandes conquêtes afin de les ramener dans leur pays. Aujourd'hui, plusieurs plantes et herbes exotiques entrent dans la fabrication de médicaments et de milliers de produits. Souvent méconnues, les herbes sont désormais admises par les jardiniers dans l'art du jardinage, quand les mains de l'homme leur donnent une forme élégante, pour le bonheur des yeux mais aussi de la vue, de l'odorat et du goût.

De nos jours, la présence des herbes dans notre vie quotidienne est fort banale, à tel point que leur existence va de soi : on n'y prête guère attention, sauf quand on désire cuisiner ou jardiner. Il y a quelques siècles, du temps de nos ancêtres, il en allait tout autrement.

Au Moyen Âge, les paysans récoltaient les plantes sauvages dont ils avaient besoin. Les moines, surtout, cultivaient des herbes aux multiples vertus dans leurs jardins potagers : ils les faisaient pousser en parterres et en bordures, et en étudiaient les propriétés. Ensuite, ils en dressaient l'inventaire, comme dans ce *Livre des simples* (plantes médicinales) que le patriarche de Jérusalem envoya en Angleterre au Xᵉ siècle, ou comme dans cet important traité des herbes du XIIIᵉ siècle rédigé par un franciscain, Bartholomaeus Anglicus. Les baies, les graines et les écorces étaient récoltées dans des contrées lointaines, séchées puis importées sous forme d'épices : celles-ci venaient s'ajouter à la gamme de saveurs et d'arômes mise à la disposition d'un petit nombre de gens assez fortunés pour acquérir ces denrées rares.

À gauche : *if taillé en une élégante spirale et encadré de tiges couvertes de feuilles d'angélique.*

Les valeurs évoluent en même temps que les sociétés constituées s'enrichissent et que s'éloigne la nécessité d'assurer la survie quotidienne. On ne tarda pas à cultiver des plantes en Europe, non plus dans un but seulement utilitaire mais également à des fins décoratives. Plus on appréciait leurs qualités ornementales, plus on oubliait leurs propriétés utilitaires.

Au XIXᵉ siècle, on pouvait trouver facilement des médicaments, des teintures et des produits de beauté tout prêts ; et grâce aux progrès faits en matière de conservation et de distribution de la nourriture, on n'eut plus besoin d'herbes et d'épices parfumées pour masquer le goût d'une viande ou d'un poisson plus très frais. On se méfia alors de l'ancienne science des herbes, incertaine et dépassée. Au point que les herboristes furent assimilés à des excentriques transmettant de vieilles superstitions.

En dessous : *les pages des livres d'heures du Moyen Âge étaient souvent enluminées d'herbes et de fleurs peintes.*

Ci-contre : *entrelacs d'herbes ornant une page du* Siège de Tripoli *(XVe siècle) de Guillaume de Tyr.*

Aujourd'hui, les plantes ont retrouvé la place qu'elles méritent. Les médecines parallèles ont redécouvert les secrets de la phytothérapie, traitement des affections par les plantes, et les propriétés curatives de celles-ci. On se mobilise pour la protection de nombreuses espèces sauvages, celles en particulier qui ne se développent que dans les forêts tropicales menacées par la désertification et la déforestation, en mettant en évidence leurs propriétés exceptionnelles et la perte que représenterait leur disparition.

Grâce à l'intérêt porté aux cuisines du monde entier, les saveurs orientale de la citronnelle de De Candolle, méditerranéenne de la coriandre et sud-américaine du maté *(Ilex paraguariensis)*, un houx dont les feuilles servent à faire une infusion stimulante, nous sont désormais familières. En écrivant l'histoire des herbes et des jardins d'herbes d'un point de vue uniquement européen, on occulte l'importance du lien qui, dans toute société du monde en accord avec son milieu, unit l'homme et les plantes. Ainsi, chez les In-

LES ÉDULCORANTS NATURELS

Les plantes aromatiques communiquent aux aliments la diversité quasi infinie de leurs saveurs ; en revanche, il en est peu – y compris parmi les plantes qualifiées de « douces » – qui dispensent un goût réellement sucré. La production industrielle de sucre tire sa matière première de ses deux principales sources, la canne à sucre, dans les régions tropicales, et la betterave sucrière, dans les régions tempérées. Toutefois, d'autres plantes jouent un rôle similaire. Ainsi, la sève de certains arbres, une fois traitée, donne des sucres comestibles, comme l'érable (Acer saccharum), *apprécié au Canada, ou bien le noyer : durant la Seconde Guerre mondiale, ne conseillait-on pas aux Anglais de produire du sirop avec des noix ? L'herbe au pouvoir édulcorant le plus fort est le cerfeuil musqué,* Myrrhis odorata : *on peut utiliser ses feuilles pour remplacer une partie du sucre requis dans certaines recettes de fruits acides. On a récemment identifié une autre herbe,* Lippia dulcis, *proche de la verveine citronnelle que les Aztèques dénommaient « herbe douce » et qui contient de l'hernandulcin, une substance mille fois plus sucrée que le saccharose.*

Page précédente, en haut : *composition d'herbes et de fleurs pressées, une technique fort pratiquée au XIXe siècle.*

Ci-contre : *portrait du grand herboriste anglais Nicholas Culpeper, auteur du* Theatrum botanicum *(1640).*

Ci-dessous : *pensées et fraises sauvages, entre autres, décorent ce livre d'heures (vers 1480) de Simon Marmion.*

diens Kuna du Panamá, certains secteurs de la forêt sont des sanctuaires réservés aux guérisseurs qui y cueillent les plantes indispensables à la survie de la tribu ; les Antasaka, ainsi que d'autres tribus de Madagascar, utilisent les plantes de la forêt pour se vêtir, se soigner, se nourrir et se loger ; les pêcheurs de l'île de Socotora jettent dans l'eau des copeaux de bois d'adénium, aux propriétés soporifiques, pour endormir les poissons afin de les pêcher plus facilement. Non loin de là, dans les déserts d'Arabie, les cavaliers arabes soignent leurs montures en recourant à toute une pharmacopée de plantes élaborée au Moyen Âge. Quant aux Tsiganes, ils continuent de ramasser l'ail sauvage et les différentes herbes qui poussent le long des chemins.

Les jardiniers contemporains doivent retrouver cette complicité quasi instinctive avec les plantes. Cultiver celles-ci dans son jardin permet déjà d'en apprécier toutes les qualités. Mais on ne peut pourtant pas les cultiver toutes, tant leur variété est grande et cela, d'autant plus que leur nombre augmente à mesure que l'on découvre de nouvelles espèces.

Culture des herbes

Les herbes du jardin

Grande bardane

Au mot « herbe » sont rattachées différentes définitions dont aucune n'est complètement satisfaisante. Pour le botaniste, c'est une plante dont les parties aériennes meurent à la fin de la saison ; pour le médecin ou le pharmacien, il s'agit d'une plante intéressante pour ses vertus prophylactiques ou curatives, tandis que, pour le cuisinier, les herbes sont des produits qui entrent dans la préparation des plats pour leurs qualités gustatives et aromatiques.

Généralement, les jardins ne présentent qu'un choix limité d'herbes utiles : en effet, les plantes ont été sélectionnées et semées avant tout pour leurs qualités décoratives. Un premier semis peut comprendre du persil, de la sauge, du thym, de la menthe. Par la suite, on ajoutera du romarin, de la lavande de Provence ou de la marjolaine.

La bonne croissance de ces trésors botaniques dépendra de la place disponible dans votre jardin, mais également du climat et de la nature du sol. Les plantes tropicales exigeront de la chaleur ou, dans les pays tempérés, une culture en serre, tandis que les plantes et les arbustes méditerranéens aux feuilles grises ou blanches préféreront un terrain sec et ensoleillé. Un certain nombre d'herbes se complaisent dans une pénombre humide ou sur les talus desséchés, ou bien encore sur les bords marécageux des plans d'eau, sur les rocailles, les balcons et les bacs à fleurs. Pour utiliser les treillis et les tonnelles, on plantera des espèces grimpantes tandis qu'une végétation très courte poussera sur le bord des chemins et sur la crête des murs.

De nombreuses herbes existent en de multiples variétés dont certaines sont cultivées pour leur feuillage coloré ou panaché. Elles seront idéales pour créer une

Les premiers livres consacrés aux herbes

Ces premiers livres constituent de précieuses pièces de collection. Au-delà de leur valeur évidente en tant qu'objet de curiosité, ils témoignent des convictions et des connaissances de chaque époque, des différentes vertus attribuées aux plantes, suivant les régions, de leur efficacité et de leur valeur diététique ou médicinale, sans parler du rôle essentiel qu'elles jouent en astrologie et en alchimie. Les premiers travaux scientifiques connus sont l'Histoire des plantes *et* la Croissance des plantes *du Grec Théophraste (300 av. J.-C. env.). Au Moyen Âge, le* Canon de médecine *(vers 1020 env.) d'Avicenne et le* Leech Book of Bald *(vers 950 env.), un ouvrage anglo-saxon, faisaient autorité.*

À gauche : *point n'est besoin de beaucoup de place pour faire pousser herbes aromatiques et médicinales.*

À droite : *la diversité des formes et des couleurs des herbes est telle qu'on peut vraiment leur consacrer un jardin qui ne sera pas forcément ordonné et contrôlé.*

LES OMBELLIFÈRES UTILES

Avec sa tige ramifiée et ses fleurs formant des ombelles planes composées de cymes, donnant des graines aromatiques, le fenouil est typique de la famille des ombellifères. De nombreux autres membres de cette famille possèdent des propriétés utiles, par exemple le cerfeuil musqué (Myrrhis odorata)*, le persil, le cerfeuil commun et l'angélique. On trouve également des légumes tels que carottes et panais, et des herbes médicinales comme la férule. Malheureusement, quelques espèces voisines sont extrêmement toxiques – la grande ciguë est la plus connue – et il est déconseillé de ramasser des ombellifères sauvages sans être sûr de les avoir bien identifiées.*

mosaïque aux tons contrastés. Toutefois, si la couleur des plus communes d'entre elles ne saurait rivaliser avec l'éclat des fleurs et des arbustes hybrides modernes, il faut chercher leur valeur réelle dans cette capacité à se métamorphoser en toutes sortes d'infusions, de fortifiants, de pommades et autres médications. Les herbes possèdent un autre avantage, non négligeable : elles poussent mieux et sont plus faciles à entretenir que la plupart des plantes d'ornement courantes.

LES MAUVAISES HERBES UTILES

Le célèbre écrivain américain Ralph Waldo Emerson définit un jour la mauvaise herbe comme « une plante dont on n'a pas encore trouvé l'utilisation ». Voilà une manière plus positive de voir les choses. Toute plante possédant un aspect agréable à l'œil ou des vertus reconnues mérite sa place dans un jardin d'herbes. Par exemple, la camomille sauvage est capable de redonner de la vitalité aux plantes voisines malades, et la proximité de l'ail sauvage est bénéfique pour les roses. La grande consoude aux jolies fleurs purpurines, une fois coupée, active le compost ; elle entre aussi dans la composition de remèdes pour soigner la peau. Le mouron des oiseaux, lui, transmet ses propriétés fortifiantes aux salades.

Mis à part les lieux où elles poussent, les différences sont minimes entre les mauvaises herbes et les fleurs dites sauvages. Ces dernières méritent donc une place dans le jardin, car leur beauté est comparable à celle de toutes les espèces cultivées.

LES HERBES ET LA FAUNE SAUVAGE

Les abeilles, les papillons et tous les autres petits animaux ont besoin de nombreuses variétés de plantes pour survivre. Les fleurs simples aux parfums puissants attirent les insectes butineurs qui jouent un rôle essentiel dans la reproduction. Les abeilles aiment l'odeur suave des fleurs du thym, de la sauge, de la lavande, de la bergamote, de la menthe, de l'hysope et du romarin. C'est ainsi qu'au Moyen Âge une ruche trônait souvent au milieu du jardin d'herbes. Les plantes à fleurs simples ou en ombelles, en corymbes, en capitules, telles que l'orpin, la cataire, la roquette, la salicaire, attirent les papillons mais aussi les syrphes dont les larves voraces luttent efficacement contre les insectes et les chenilles nuisibles.

UNE PLACE DANS LE JARDIN

Petite centaurée

Visiter à l'occasion des jardins d'herbes est la meilleure façon de bien connaître les différentes plantes et de choisir l'endroit le plus favorable pour les cultiver. Si celles-ci sont destinées à être consommées en salade ou en assaisonnement, il suffit de rassembler toutes vos espèces aromatiques préférées sur une même planche d'accès facile. Si vous voulez vous constituer une réserve de plantes à tisanes ou faire des expériences de teinturerie, rien ne vous empêche de réaliser soit une planche de plantes médicinales disposées de manière ordonnée, soit une planche de plantes exclusivement tinctoriales.

Lorsque vous concevez votre jardin, tenez d'abord compte des besoins et des réactions prévisibles des plantes que vous désirez semer. Ainsi, ne cultivez pas d'herbes forestières de grande taille telles que l'angélique ou l'ache dans un petit parterre bien soigné, où elles domineront les autres plantes et paraîtront démesurées. Si vous voulez avoir des formes géométriques, plantez des herbes vivaces à feuilles persistantes, de taille et de croissance semblables, pour que votre jardin ne perde pas ses lignes nettes ou ne disparaisse pas en hiver. Rappelez-vous aussi que certaines herbes sont très exigeantes en matière de sol et d'exposition, tandis que d'autres s'adaptent quasiment à tout. Le romarin, par exemple, pousse à peu près partout, sauf en cas d'hiver trop rigoureux ; on peut le tailler comme une haie à fleurs ordinaire ou en topiaire.

Une variété de grande taille comme le *Fastigiatus* donnera de l'élégance à n'importe quel massif arbustif et supportera même une petite clématite en décoration ; la *Severn Sea* est parfaite pour couvrir en cascade un talus ; quant à la *Toscane bleue* ou la *Majorque,* elles se prêtent, grâce à leurs fleurs brillantes, à de multiples utilisations

Ci-dessous : *vous pouvez toujours associer des herbes avec goût, que vous ayez un jardin vaste et peuplé d'arbustes ou simplement une petite bande de terre. Inutile d'avoir un grand espace pour réaliser un délicieux jardin d'herbes.*

Un précédent royal

*La collecte des herbes aromatiques date de l'Égypte antique. Aux environs de 1500 avant J.-C., la reine Hatshepsout ordonna l'abattage massif des figuiers pour construire des radeaux, qui remonteraient le Nil sur des centaines de kilomètres à la recherche d'arbres exotiques et d'herbes aromatiques destinés aux jardins royaux. En Assyrie, Sennachérib, fils de Sargon II, fit construire de magnifiques jardins et planter de la myrrhe et d'autres arbustes aromatiques en provenance du pays des Hittites. Après avoir rassemblé ces plants, on en prit grand soin en raison de leur extrême rareté et ils furent largement utilisés, échangés ou offerts. On rapporte que la reine de Saba offrit des graines de balsamier au roi Salomon et que le roi d'Illyrie, Gentius, au II*e *siècle après J.-C., se rendit célèbre par ses nombreuses guérisons dues à l'emploi de racines de* Gentiana lutea, *une plante à laquelle il donna son nom.*

(culinaire, médicinale et ornementale) comme arbustes en bac dans un patio.

L'adaptation aux plantes

À moins que vous ne vouliez constituer immédiatement une collection complète d'herbes, plantée de façon classique en bandes régulières, commencez plutôt avec des plantes que vous connaissez et que vous utiliserez quotidiennement. Vous en ajouterez d'autres plus tard. Vous choisirez les herbes selon vos besoins et vos goûts, et seule l'expérience vous révélera si l'endroit choisi est véritablement

Ci-dessous : *le houblon est, grâce à ses feuilles ornementales, une plante vigoureuse et flamboyante très décorative. Présent dans les jardins d'herbes discrets, il y tient le rôle de plante comestible, médicinale et aromatique.*

le bon. Commencez avec les herbes aromatiques essentielles plantées dans le potager, et reportez à plus tard le projet d'enrichir votre collection.

Plus simplement, plantez des herbes originales par leur aspect coloré, dans des parterres et des massifs déjà existants, qui mettront en valeur l'éclat de ces plantes herbacées. On peut collectionner les herbes sans limite, le problème étant souvent de trouver de la place pour les dernières acquisitions, spécialement dans les petits jardins. À noter que les variétés de base poussent mieux si on les plante dans une plate-bande de 1 m sur 3 m, en particulier dans le cas où les espèces annuelles et envahissantes ont été placées dans des bacs. Entourez le parterre d'une bordure dense à feuilles persistantes, qui supporte la taille et qui permet d'ajouter de l'hysope, de la germandrée, de la lavande et d'autres plantes semblables, et de planter à leur pied des espèces naines (comme la menthe pouliot, l'armeria et le thym tomenteux) pouvant déborder sur le bord de l'allée.

Pour clôturer le jardin, à la place d'une haie, vous pouvez utiliser une barrière rustique qui portera des roses remontantes

Ci-dessus : *récipient en porcelaine contenant du thym et de la lavande séchés. Cette composition ou un simple pot-pourri constituent une manière agréable de rafraîchir l'air ambiant d'une pièce. Ou comment allier la tradition de la jonchée et le goût moderne pour les odeurs naturelles.*

comme la *Zéphirine Drouhin,* à floraison précoce. On peut ajouter dans les parterres des variétés d'arbustes minces et droits ou ordinaires pour réaliser un étage supplémentaire au-dessus des plantes au ras du sol. Si vous rêvez d'enrichir votre collection, vous pouvez envisager de planter une bande plus importante ou bien de diviser le jardin d'herbes.

Pour avoir une idée de la place nécessaire à chacune des espèces, allez visiter dans les jardins botaniques les collections qui sont souvent disposées systématiquement en fonction de l'usage ou de la famille des plantes. Les endroits un peu reculés sont idéaux pour faire pousser un grand nombre d'herbes : un talus sec, par exemple, s'avère un site parfait pour regrouper une collection de thyms ; des pots décoratifs placés dans une cour à l'ombre accueillent quelques-unes des nombreuses espèces de menthes utilisables ou – cette fois, en plein soleil – du basilic ; un tas de gravats et de terre pourrait être aménagé en rocaille d'herbes de variétés tapissantes et d'arbustes nains.

DIFFÉRENTS JARDINS D'HERBES

À la campagne, les herbes ont toujours constitué un des éléments les plus importants du jardin. Autrefois, on les cultivait dans un but presque exclusivement utilitaire. Mais, récemment, on a redécouvert leur charme dans les jardins des maisons de campagne et elles sont redevenues à la mode. Ces jardins accueillent les espèces culinaires de base avec, parfois, de la coriandre, de l'ail et un ou deux plants de citronnelle ou de basilic que l'on frôle en passant dans l'allée.

La plupart des herbes poussent de manière désordonnée. On peut également les associer à d'autres plantes, ce qui ne signifie pas pour autant que l'on laisse tout pousser n'importe comment. Comme toutes les autres plantes, les herbes se multiplient abondamment et produisent un effet négligé si on ne s'en occupe pas ou si on les laisse se répandre et coloniser leur voisinage. Il est donc important de les maintenir dans un espace bien délimité en les taillant, en les divisant, en enlevant les fleurs fanées ou, si nécessaire, en récoltant quelques plants.

Certaines espèces parmi les plus robustes, comme l'angélique, la digitale, le fenouil bronzé, se marient particulièrement bien dans un parterre de fleurs. Elles s'intègrent harmonieusement aux feuilles larges des iris ou aux riches couleurs automnales des hélénies, des soleils nains et des rudbeckias. La rue, la santoline et la mélisse officinale ont leur place au milieu des parterres, tandis que la sauge, l'origan et l'alchémille, qui sont de petites plantes denses, se cultivent en bordure.

Les plantes annuelles ou bisannuelles sont semées in situ ou transplantées pour garnir parterres et massifs. Faites l'essai d'un semis en pot d'aneth, de bourrache, de persil, de souci, que vous placez dans les endroits où des vides apparaissent; ajoutez également aux bordures d'armeria et autres petites plantes vivaces de jeunes pieds d'origan, de sarriette et de grande camomille, sans oublier différentes menthes cultivées en pots, comme *Mentha x gentilis* (menthe noble) ou *Mentha suaveolens* « Variegata » (menthe à feuilles rondes).

Ci-dessus : *une simple aire dallée devient un pavement d'herbes miniature quand les intervalles entre les dalles laissent apparaître de la menthe prostrée, du thym, de l'origan et autres espèces tapissantes.*

Ci-contre : *les contours nets des haies naines et les topiaires de plantes persistantes font ressortir la sobriété et les motifs équilibrés d'un jardin d'herbes à la française.*

LES JARDINS À LA FRANÇAISE

Les herbes se prêtent parfaitement à un agencement strict; depuis le XVIe siècle, les jardiniers ont su transposer en motifs floraux des dessins imités de broderies ou de plafonds sculptés. La discipline imposée par une disposition géométrique des parterres et des allées a ses avantages : les plantes sont faciles à entretenir et à cueillir; leur nombre, leurs couleurs et leurs formes complémentaires conviennent à toutes les compositions symétriques imaginables.

L'agencement peut prendre des formes simples et chaleureuses : par exemple, celles d'une roue ou d'un éventail, ou figurer des compositions rayonnantes à partir d'un point central, ou bien un échiquier alternant dallages et parterres d'herbes, ou encore un carré. Vous pouvez aussi planter des petits légumes et des

fines herbes, pour créer un vrai potager à la française. Ces dispositions sont fréquentes, même dans les petits jardins. Dans des jardins plus grands, on trouvera des parterres d'herbes entourés de haies naines et taillées de germandrée, de santoline, d'hysope ou de buis.

La précision est essentielle pour parvenir à dessiner un jardin réussi et un entretien régulier est indispensable pour maintenir les haies bien taillées. Il n'y a pas de règle pour disposer les herbes dans un cadre choisi, du moment que le résultat flatte l'œil et pourvu qu'on range ces herbes par thèmes : par exemple, séparez les herbes culinaires des herbes médicinales et regroupez plusieurs herbes compatibles entre elles du point de vue esthétique, pour former une sorte de tapis végétal.

Le jardin d'herbes à l'anglaise

À l'opposé du jardin classique, un jardin d'herbes à l'anglaise combine l'absence de règles avec le plaisir de recréer un environnement naturel et d'offrir un nouvel abri à la faune sauvage. Préparez le sol comme n'importe quel parterre, mais n'y faites pousser que les variétés choisies en évitant les espèces sauvages envahissantes. Ménagez des allées serpentant de façon naturelle, dotées d'une ou de deux niches pour s'asseoir et, si possible, d'un bassin. Il n'est pas nécessaire de niveler le sol. En fait, accidents de terrain, talus, creux, ondulations douces contribuent à donner un charme supplémentaire au jardin. Choisissez des graines de fleurs sauvages, de plantes de prairies et de forêts comme l'angélique, l'aspérule odorante, la silène et l'ache (certains grainetiers spécialisés pourront vous préparer le mélange de votre choix), et semez-les à la bonne époque. Vous pouvez y ajouter des fougères ainsi que quelques arbres et arbustes particulièrement appropriés à ce type de jardin, comme le sureau, le pommier sauvage ou le cognassier.

L'entretien se limitera à une taille régulière pour limiter l'expansion des espèces envahissantes et éliminer celles qui sont indésirables ou les plantes vivaces les plus anciennes.

Ci-dessus : *la plupart des herbes présentent une exubérance naturelle qui les rend tout à fait appropriées aux parterres et aux jardins à l'anglaise. Ces parterres irréguliers bordent des allées de gazon frais, près desquelles jaillit une fontaine placée sur un piédestal.*

DES HERBES D'ORNEMENT

Bien que certaines plantes soient resplendissantes lorsqu'elles fleurissent ou quand leur feuillage pousse, au début du printemps, on a envie d'avoir un jardin d'herbes décoratives toute l'année. Cet objectif doit être pris en compte dès la conception du jardin. Il est ainsi conseillé de planter des espèces de plein vent à feuilles persistantes en pensant aux changements de saison, pour donner de la couleur en hiver et pour assurer une continuité d'une année à l'autre : les espèces panachées et colorées égaieront les jours les plus sombres.

Bryone

Les plantes herbacées perdent leur feuillage en fin de saison et laissent le sol à découvert, aussi veillez bien à répartir les plantes à feuilles persistantes pour garder au jardin une couverture séduisante malgré les vides créés par l'hiver. Certaines plantes vivaces sortent de terre au printemps, mais des espèces à base touffue ou à bulbes, comme l'aconit d'hiver, le perce-neige et le crocus hâtif, fournissent les premières couleurs. Les plantes annuelles rustiques semées en pots ou sous châssis en automne fleurissent plus tôt que celles semées en pleine terre. On peut ainsi les transplanter là où il y a de la place dans le jardin d'herbes. Les semis tardifs de plantes annuelles offrent une succession de couleurs pendant toute la saison.

La taille des herbes est un aspect essentiel dans toute création de jardin. Beaucoup d'entre elles sont petites ou de taille moyenne. Si l'on ne fait pousser que des plantes de taille identique, le jardin produira un effet d'uniformité très décevant. On pourra toujours ajouter des objets : un cadran solaire, une statue ou une grande jarre. Mais veillez à adapter les ornements à la taille du jardin : ils ne doivent ni dominer ni gâcher l'ensemble. Il est courant de placer un objet au milieu, mais on pourrait tout aussi bien décorer les angles et les entrées des allées avec des objets plus petits. Attention ! Il est facile de tomber dans la médiocrité en ajoutant des éléments passe-partout.

L'art topiaire est un autre moyen de donner de la hauteur, et plusieurs herbes

Ci-contre : *un choix judicieux de couleurs et de feuillages permettra d'obtenir un bel effet. Cette composition démontre que les herbes ne sont pas seulement des plantes utiles, mais qu'elles peuvent aussi rivaliser avec les parterres les plus classiques.*

s'adaptent bien à la taille, plus particulièrement l'if commun, le houx, le romarin, le laurier-sauce robuste, la lavande et le buis. Des plantes rampantes sur supports, comme le chèvrefeuille, le rosier arbuste et le rosier pleureur, conviennent pour élever des haies. Elles doivent toutefois être taillées une fois par an et palissées à des armatures. À une plus grande échelle, on peut embellir allées et espaces dallés avec des arches recouvertes de plantes grimpantes, avec des galeries de plantes fruitières palissées, de vigne ou de houblon, et même avec de grandes pergolas en brique et en bois. Pour protéger certaines zones des rayons du soleil, plantez en fonction de la place disponible des arbres tels que le sureau, l'amandier, le cerisier, le cognassier, le genévrier ou le noyer.

N'oubliez pas non plus de prévoir un coin pour s'asseoir : élément indispensable pour mieux apprécier son jardin, surtout le soir quand les couleurs et les parfums sont les plus intenses. Choisissez un emplacement situé à un bout du jardin ou bien à un autre endroit de prédilection.

Les sièges de jardin offrent un large choix de styles et de matériaux, allant de l'élégant fer forgé au bois simple et rustique. On pourra aussi bien transformer en banc un simple remblai de terre sur lequel on posera une dalle de pierre ou une planche de bois entourée de gazon, de thym ou de camomille ; quelques plants de pensées sauvages et de primevères créeront une atmosphère encore plus poétique. Pour s'enivrer des parfums les soirs d'été, plantez à proximité une ou deux herbes aromatiques et faites courir des rosiers parfumés et du chèvrefeuille sur une armature, au-dessus du siège, pour former une tonnelle.

La construction d'une roue d'herbes

1 *Délimitez une aire plane et, avant d'enlever le gazon et une partie de la terre, tracez un cercle parfait à l'aide d'une corde et d'un piquet. Ameublissez ensuite l'aire ainsi délimitée.*

2 *Construisez la bordure ; ici, des briques de construction disposées en oblique et mises en place à petits coups de maillet. Utilisez un matériau spécial pour bordures, résistant au gel.*

3 *Divisez le cercle en quatre quartiers en élevant deux murets avec des briques pour permettre l'accès et obtenir quatre parterres séparés.*

4 *Brisez la terre de surface préalablement enlevée et remplissez les quatre parterres presque jusqu'au niveau de chacun des murets.*

5 *Plantez des herbes cultivées en pots, après les avoir arrosées, en leur donnant suffisamment de place pour qu'elles se développent.*

6 *Si nécessaire, arrosez les plantes puis recouvrez le sol de gravier ou d'écorces pour retenir l'humidité et éviter les mauvaises herbes.*

Des herbes de couleurs

Grande mauve

On entend souvent dire que les herbes ne sont pas assez variées pour constituer à elles seules un jardin attrayant. Pourtant, même si vous ne plantez que des variétés vertes, il existe tellement de formes de feuillages aux tonalités contrastées dans la seule gamme des verts que vous réussirez à créer un magnifique jardin avec les espèces les plus connues.

Le vert n'est, après tout, qu'une couleur parmi les autres, mais pourtant les espèces vertes sont particulièrement bienvenues en hiver quand les herbes à feuilles persistantes apportent leur touche de couleur dans un ensemble où tout semble endormi. C'était ce qu'écrivait déjà en son temps un des premiers auteurs d'ouvrages de jardinage, l'Anglais Thomas Hyll. En 1563, celui-ci conseillait, dans *The Art of Gardening*, de planter de la sarriette vivace et du thym pour que le jardin reste vert durant l'hiver.

Ci-dessus : *réalisations géométriques régulières aux formes feuillues, plantées en blocs de couleurs contrastés, avec un topiaire simple planté au centre pour rompre l'uniformité.*

Bien sûr, il n'est pas facile d'obtenir un feu d'artifice de couleurs éclatantes avec des herbes, dont la plupart arborent des couleurs subtiles et discrètes. Seules quelques fleurs et quelques feuilles ont des couleurs vives. C'est le cas des pivoines, des coquelicots, des capucines, des sureaux dorés et des anémones pulsatiles. Certaines feuilles panachées brillent également quand elles sont cultivées en plein soleil. Renseignez-vous toujours sur les plantes que vous désirez acheter, en tenant compte de leurs caractéristiques : ainsi, attention aux variations de couleur jaune, car de nombreuses plantes ont cette couleur quand elles sont atteintes de maladies virales.

Faites preuve de prudence quand vous cherchez à obtenir des effets de couleur dans les jardins d'herbes. Pour éviter une exubérance criarde, veillez à choisir l'emplacement des plantes à fleurs éclatantes soit pour les mettre en valeur, soit pour indiquer les voies d'accès ou de sortie. Une règle d'or est à respecter en la matière : une couleur vive n'a d'effet que si elle contraste avec son environnement et que s'il y a une majorité de tons délicats autour : dans un ensemble pâle, on plantera un parterre de santolines argentées parsemé de coquelicots ; dans un ensemble plus sombre, on préférera une haie d'ifs en arrière-plan de bouillons-blancs jaune brillant.

Les couleurs douces de la plupart des herbes sont du meilleur effet dans les compositions simples ; tout comme le

Quelques herbes à fleurs remarquables

- Bourrache : bleu intense, pour salades et boissons d'été.
- Lavande : violet tendre, dans le linge et en pots-pourris.
- Capucine : rouge et jaune vifs, pour garnitures colorées.
- Violette : violet, en infusions, et confite pour décorer les gâteaux.
- Fleur de sureau : blanche et parfumée, pour les vins, les boissons fortifiantes et pour parfumer les corbeilles de fruits.
- Souci : orange éclatant, pour salades, pots-pourris et coloration des aliments.
- Pétales de rose : roses, rouges et de variétés parfumées, pour la couleur, l'odeur, les vins et les parfums.
- Aspérule odorante : minuscule et blanche, dégage un parfum de foin et de vanille quand elle est chaude.

Ci-dessus, à gauche : *les herbes à fleurs comme la germandrée forment un tapis aromatique, qui sera visité par les abeilles en été.*

Ci-contre : *une branche d'origan sauvage en pleine floraison est capable de rivaliser avec n'importe quel sous-arbrisseau d'ornement.*

Ci-dessus, à droite : *les formes ornementales des espèces culinaires embellissent les potagers : l'oseille ronde* (Rumex scutatus), *par exemple, qui a le même goût piquant que l'oseille ordinaire, peut aussi devenir un joli couvre-sol.*

contraste entre le vert du buis et le gris de la lavande dans les entrelacs de haies d'un jardin élaboré, ou bien les variations d'une plantation en camaïeu.

Il est en revanche difficile de trouver des herbes arborant de vrais bleus, même chez les espèces à fleurs bleues telles que la chicorée, la bourrache, le lin, l'hysope et le panicaut de mer. Toutefois, les nombreux tons subtils de lilas et de violet s'harmonisent avec les gris et les tons argentés de la lavande, de l'armoise et de la rue. Les jaunes et les ors sont plus faciles à rassembler en grande quantité et composent aisément des parterres bigarrés. La plupart des herbes ont des variétés aux feuilles ou aux fleurs blanches (les noms de cultivars comme *Alba, Alba Plena* et *Albovariegata* en témoignent), et un jardin de fleurs blanches, à la fois frais et vivifiant, constitue un thème monocolore très répandu.

Les herbes aux tons rouges, violets et marron sont très difficiles à utiliser. En fonction de la qualité de l'éclairage et des plantes qui les environnent, elles peuvent paraître chaudes et somptueuses ou ternes. Les variétés rouge profond sont idéales pour mettre d'autres plantes en valeur : par exemple, la bugle rampante cramoisie ou pourpre associée au vert tendre de l'alchémille, ou bien la sauge rouge tranchant sur un tapis d'origan jaune pâle. Prenez garde au fait que ces fleurs rouges se transforment au cours de la journée : en plein soleil, elles sont du plus bel effet et au crépuscule, elles se referment au point de devenir presque invisibles.

Les lits de feuillage

Lorsque vous créez des lits et des parterres d'herbes, ne sacrifiez pas le feuillage à la couleur, car les deux sont complémentaires. Les nombreuses herbes ressemblant aux chardons attirent le regard avec leur masse de feuillages verts, gris et argentés aux tiges robustes : le chardon bénit, le cardon, l'artichaut, le panicaut de mer et le chardon Marie sont des plantes qui ont toutes une belle allure. La plupart des fougères se prêtent à d'infinies possibilités de création, grâce à leurs formes variées et complexes (divisions en dentelle ou détails en filigrane). De plus, on peut les planter dans des coins du jardin où rien d'autre ne pourrait pousser, tels les endroits ombragés et humides.

JARDINS D'ODEURS

Jusqu'au début du XIXe siècle, il était de tradition en Europe de joncher d'herbes les rues que devaient emprunter les cortèges royaux. À cet effet, on répandait des herbes aromatiques séchées, comme le romarin, le thym et la rue. Ces jonchées « royales », d'origine médiévale, devaient protéger le souverain de la peste ou de toute autre maladie qui, croyait-on, se transmettait par l'air. Dans le même esprit, on plaçait herbes séchées et huiles essentielles dans des pots-pourris, dans le tabac à priser, dans des fumigateurs, et on en parfumait l'eau pour chasser maladies et insectes. En Grande-Bretagne, les juges portent encore de petits bouquets d'herbes aromatiques pour se protéger de toute contagion provenant du public.

Camomille romaine

Des travaux récents ont montré que ces croyances médiévales sur l'hygiène n'étaient pas stupides. En effet, si des plantes attirent les insectes, d'autres les repoussent. Quelques-unes ont un pouvoir antiseptique, comme les gommes qui suintent de certains arbres et qui cicatrisent les blessures de l'écorce. Les qualités odoriférantes des herbes ont été déterminantes pour définir leur usage. Dans le langage des jardiniers, le mot « odeur » désigne généralement les caractéristiques agréables des plantes. Difficiles à décrire avec précision, les odeurs sont traditionnellement classées selon qu'elles produisent une odeur de camphre, de fruit ou bien de foin.

Les odeurs des fleurs épanouies (roses et gardénias, par exemple) sont libérées par suite d'une réaction à la lumière solaire. Ainsi, la plupart des plantes méditerranéennes se protègent de la chaleur en sécrétant sur leur feuillage des effluves d'huiles volatiles. Les plantes à floraison nocturne dégagent souvent des parfums lourds : le chèvrefeuille, le tabac et l'onagre doivent être cultivés à proximité d'une fenêtre ou d'un banc, d'où on pourra profiter de leur parfum suave et pénétrant dans le calme du soir. Plantez les espèces qui fleurissent en hiver près des pièces les plus fréquentées, pour mieux en profiter. Répartissez les plantes en fonction de la puissance de leurs odeurs : *Lilium regale*, au parfum capiteux, occupe souvent un grand volume et doit être planté assez loin d'une habitation, alors que d'autres plantes au parfum plus discret seront placées près des allées pour que l'on puisse les humer en passant. Veillez toujours à ce que toutes ces plantes soient facilement accessibles.

Ci-contre : *le feuillage bleu de la rue produit une forte odeur âcre de résine. Il a la réputation d'irriter la peau si on le manipule sans précaution.*

UNE ODEUR SUPERFLUE

La senteur des herbes n'est rien d'autre qu'une réaction chimique de la plante. Des substances comme le géraniol (le parfum principal des roses), le thymol et l'eucalyptol (dans le thym) sont des composés de l'huile essentielle qui est élaborée par la plante et stockée ensuite dans des cellules situées sous la surface des feuilles. Une pression, un choc provoqué par un animal, une forte brise ou même la chaleur des rayons du soleil déclenchent une réaction de défense qui libère dans l'air ces substances chimiques. C'est l'évaporation de ces dernières qui nous enchante quand nous marchons près d'un massif de thym ou quand, par une chaude journée, nous approchons d'un buisson de romarin.

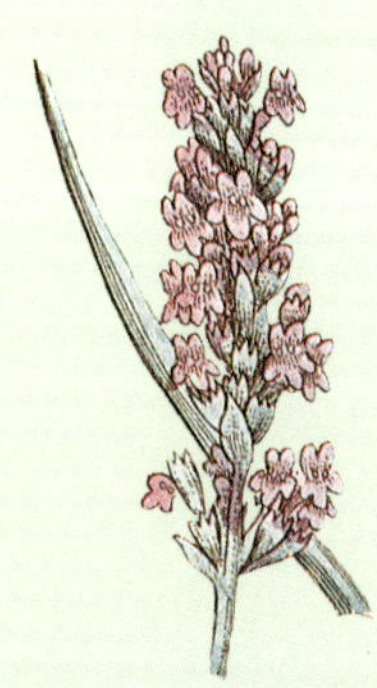

Le séchage de la lavande

1 *Cueillez les sommités fleuries au moment adéquat : complètement épanouies pour obtenir un parfum très puissant; juste avant la floraison en cas d'usage médicinal.*

2 *Étalez les inflorescences pour les faire sécher, au soleil ou à l'ombre selon les espèces, ou dans un endroit chaud par temps frais (la lavande sèche mieux à l'ombre). Remuez les fleurs souvent pour les faire sécher complètement.*

3 *Utilisez les inflorescences telles quelles, ou enlevez-les une par une pour les placer dans des pots-pourris, dans des sacs ou dans des sachets. Séparez les différentes variétés car leurs parfums sont subtilement différents.*

En général, les feuilles dégagent un parfum quand on les froisse ou qu'on les frôle en passant. C'est ce qui arrive avec la plupart des herbes culinaires et les arbustes aromatiques comme l'eucalyptus, le romarin, la citronnelle. Plantez-les près des bancs, dans les recoins du jardin ou dans l'entrée. De plus, ces espèces forment des haies parfumées. Autrefois, on étendait le linge qui venait d'être lavé sur de telles haies pour qu'il s'imprègne peu à peu de leur odeur.

Le parfum des herbes devient de plus en plus puissant à mesure que les plantes sèchent. C'est le cas, par exemple, de l'aspérule odorante qui n'exhale sa délicieuse et forte odeur de foin qu'une fois coupée, lorsqu'elle est suspendue pour sécher. On prépare des huiles essentielles et des teintures à partir de nombreuses herbes que l'on utilise en aromathérapie et en homéopathie. En effet, des odeurs bien précises soignent certains troubles et changements d'humeur. Il vous suffira de rester quelque temps dans un jardin pour vérifier que les plantes agissent sur vos états d'âme : certaines espèces mettent l'esprit en éveil, d'autres ont un effet calmant. Il convient donc de planter les herbes aromatiques de votre choix dans des endroits accessibles.

Ci-dessus : *les herbes qui composent un pot-pourri, comme le thym ou la lavande, doivent être parfaitement séchées afin de mieux concentrer leurs huiles volatiles.*

Ci-contre : *des herbes tapissantes, comme la camomille, le thym et la menthe pouliot, forment de merveilleux couvre-sols pour les pelouses odorantes.*

Des herbes pour la taille

Gratiole officinale

Plus vous taillez une plante ligneuse, plus son feuillage devient dense. C'est la raison pour laquelle on taille les haies et la topiaire, et que l'on tond les pelouses. Couper l'extrémité d'une tige favorise le développement de deux, voire de plusieurs pousses latérales. Les meilleures espèces pour former des haies et aménager des pelouses sont celles qui réagissent à la taille par une croissance dense.

Des plantes denses, comme le romarin, la lavande, la santoline, la citronnelle, la germandrée, l'hysope, l'if et, bien sûr, le houx, sont traditionnellement utilisées pour former des haies variant de 15 cm de hauteur environ, autour des petits massifs, à 2 m pour des réalisations plus importantes. La fonction principale des haies est de diviser ou de délimiter des parterres ordonnés et organisés. On les trouve le plus souvent dans les jardins à la française, où elles sont taillées selon des motifs gracieux qui mettent en valeur leurs qualités décoratives. Le buis et le houx exigent seulement une ou deux tailles annuelles, alors que des plantes plus vigoureuses comme le troène et le chèvrefeuille requièrent d'être taillées une fois par mois lors de la croissance.

On emploie également la lavande pour réaliser des haies, car cette plante fournit généreusement des fleurs et des feuilles à sécher. Utilisez un cultivar dense ou des espèces rampantes ; taillez la lavande au printemps pour lui donner sa forme sans toucher au vieux bois ; laissez-la fleurir, puis taillez-la une nouvelle fois en récoltant les fleurs fanées. Dans les jardins abrités, le feuillage complexe et argenté de la santoline met en valeur les plantes vertes ; si on taille bien cette plante à la mi-printemps, elle conservera une allure soignée, mais vous sacrifierez ses fleurs jaunes en forme de boutons.

Les haies fréquemment taillées exigent beaucoup du sol ; avant de les planter, celui-ci doit être bien bêché et enrichi avec beaucoup de compost ou un excellent fumier pour supporter une croissance rapide. Enlevez les herbes vivaces au moment de la plantation, sinon elles seront plus difficiles à arracher plus tard. Plantez toujours en rangée plutôt qu'en quinconce, pour pouvoir désherber en début d'année avant la pousse de la haie. Arrosez celle-ci pendant les périodes sèches durant la première et parfois la deuxième année ; mettez de l'engrais tous les ans pour favoriser une croissance rapide en hauteur et en densité. Faites ces deux opérations à la fois après chaque taille et commencez à couper très tôt.

La topiaire exige les mêmes travaux de préparation et d'entretien. Utilisée pour la décoration depuis l'époque romaine, elle donne des effets spectaculaires, particulièrement lorsqu'on place les plantes de manière à accrocher le regard – par exemple, un laurier-sauce à la tête taillée en brosse au centre d'un jardin d'herbes, ou bien des fleurons de buis pour décorer les angles des parterres, ou encore des obélisques de romarin en sentinelles près des portes et des allées. Nourrissez et arrosez régulièrement les topiaires et taillez-les fréquemment aux ciseaux pour conserver leurs formes. N'abusez pas trop des plantes à tailler.

Les pelouses d'herbes

Les herbes rases (ou prostrées) se prêtent très bien à la culture dense pour créer des pelouses odorantes que vous devrez tailler régulièrement aux ciseaux ou avec une tondeuse à couteaux, réglée en position haute. Dans la plupart des cas, cette taille doit être effectuée après la floraison. Les pelouses odorantes étant moins

Les herbes pour topiaires en pots

- Germandrée
- *Leptospermum scoparium*
- Menthe buisson *(Prostanthera rotundifolia)*
- Myrte (spécialement *Myrtus communis* « Microphylla »)
- Pélargonium à feuilles odorantes (en particulier *Pelargonium crispum*)
- Romarin
- Romarin victorien
- Santoline (y compris *Santolina virens*)

résistantes que le gazon, il faut les faire pousser à l'écart, dans des zones où il y a peu de passage. Elles ont beaucoup de charme et vous enveloppent voluptueusement de leur odeur quand vous les foulez.

La camomille est également employée depuis longtemps dans les pelouses, en particulier un de ses clones non florifères, le *Treneague*. Cette herbe a l'avantage de mieux supporter la sécheresse et de rester verte lorsque les pelouses de gazon sont brûlées par le soleil. Cependant, il est souvent difficile d'éviter les mauvaises herbes ; l'entretien doit s'effectuer aux ciseaux plutôt qu'à la tondeuse. Aussi, en règle générale, la pelouse est à refaire au bout de quelques années. Plantez de préférence la camomille dans les joints d'un dallage pour qu'elle dure plus longtemps.

Le thym (simple, ou des cultivars panachés) et la menthe pouliot produisent un tapis épais, qui étouffe plus facilement les mauvaises herbes et qui, de plus, produit une surface au rougeoiement très attrayant lors de la floraison.

Pour obtenir une pelouse d'herbes, préparez minutieusement le sol : répartissez au râteau une couche d'engrais universel, juste avant de semer. Plantez au printemps ou en automne, en espaçant les plants de camomille de 10 cm et ceux des autres espèces de 30 cm. Arrosez fréquemment jusqu'à ce qu'ils aient bien pris. La camomille est connue pour s'étaler plus rapidement si on la roule de temps en temps. Enlevez les mauvaises herbes avant qu'elles ne s'installent, surtout dans les premiers temps, lorsque le sol est nu.

Ci-dessus, à gauche : *une corde bien tendue permet de tailler les haies d'herbes de façon régulière en hauteur et en largeur.*

Ci-dessus, à droite : *même si elles sont jeunes, taillez les haies d'herbes, telles que la santoline, pour obtenir une croissance touffue.*

Ci-dessus : *de nombreuses herbes grises et argentées, telle la santoline, restent nettes et denses lorsqu'on les taille au printemps et qu'on les empêche de fleurir en été en procédant à une seconde taille.*

Ci-contre : *un jardin classique très élaboré, présentant des entrelacs, met plusieurs saisons avant d'acquérir son aspect définitif. Toutes les petites plantes utilisées ont besoin d'être taillées fréquemment pour donner des haies denses.*

DES PLANTES À FLEURS

Le jardin d'herbes procure un maximum de plaisir quand il est tout en fleurs. Bien qu'elles ne puissent rivaliser avec l'exubérance éclatante des parterres d'été, les teintes douces et subtiles des herbes donnent un charme un peu naïf propre à une maison de campagne, en gardant une simplicité sensuelle. Utilisées pour leur couleur, leur odeur, les fleurs sont aussi employées en cosmétologie, consommées en tisane, ou plus simplement dans des salades et des boissons rafraîchissantes.

Mauve des marais

Il est erroné de prétendre que les herbes sont cultivées principalement pour leurs feuilles et que le fait de les laisser fleurir épuise leur énergie ou affaiblit leurs propriétés actives. Certes, dans certains cas, il est conseillé d'enlever les fleurs : les haies aux formes strictes perdent leur pureté géométrique avec la floraison. Quant aux plantes annuelles, tel le basilic, elles s'abîment immédiatement après la floraison. Dans le cas de variétés envahissantes, fenouil ou basilic, rabattez-les pour ralentir leur pousse, ou bien coupez leurs tiges florales avant qu'elles ne se développent.

Les herbes et plantes exprimant un symbole religieux ou national sont nombreuses : par exemple le chrysanthème, en Chine et au Japon, ou le jasmin dans les civilisations arabes. Dès le IIe siècle de notre ère, on trouve dans l'*Oniro-Critique* de l'écrivain grec Artémidore d'Éphèse un catalogue des caractéristiques attribuées aux fleurs. Beaucoup d'herbes sont consacrées à la Vierge Marie – d'où la profusion de noms communs évoquant celle-ci, par exemple « Marie », « dame », « de Notre-Dame ». Au Moyen Âge, ces herbes étaient

ATTIRER LES ABEILLES

Si vous avez des ruches, ou si votre jardin est régulièrement fréquenté par de nombreuses abeilles, choisissez leurs plantes préférées (qui ne seront pas forcément celles qui attirent les bourdons). Ainsi, vous augmenterez la production de miel tout en assurant une meilleure pollinisation à vos cultures fruitières et légumières.

- Basilic
- Bourrache
- Bugle rampante
- Consoude
- Crocus
- Guimauve
- Hysope
- Lavande
- Lierre
- Mélisse officinale
- Menthe
- Monarde rampante
- Moutarde noire
- Origan
- Pissenlit
- Pulmonaire
- Romarin
- Rose trémière
- Sarriette
- Sauge
- Thym
- Trèfle

Ci-contre : *la grande camomille à fleurs doubles présente de jolies inflorescences jaunes et blanches. Ses feuilles entrent dans la composition de médicaments.*

souvent rassemblées dans des jardins dédiés à la Vierge.

Au XVIe siècle, les alphabets floraux et, au XIXe siècle, la mode qui consistait à envoyer des bouquets de fleurs délivrant des messages symboliques témoignent de cette tradition. Les mauvaises herbes et les fleurs sauvages possèdent elles aussi une signification précise : on envoyait du mouron des oiseaux pour demander un rendez-vous ; des boutons d'or étaient une promesse de prospérité ; l'oseille était une manifestation de tendresse. Toute histoire d'amour pouvait se traduire en fleurs : pour la digitale, la déloyauté, pour le houblon, l'injustice, pour l'onagre, le doute, pour le muguet, la joie retrouvée et enfin pour le romarin, le souvenir.

Les herbes pour leurs graines

La floraison a pour but la production des graines, et de nombreuses plantes sont cultivées parfois exclusivement pour en obtenir : le cumin, la coriandre, l'aneth, le fenugrec, la moutarde noire, le coquelicot et le sésame. Quand vous avez besoin de grandes quantités de graines, regroupez les plantes dans un coin ensoleillé du potager et semez les plantes annuelles entre les légumes. Les herbes à graines ne sont généralement pas décoratives. Choisissez toujours un endroit abrité pour aider les graines à mûrir et à sécher sur les plantes après la récolte.

Les fleurs de jardin utiles

En plus des herbes familières à floraison décorative, certaines plantes de parterres ou de massifs, cultivées pour leurs qualités ornementales, possèdent les mêmes vertus et apportent plus de couleur. Des espèces plus hautes, comme l'eucalyptus, le sureau, le genêt, la rose et le bouillon-blanc, sont conseillées aussi bien pour leur taille que pour leur couleur. Au milieu des massifs, plantez des bleuets des champs, des panicauts maritimes, des herbes-aux-verrues (attention, celles-ci se ressèment spontanément), des pivoines, des ancolies, des hortensias, tandis que les bordures conviendront parfaitement aux plantes plus basses, telles que les armerias maritimes, les ibériades, les violettes et les œillets.

Les tisanes d'herbes

1 *De nombreuses herbes à fleurs sont utilisées pour faire des tisanes. Cueillez les capitules en été, faites-les sécher, puis placez-les dans un récipient hermétique. Pour une tisane, mettez une cuillerée à soupe de fleurs ou de pétales séchés par personne dans une théière.*

2 *Laissez infuser 5 à 8 minutes la préparation dans de l'eau bouillante. Quand le parfum est assez fort, versez lentement à travers une passoire.*

Ci contre : *les têtes en fleur de la bourrache, prolifiques, se ressèment naturellement et produiront ainsi plusieurs jeunes plants l'année suivante. Ces fleurs vous permettront de décorer vos boissons d'été : disposez-les à la surface du liquide de façon à mettre en valeur leur forme et leur couleur d'un bleu-violet intense.*

DES HERBES À SALADE

Depuis des milliers d'années, les hommes ont cueilli des herbes non seulement dans le but de rechercher des remèdes naturels, mais également pour relever le goût de leur nourriture. Les salades, les choux, les carottes proviennent tous d'espèces sauvages qui ne leur ressemblent plus guère. Aujourd'hui, personne ne voudrait plus manger ces plantes d'hier. Pourtant, quelques herbes, et parfois même des mauvaises herbes, entrent dans la composition de salades ou sont utilisées en cuisine sous la forme de légumes en feuilles ou bien d'herbes en pots.

Carotte sauvage

Les premières salades consommées par les hommes au cours des temps n'avaient rien à voir avec celles que l'on mange de nos jours. Et c'est seulement depuis une époque récente que la gamme des saveurs d'herbes a été redécouverte. Déjà, à la fin du XVIIe siècle, l'Anglais John Evelyn loue les cuisiniers romains « qui cueillent à peu près tout ce qui est délicat jusqu'aux sommités des tiges d'orties, de telle façon que chaque haie fournit une espèce (pas désagréable), qui, assaisonnée de vinaigre, de sel et d'huile, a le goût et le nom de "salade" »...

Il faut être prudent avec les herbes sauvages, car, comme le rappelle Evelyn, certaines sont toxiques : « La triste expérience montre que beaucoup d'erreurs fatales ont été commises par tous ceux qui ont confondu la gironde ciguë avec le cerfeuil, la ciguë aquatique avec le persil, la mercuriale avec l'épinard sauvage, dont les effets terribles ont été de nombreuses fois la mort soudaine... »

Le meilleur moyen d'éviter un « accident mortel » est de ne cultiver que des herbes à salade que l'on connaît fort bien. Cependant, il est sage d'en manger modérément, car beaucoup ont un goût très fort ou bien piquant. Il faut les employer à petites doses pour relever le goût des aliments.

Quant aux herbes douces, elles ont des effets inattendus si on en consomme en trop grande quantité : par exemple, on sait qu'une absorption excessive de persil entraîne des douleurs au foie.

Ci-dessus : *au début du printemps, vous pourrez avoir de l'oseille, toujours bienvenue pour ses feuilles savoureuses et nourrissantes, et ce bien avant les salades habituelles. La mâche est une autre herbe utile à feuilles résistantes.*

À gauche : *les ails (ici la ciboulette chinoise) font partie des plantes les plus répandues dans les planches d'herbes aromatiques.*

Malgré tout, quelques herbes aromatiques et des fleurs comestibles donneront de l'intérêt et du goût à une salade toute simple, et toutes les raisons sont bonnes pour remettre à l'honneur nombre de recettes et de traditions culinaires de ce type très anciennes. En rassemblant sur une seule plate-bande tous vos ingrédients préférés, vous créerez un jardin miniature attrayant et pratique : en quelques instants, vous cueillerez des feuilles de laitue, de pimprenelle, de pissenlit, de fenouil, de livèche, de mélisse, de pâquerette et de pulmonaire, en même temps que des fleurs – soucis, primevères, violettes, capucines et de la bourrache – pour confectionner une salade de connaisseur.

On peut aussi prévoir du chou chinois qui remplace parfaitement la laitue dans toutes les salades orientales, surtout quand il est mélangé à des herbes exotiques comme le gingembre, des graines de sésame, des brins de citronnelle de De Candolle, d'armoise et de guimauve.

Les semis naturels

Le persil et le cerfeuil se cultivent. Ils se ressèment également naturellement pour donner des jeunes plants destinés à un usage ultérieur. Transplantez un seul pied de persil dans une parcelle de semis libre pour une reproduction naturelle. Vous pourrez prélever des feuilles jusqu'à la floraison de la deuxième année après le semis. Conservez le sol propre autour du pied jusqu'à ce que les graines soient mûres. Celles-ci tombent en donnant de jeunes plants bons à transplanter. C'est la même chose pour le cerfeuil, mais, comme c'est une plante annuelle, celui-ci se ressème spontanément au cours de la même saison. Il est préférable d'ensemencer des carrés à la volée, où les dernières générations de plants assureront une régénération constante des semis.

Les pousses de houblon

Utilisé pour parfumer et conserver la bière, le houblon est également connu depuis longtemps pour ses vertus médicinales et culinaires mais aussi décoratives. Ses tiges volubiles annuelles atteignent au moins 6 m de hauteur quand elles prennent appui sur des poteaux et des fils métalliques. Son feuillage élégant et ses cônes femelles très décoratifs en font un compagnon idéal pour des roses grimpantes si l'on veut diviser un grand jardin. Au printemps, le houblon produira plus de pousses que vous n'en aurez besoin; éclaircissez-les quand elles auront 15 à 20 cm de long, en n'en gardant que 4 à 6 parmi les plus robustes; cuisez à la vapeur ou faites pocher les autres pousses pour les manger comme des asperges.

Ci-dessus : *il peut être très utile d'ajouter des fleurs annuelles communes à une collection d'herbes. Non seulement les capucines rehaussent l'éclat du jardin par leurs couleurs, mais leurs feuilles sont comestibles. Leurs fleurs, au parfum agréable, peuvent égayer une salade et leurs graines, conservées dans du vinaigre, ont un goût proche de celui des câpres.*

DES HERBES POUR L'ASSAISONNEMENT

Les cuisines nationales continuent d'évoluer au cours des siècles, tout en perpétuant une certaine tradition. Le choix des herbes d'assaisonnement ne fait pas exception à cette tendance. On associe certaines saveurs à des cuisines particulières : celles de la cardamome et du sésame à la cuisine moyen-orientale; celle des olives à la cuisine méditerranéenne; celles de l'ail et de l'anet, à l'Europe du Nord; celles du safran, du piment rouge et de la citronnelle, respectivement à l'Afrique du Nord, au Mexique et à l'Asie du Sud-Est. Le gingembre évoque la Chine; la coriandre et le curcuma, l'Inde.

Coriandre

De nos jours, on ajoute des herbes à un plat pour en enrichir la saveur, plutôt que pour guérir ou pour conserver les aliments. Or, autrefois, ces deux raisons poussaient les hommes à consommer des herbes. Ainsi, au Moyen Âge, les paysans qui n'avaient pas les moyens de nourrir leur bétail pendant l'hiver l'abattaient en automne et tentaient de conserver la viande le plus longtemps possible. Avant l'invention des méthodes de réfrigération, au XIXe siècle, on employait des herbes à l'arôme puissant pour atténuer l'odeur ou retarder la décomposition des aliments.

Mais les herbes étaient également employées pour stimuler l'appétit et faciliter la digestion.

Ainsi, le raifort, en plus de son goût piquant, possède des propriétés antibiotiques et a servi durant des siècles à conserver la viande et à masquer les odeurs douteuses. De nos jours, la sauce au raifort accompagne des plats très courants, tel le rôti de bœuf. Cette plante, qui ressemble à une patience volubile, est cultivée soit en plante annuelle pour ses racines, soit en plante vivace, dans un espace bien limité pour contenir sa tendance envahissante naturelle.

On peut aussi cultiver de la coriandre, pour ses graines ou pour ses feuilles épicées, ainsi que du fenugrec, une robuste plante annuelle un peu grossière mais indispensable dans les currys et les différentes sortes de moutarde à usage médicinal, culinaire et carminatif.

FACILITER LA DIGESTION

Les herbes d'assaisonnement flattent le palais, tandis que les plantes carminatives facilitent les derniers stades de la digestion. Plusieurs herbes contiennent des huiles volatiles efficaces pour prévenir les gaz ou pour stimuler la sécrétion des sucs digestifs. Les vrais amateurs d'herbes en utilisent quelques-unes pour leurs propriétés digestives. L'aneth, par exemple,

LES BOUTURES DE RHIZOMES DE MENTHE

1 *Les semis de menthe ont besoin d'être renouvelés régulièrement : prenez les jeunes rhizomes sains, coupez-les en morceaux et enfoncez-les dans des bacs remplis de compost.*

2 *Recouvrez les boutures d'une couche de compost afin que les rhizomes redémarrent rapidement. Préparées au début de l'automne, les jeunes pourront être utilisées en hiver.*

Ci-dessus : *de nombreuses plantes aromatiques s'accordent parfaitement; pour constituer un bouquet garni, cueillez les herbes au même moment, tant qu'elles sont fraîches, et répartissez-les en petits bouquets.*

consommé en infusion, dite « eau des coliques », ou le cumin, la coriandre, le fenouil et l'anis sont aussi très carminatifs, pris seuls ou mélangés en proportions égales. Comme on utilise plutôt les graines, il faut laisser ces plantes fleurir pour les récolter à la fin de la saison.

Des herbes toute l'année

Depuis que les herbes sont plutôt cultivées pour les assaisonnements, il faut prévoir d en avoir en permanence sous la main. Si on conserve de nombreuses plantes en les séchant, la plupart d'entre elles ont meilleure saveur quand on les consomme fraîchement coupées. Certaines espèces sont mises en pots en automne ou semées à la fin de l'été pour donner leur maximum pendant l'hiver. Installées sur le rebord de la fenêtre de la cuisine, elles fourniront d'utiles récoltes. Placez ces plantations en pots dans une simple serre ou, mieux, dans une serre chauffée. Les plantes y jouiront de davantage de lumière. Vous pourrez continuer à cultiver des espèces rustiques sous un châssis froid, en préparant des pots à l'avance en cas de besoin. Constituez également une collection permanente en cultivant des espèces vivaces dans le sol d'un châssis fixe, ou en mettant sous un châssis mobile une planche ou une plate-bande spécialement plantée en automne. Protégez les plantes isolées en les plaçant sous cloche ou sous des housses plus petites, enveloppez-les dans de vieilles couvertures ou bien dans plusieurs feuilles de plastique à bulles pour les mettre à l'abri du gel.

Les huiles d'herbes aromatiques

1 *Les huiles à base d'herbes aromatiques relèvent le goût des plats, assaisonnent les salades ou servent à faire des marinades. Préparez un gros bouquet d'herbes d'assaisonnement feuillues (menthe ou basilic) et un litre d'huile d'olive. Séparez les feuilles des tiges. Jetez celles-ci et coupez les feuilles en fines bandelettes.*

2 *Pour libérer leur parfum, écrasez les feuilles au pilon dans un mortier avec un peu d'huile et rajoutez-en au fur et à mesure du broyage.*

3 *Remplissez à demi une bouteille stérilisée avec de l'huile d'olive et la moitié des feuilles pilées. Ajoutez une grosse pincée de sel et complétez avec le restant de l'huile et des feuilles. Bouchez bien la bouteille et laissez reposer pendant deux semaines en agitant de temps en temps pour mélanger les parfums.*

Ci-contre : *si vous voulez conserver les herbes, cueillez-les par temps sec. Ne prenez que des plants sains et intacts, et laissez-les sécher par petits bouquets d'une ou plusieurs espèces, suspendus la tête en bas.*

Ci-dessus : *des herbes du jardin fraîchement cueillies exhalent instantanément un mélange de parfums. Coupez les petits rameaux avec des ciseaux ou des sécateurs; utilisez-les rapidement ou conservez-les quelques heures dans un pot avec de l'eau.*

Ci-contre : *des herbes telles que le laurier-sauce, la ciboulette, le romarin et le persil se cultivent facilement et dégagent un parfum agréable quand elles sont fraîches. N'hésitez pas à multiplier les combinaisons quand vous réalisez une plate-bande d'herbes nouvelles.*

DES PLANTES MÉDICINALES

Cedronella canariensis

Les herbes ont joué pendant longtemps un rôle important dans le traitement des maladies. Aujourd'hui, grâce aux moyens techniques les plus variés et les plus sophistiqués, les chercheurs avancent à grands pas dans la connaissance des propriétés médicinales des plantes et des traditions ancestrales pour découvrir de nouveaux médicaments.

Dans l'œuvre du célèbre poète grec Homère, on relève plusieurs passages consacrés aux guérisons obtenues grâce aux racines de certaines plantes ; quelques siècles plus tôt, les Chinois disposaient de manuels d'utilisation des herbes, tout comme les Indiens qui, avec l'ayurveda, ou «science de la vie», possédaient des connaissances approfondies sur leurs vertus curatives. La médecine primitive était fondée sur la « théorie des signatures», selon laquelle chaque plante est censée traiter la partie du corps lui ressemblant le plus. En débarquant en Amérique du Nord, les colons européens découvrirent que les Indiens partageaient aussi cette théorie et associaient les herbes jaunes à la jaunisse et les rouges aux problèmes sanguins.

Les remèdes à base d'herbes consistaient en des mélanges d'extraits de plantes, désignées sous le nom de « simples ». Les apothicaires se rendirent compte que les principes actifs d'espèces semblables présentaient des différences de pureté et de puissance. Ils établirent que ces variations dépendaient de plusieurs facteurs, dont le lieu et la date de la cueillette. Dans un essai de standardisation de la qualité, les premiers jardins laïques de simples furent créés à Pise et à Padoue, avant de gagner toute l'Europe. Ces jardins étaient organisés sur le modèle des anciens jardins des hôpitaux monastiques et étaient appelés « jardins médicinaux ». C'est là que l'on commença à étudier les plantes de manière systématique.

En botanique et en médecine, les découvertes sont fondées sur la tradition locale : gitans, paysans, membres des tribus des forêts tropicales ont dû devenir d'excellents botanistes pour pouvoir survivre. Tout en reconnaissant les vertus thérapeutiques des plantes maniées par des mains expertes, ils ont également appris à en déceler les dangers. Ainsi, la rue était décrite par Mahomet comme étant l'herbe bénie entre toutes les herbes. Pourtant, employée par les Chinois et les Indiens, elle inhibe les systèmes de résistance à la lumière solaire. Un simple contact cutané entraîne chez certains sujets des brûlures ressemblant à des coups de soleil.

Ci-contre : *dans une herboristerie, on prépare des herbes fraîches ou séchées destinées à un usage médicinal, fruit de la sagesse et de l'expérience accumulées par des générations d'herboristes. Mais il est préférable de s'en remettre à un praticien qualifié, en matière de diagnostic et de prescription, même s'il est possible de préparer soi-même des remèdes simples.*

UN BAUME D'HERBES

1 *Un baume d'herbes calme les douleurs musculaires et facilite la décontraction. Pesez 25 g d'un mélange de lavande fraîche et de tiges de romarin.*

2 *Mettez les herbes dans une casserole au bain-marie. Ajoutez 3/4 de litre d'huile d'olive ou de tournesol. Recouvrez et faites chauffer à feu doux pendant deux heures en ajoutant de l'eau si nécessaire.*

3 *Faites refroidir légèrement et passez le liquide dans un bol.*

4 *Laissez refroidir et versez le baume dans un pot ou une bouteille stérilisée. À consommer avec modération.*

Les herbes entretiennent des interactions chimiques complexes avec notre corps, d'où leur formidable pouvoir de guérison. Si leurs actions, comparées aux médicaments de synthèse, sont qualifiées de très douces, il ne faut pas pour autant sous-estimer les dangers de l'automédication. En effet, de nombreux remèdes traditionnels sont fondés sur l'imagination, l'hypothèse ou la suggestion. Toutefois, les herbes, même les plus réputées, ont des effets différents, plus ou moins efficaces selon les personnes.

Seul un praticien expérimenté est qualifié pour diagnostiquer une maladie et proposer ensuite une prescription personnalisée, après avoir évalué les besoins du malade. Plus personne ne doute des vertus curatives des herbes et l'efficacité de nombre d'entre elles est reconnue ; il suffit de respecter certaines règles afin de ne pas provoquer des allergies ou des réactions secondaires. Ainsi, l'ail, considéré comme une panacée universelle pour diminuer la pression sanguine, annule les effets de certains médicaments prescrits en cas de problèmes cardiaques. Toutes les plantes sont de véritables usines complexes fabriquant des produits chimiques variés : certaines émettent une odeur forte pour attirer les insectes pollinisateurs, d'autres produisent des toxines pour dissuader les prédateurs. Toutes ces plantes sont toxiques dans certaines conditions.

DES INSECTICIDES NATURELS

Nombre de plantes produisent des insecticides naturels qui font partie de leur système immunitaire et dont certains sont utilisés en préparations poudreuses et liquides. La roténone est un insecticide répandu, homologué et extrait de racines pulvérisées d'une liane de Malaisie, *Derris elliptica*.

Parfois, on cultive des espèces destinées à protéger d'autres plantes du même jardin contre les agressions animales. Ainsi, on a découvert que certaines variétés de roses d'Inde repoussaient les pucerons et d'autres insectes en culture sous serre. Des expériences scientifiques ont confirmé que leurs fleurs émettent des substances volatiles protectrices.

D'autres plantes sont toxiques pour les moustiques porteurs de la malaria et de la fièvre jaune. Dans l'avenir, on espère pouvoir développer une nouvelle génération d'insecticides pour renforcer nos moyens de protection.

Ci-contre : *il n'y a pas que les fleurs ou les feuilles qui sont utilisées. Souvent les racines fraîches ou séchées, comme ici dans le cas de la consoude, renferment les concentrations les plus élevées des éléments actifs de la plante.*

DES PLANTES TINCTORIALES

Grande ortie

Tous ceux qui ont cueilli des mûres en automne ou supprimé les pousses latérales des plants de tomates savent que les plantes peuvent colorer la peau et les vêtements. Avant la fabrication des colorants synthétiques, la teinture était extraite des racines, écorces, fleurs et feuilles, et elle était souvent rendue permanente par l'emploi de mordants – fixateurs chimiques – tirés, entre autres, de terres riches en minéraux. Les couleurs ainsi obtenues sont rarement vives, plutôt douces et subtiles, exprimant la beauté naturelle des plantes elles-mêmes.

La Chine, l'Inde et d'autres pays asiatiques ont acquis depuis fort longtemps des connaissances techniques approfondies dans le domaine de la teinture. Des procédés très proches ont été employés dans le monde entier par des peuples primitifs qui utilisaient des végétaux pour peindre des écorces, décorer leurs vêtements, tatouer leur peau à l'occasion des cérémonies rituelles ou guerrières, ou même se déguiser. Ainsi, les gitans se teignaient le visage avec les sucs contenus dans les feuilles du lycope *(Lycopus europaeus)*, qui donnent un colorant noir. Jules César décrivit en son temps les peuples des îles Britanniques comme « bleus et terrifiants ». En effet, ces derniers se badigeonnaient le corps avec des extraits de guède (ou pastel) pour se donner une allure guerrière, tandis que dans l'Égypte ancienne cette plante servait à colorer les habits des souverains.

La teinture végétale reste une passion répandue, malgré les quantités importantes de matière de base requises et l'instabilité des couleurs qui perdent progressivement leur éclat si elles ne sont pas fixées par des mordants chimiques tels que l'alun, l'étain, le fer ou le chrome. Les résultats varient suivant la teneur en colorant, la durée d'immersion de la laine (matière la plus facile à teindre) et les parties de la plante utilisées : par exemple, les feuilles du troène donnent différents tons de jaune, tandis que ses baies produisent un bleu-vert doux et nuancé.

Ci-dessus : *la gaude est une plante tinctoriale cultivée autrefois pour sa teinture jaune (du jaune paille au jaune citron).*

À gauche : *confection d'une pâte d'indigo à partir d'une espèce de* Indigofera, *dans le sud-ouest de la Chine.*

On trouve toujours certaines de ces plantes dans la nature, mais, étant donné les quantités nécessaires pour obtenir un colorant, on risque de mettre en danger les espèces les moins répandues. Réservez donc spécialement une plate-bande aux variétés que vous utiliserez le plus fréquemment. Une telle planche peut embellir votre jardin, car beaucoup de plantes dont les fleurs ou les fruits servent pour la teinture sont déjà des plantes d'ornement. Cela permet aux géraniums, aux dahlias, aux rudbeckias et aux mûriers d'avoir leur place en tant que plantes tinctoriales auprès des autres herbes. Après la taille des arbustes et des haies, faites des essais avec différentes feuilles ; beaucoup de ces plantes donnent des nuances de jaune et de vert.

Ci-dessus : *brins de laine teints avec* Polygonum tinctorum. *Les différents tons sont fonction du nombre de bains.*

À droite : *culture de l'indigotier* (Strobilanthes flaccidifolius) *dans le province de Guizhou, au sud-ouest de la Chine. Les cultures sont renouvelées annuellement à partir de boutures – les feuilles contiennent la base du colorant final.*

Les cultures classiques

Parmi les espèces traditionnelles méritant leur place dans un jardin vient en premier lieu le pastel *(Isatis tinctoria)*, une plante au feuillage ressemblant à celui de l'épinard et dont l'utilisation a diminué au XVIIIe siècle avec l'introduction d'un colorant bleu plus résistant, l'indigo, extrait de l'indigotier *(Indigofera tinctoria)*. La garance voyageuse *(Rubia tinctorum)* est une plante vivace qui se ressème naturellement et fournissait des quantités importantes de teinture d'un rouge éclatant. En Amérique du Nord, la sanguinaire *(Sanguinaria canadensis)* était la principale source de peinture rouge que les Indiens utilisaient pour colorer leur peau. Le réséda jaune *(Reseda luteola)* ou le genêt des teinturiers *(Genista tinctoria)* étaient utilisés en teinture comme colorants jaunes. Enfin, selon la tradition, le sureau est le roi des herbes : il permet d'obtenir une teinture verte avec les feuilles et, avec les baies, une teinture lilas (en utilisant de l'alun comme mordant) ou pourpre (avec du chrome pour remplir le même rôle).

Une sélection de plantes tinctoriales

La fibre créative est particulièrement stimulée par la teinture végétale, car celle-ci offre une très large gamme de tons que l'on peut obtenir avec des mordants différents. La garance, par exemple, permet des teintures allant du bistre au rouge vif.

- Rouges, roses : sanguinaire, chénopode, garance, épinard de Virginie, rosiers (baies), oseille.
- Jaunes et orangés : betterave, coréopsis, dahlia, verge-d'or, callune fausse-bruyère, souci, oranger des Osages, poirier (feuilles), rudbeckia, safran, curcuma, gaude, zinnia.
- Noirs : reine-des-prés, noyer.
- Bleus : ronces (mûres), myrtilles, pissenlit (racines), sureau, indigotier, genévrier (baies), guède, iris faux-acore.
- Verts : fougère aigle, patience, muguet, ortie, gaude.
- Bruns : chanvre d'eau, garance, sassafras, sumac, l'écorce de divers arbres (pommier, bouleau, noyer), saule.

Choisir le bon emplacement

Pour choisir un emplacement qui convient à telle ou telle herbe, il faut avant tout penser à certains éléments aussi importants que le type de plante, la nature du sol, l'aspect, l'exposition et les variations de température locales. À cela s'ajoutent des considérations pratiques d'espace et de cohérence par rapport à l'ensemble du jardin. Tous ces éléments doivent être pris en compte avant toute plantation.

Chaque type de jardin est une création artificielle et la réussite d'une composition dépend de la capacité du jardinier à reproduire le plus fidèlement possible le milieu naturel des plantes choisies. Vous regroupez les herbes que vous voulez cultiver dans un même lieu, mais à l'origine, celles-ci proviennent de toutes les parties du monde et poussent sur des sols et sous des latitudes très différents.

Aussi, renseignez-vous toujours sur l'habitat naturel de vos herbes – que ce soit un flanc de colline, brûlé par le soleil méditerranéen, une forêt vierge bien arrosée où le froid est inconnu, une forêt tempérée, ou bien une falaise glacée où, à cause du vent, la végétation est rase et dense. Identifiez dans le jardin les endroits abrités les plus chauds, les mieux drainés, ceux qui sont moyennement à l'ombre, les coins où le froid persiste et ceux qui sont réchauffés les premiers par les rayons du soleil, puis répartissez les herbes selon leurs « préférences ». Si vous projetez de faire un jardin d'herbes séparé, étudiez son emplacement pour toutes les époques

Ci-dessous : *parterre d'herbes communes mélangées regroupant, par exemple, la bourrache, la consoude, la livèche et la lavande. Il fait beaucoup d'effet sur fond de clayonnage en arrière-plan.*

Projet de petit massif

Espèces à placer à l'arrière (1 m ou plus) :

- *Plantes vivaces : angélique, armoise, aunée, cerfeuil musqué européen ou américain, fenouil, livèche, monarde pourpre, panicaut maritime, réglisse, reine-des-prés, romarin, roses arbustives.*
- *Plantes annuelles ou bisannuelles : bouillon-blanc, digitale, maceron cultivé.*

Espèces à planter au milieu (45-100 cm) :

- *Plantes vivaces : aigremoine, aurore, balsamite, cari, consoude, estragon, lavande, marrube, mélisse officinale, millepertuis, raiponce, rue, santoline, sauge, tanaisie, valériane.*
- *Plantes annuelles ou bisannuelles : aneth, bourrache, carmin, vipérine.*

Espèces pour le devant (jusqu'à 45 cm) :

- *Plantes vivaces : absinthe, benoîte commune, camomille, cataire, ciboulette, cresson des prés, herbe aux charpentiers, hysope, menthe, origan, orpin, oseille, renouée bistorte, sarriette, sarriette d'hiver, thym.*
- *Plantes annuelles ou bisannuelles : anis, basilic, cerfeuil, coriandre, cumin, persil, sauge fausse-verveine, souci, sarriette d'été.*

de l'année, puis choisissez les plantes qui ont les meilleures chances de s'adapter dans ces différents massifs.

Rappelez-vous que le terme « herbes » recouvre un large éventail de plantes comprenant des espèces aux cycles végétatifs très différents. Les plantes annuelles ou bisannuelles ont une durée de vie courte. Les premières accomplissent un cycle végétatif complet – de la germination à la chute des graines – en une seule année (certaines, comme le cerfeuil, connaissent plusieurs cycles par an), et cette caractéristique détermine en partie leur emplacement ; en effet, elles changeront rapidement d'apparence et laisseront des vides dans les plantations à la fin de leur cycle. Les plantes bisannuelles germent et ne produisent que des feuilles durant la première année, puis elles survivent en hiver grâce aux réserves accumulées dans leurs racines, et, l'année suivante, elles fleurissent et produisent des graines.

Les plantes vivaces, qui sont rustiques ou fragiles en fonction de leur origine, fournissent l'ossature de tout jardin d'herbes, car elles sont permanentes et assurent la continuité d'une année sur l'autre.

Les herbes se différencient aussi par leur taille. Certaines sont petites, mais s'étalent dans toutes les directions, couvrant le sol en formant un tapis de feuillage ; d'autres sont de grande taille et dépassent toutes les autres. Quand vous concevez vos massifs, pensez à la taille et à l'envergure maximale des plantes, mais aussi aux possibilités d'élagage et de taille des sujets encombrants, tels que les arbustes à feuilles persistantes que vous pouvez rabattre à une taille raisonnable. Disposez les plantes de manière à utiliser au mieux les différences de taille : placez les plus grandes au milieu d'un groupe de parterres, de façon qu'elles soient visibles de tous côtés, ou à l'arrière de bordures, avec des plantes plus petites devant. Sachez aussi qu'un grand spécimen placé là où on s'y attend le moins (par exemple au milieu d'une multitude de petites plantes, ou au détour d'une allée pour cacher une tonnelle) produit un effet saisissant.

La culture en conteneur est la solution idéale quand les conditions de place, de sol ou de climat sont défavorables. Il ne s'agit pas d'un pis-aller par rapport à la culture en pleine terre, mais d'un autre type de jardinage tout aussi attrayant. Beaucoup d'herbes s'adaptent à la culture en pot ou dans des conteneurs plus grands. Bien soignées, elles fournissent des collections destinées à occuper les espaces découverts du jardin – cours, perrons, entrées et sorties, par exemple. Cultiver les herbes de cette façon permet de décorer les balcons et les toits en terrasse.

La culture en conteneur est parfois très pratique et très précise : on peut utiliser exactement la qualité de terre dont les herbes ont besoin, déplacer celles-ci pour les abriter à l'ombre ou les mettre au soleil, selon qu'elles sont plus sensibles au froid ou à la chaleur.

Comment planter une haie ?

1 *Tracez et creusez une tranchée peu profonde sur toute la longueur de la haie prévue et ameublissez soigneusement le fond pour assurer un bon drainage.*

2 *Les plantes de haies ont besoin d'être bien alimentées pendant les premières années, aussi ajoutez dans la tranchée une grande quantité de compost en le tassant légèrement.*

3 *Marquez la ligne centrale de la haie avec un cordeau et des piquets, et espacez les plants à égale distance à l'aide d'une baguette ou d'une latte de bois.*

4 *Plantée, tassée et arrosée dans la tranchée remplie, la haie va forcir et sera bientôt prête pour sa première taille de mise en forme.*

Ci-dessus : *des massifs surélevés contenus par des murets en pierre conviennent bien à des herbes comme le romarin. Ils offrent un bon drainage et facilitent la cueillette.*

Ci-dessus : *les endroits peu ombragés conviennent également à des plantes qui supportent très bien le plein soleil et les sols secs. Ainsi, la menthe poivrée est parfois utilisée pour réaliser des couvre-sols qui servent à garnir les parcelles dégarnies sous les arbres, dans les jardins cultivés.*

Concevoir un jardin d'herbes

Qu'il soit ordonné ou élaboré sans règles précises, utilitaire ou décoratif, un jardin d'herbes doit être agréable à regarder et facile à entretenir. Un parterre compliqué, par exemple, doit être bien taillé et soigneusement aligné pour être harmonieux, et ne doit pas être envahi par les mauvaises herbes. Toutefois, une impression de profusion, sans aller jusqu'au désordre complet, sied au jardin d'une maison de campagne, surtout si vous désirez vous constituer des réserves d'herbes aromatiques.

Lorsque vous aurez examiné les possibilités de la parcelle prévue et les chances d'adaptation des plantes que vous avez sélectionnées, il vous restera à choisir le style. Celui-ci dépend non seulement de vos goûts mais aussi de la nature du site, car tout jardin ou bordure est intimement lié à la maison et à son environnement, proche ou plus éloigné.

Ayant une vision assez claire du jardin que vous aimeriez avoir, vous dessinerez les divers éléments sur un plan définitif. Tout d'abord, mesurez le jardin, puis reportez les mesures sur un papier quadrillé en indiquant en même temps ce qui existe et ce qui doit être conservé, tels les arbustes et les allées mais aussi tous les éléments du décor – barrières, haies, grands arbres qui pourraient faire de l'ombre, ainsi que l'emplacement de la maison elle-même. Indiquez au moyen de symboles les éléments essentiels du plan, les nouvelles allées, les parterres, les plantes de grande taille, les pièces d'eau. Plus le jardin projeté est petit, plus le plan est facile à dessiner – pour une simple planche d'herbes culinaires, vous pouvez vous passer d'un plan.

Ci-dessus : *créez des massifs et des bordures pour tirer profit des contrastes des couleurs et des formes, mais pensez à rendre le tout harmonieux.*

Pour établir des plans plus importants, gardez-vous de croire que vous avez plus de place qu'il n'y en a en réalité : il est facile de dessiner sur le papier une allée ou de mettre une grande quantité d'herbes dans un espace donné ! On risque aussi d'avoir plus tard des plants trop serrés ou trop espacés. Informez-vous sur les tailles probables des arbres et des arbustes, et indiquez-les avec précision sur votre projet, puis faites des vérifications fréquentes sur le site : si c'est nécessaire, marquez avec des piquets la position des plantes importantes et leurs particularités, ou

Ci-contre : *vous éviterez des erreurs de conception en traçant votre plan de manière soignée et précise : en respectant, par exemple, l'échelle des différents éléments.*

COMMENT CONSTRUIRE UNE ALLÉE ?

1 *Tracez et creusez le lit de l'allée en plaçant des planches le long des côtés de façon que leur bord supérieur arrive au niveau de la surface finale. Mettez des pierres et des briques cassées pour élever les fondations, et tassez-les.*

2 *En vous servant de la tête d'un râteau, recouvrez les fondations d'une couche de sable légèrement tassée pour remplir les trous des fondations, puis ratissez de nouveau pour ameublir la surface de sable avant de poser les briques.*

3 *Disposez les briques à plat dans le sens de la longueur et mettez-les bien en place à l'aide d'un manche de marteau, en vérifiant au fur et à mesure avec un niveau à bulle que la surface est bien horizontale.*

4 *Quand toutes les briques sont en place, recouvrez-les de sable de manière à remplir les joints ; enlevez ensuite le surplus de sable.*

5 *En enlevant le sable des joints avec un couteau, creusez de petits trous pour accueillir les herbes à croissance rase, semées directement ou, comme ici, plantées à partir de la division de plantes présentes.*

6 *Mettez un peu de compost autour des plantes, tassez bien et arrosez si nécessaire ; elles s'étaleront rapidement en tapis et en coussins de feuillage odorant.*

posez un tuyau d'arrosage sur le sol pour évaluer la forme ou le tracé d'une allée ou celui d'un parterre.

Dessinez vos projets de plantations de parterres et de bordures sur des feuilles de papier séparées ; c'est seulement lorsque vous aurez essayé sur le terrain toutes les variations d'agencement possibles que vous les situerez avec exactitude sur votre plan définitif.

Tout en dessinant des plans, de préférence en couleurs, dressez la liste des travaux, parce qu'il vaut mieux, souvent, faire ceux-ci dans un certain ordre tout au long de l'année. La plantation proprement dite constitue l'opération finale. Le moment le plus propice est l'automne dans les régions tempérées, le printemps dans les zones où l'hiver est rigoureux.

Auparavant, vous aurez réparé ou rénové les infrastructures (allées, clôtures, murs) ; vous aurez taillé ou déplacé des plantes à la saison appropriée, enlevé le gazon et les mauvaises herbes pour obtenir un sol propre, prêt au traçage des plants. Vous pourrez également préparer des massifs indépendants plus petits. Quand vous vous lancez dans la réalisation d'un jardin d'herbes, il est préférable d'effectuer tous ces travaux préliminaires avant de tracer un plan sur le sol en vous aidant de piquets reliés par des ficelles.

Creusez vos parterres et vos bordures à une profondeur convenable. Puis préparez et commencez à construire les allées et les bordures en matériau dur.

Les besoins des plantes

Lavande vivace

Il faut être attentif aux besoins de chaque herbe pour réussir à la cultiver et à obtenir une excellente récolte : chaque espèce a besoin pour s'épanouir d'un milieu et d'un traitement spécifiques. N'hésitez pas à vous documenter afin de recréer les conditions idéales à la croissance d'herbes aromatiques et décoratives.

Bien que les plantes les plus connues soient d'origine méditerranéenne et qu'elles préfèrent un emplacement bien drainé et ensoleillé, il faut se garder de vouloir à tout prix recréer leur milieu naturel d'origine. Seules les capucines sont recommandées pour les terres pauvres qui favorisent une floraison abondante et évitent une surproduction de feuilles ; toutefois, dans ce cas précis, une floraison abondante provoquerait souvent une mort précoce.

La plupart des espèces cultivées ont des tailles et des performances supérieures à celles de leurs homologues sauvages. Ce n'est pas parce qu'elles étaient adaptées « jadis » à des conditions difficiles qu'il faut leur refuser soins et nourriture.

Les herbes aromatiques cultivées en vue d'un usage médicinal ou pour leur parfum poussent mieux en plein soleil, alors que les plantes cultivées comme condiment ou pour leurs feuilles se développent mieux sur les sols humides et protégés d'un fort ensoleillement. Dans un jardin, disposez les massifs ou répartissez les plantes en fonction de ces impératifs : regroupez les plantes à feuilles à l'extrémité ombragée d'une bordure, à l'abri d'arbustes, près de haies ou sous de grands arbres pour bénéficier de la pénombre. Rappelez-vous que les plantes panachées donnent leurs plus beaux feuillages quand elles sont exposées au soleil, matin et soir, et quand elles sont un peu à l'ombre, à midi.

De la même manière, assurez-vous que vos plantes jouissent d'un bon drainage, essentiel pour les plantes qui ne supportent pas les milieux humides. Ces espèces possèdent un feuillage de couleur grise ou argentée provenant d'une pubescence destinée à piéger l'humidité – une adaptation propre aux espèces vivant dans des endroits soumis à de grandes sécheresses. Des plantes peu robustes meurent s'il y a trop d'humidité autour de leurs tiges. Des massifs surélevés ou un paillis graveleux améliorent parfois leurs chances de survie. La plupart des plantes à tiges ligneuses ont besoin d'un grand ensoleillement pour arriver à maturité et pour se préparer à résister efficacement aux températures hivernales.

La division d'un massif

1 *Séparez les plantes à racines souterraines des autres plantes plus vulnérables par des ardoises ou des plaques en dur placées verticalement.*

2 *Remettez de la terre de chaque côté en la tassant avec votre talon ou avec le manche d'un déplantoir.*

3 *Plantez une espèce envahissante comme la menthe à une petite distance de la séparation invisible.*

En revanche, les herbes qui aiment un peu d'humidité et les endroits partiellement ombragés ne prospèrent que là où elles rencontrent ces conditions ; un sol sec et chaud ou un lieu sombre et saturé d'eau leur serait insupportable. Les herbacées vivaces, en particulier, ont besoin d'une croissance maximale la première année pour stocker dans leurs racines suffisamment d'éléments nutritifs pour passer l'hiver et renaître au printemps suivant.

La plupart des herbes ont besoin d'être abritées des vents forts et du froid rigoureux. Bien qu'elles puissent subsister en pleine nature, leur croissance est souvent stoppée par les brûlures du gel et l'élagage dû au vent. Protégez leurs parterres et leurs massifs avec des haies ou des clôtures « coupe-vent ». Vous en récolterez les bénéfices en été, quand les journées sans vent sont chargées de l'arôme puissant des huiles volatiles. N'oubliez pas, cependant, de protéger les plantes fragiles en veillant à ce que le jardin ne soit pas trop abrité, car il deviendrait une poche où le froid se concentrerait, avec risque de gel.

Les sols en pente

À moins que vous n'ayez décidé de créer un parterre important ou un jardin à la française, qui requièrent obligatoirement un terrain plat, la dénivellation d'un terrain est sans importance. Pour la plupart des autres projets, un terrain en pente, même si celle-ci est très raide, est idéal car il garantit un bon drainage et beaucoup de chaleur et de lumière s'il est ensoleillé une bonne partie de la journée. Il existe suffisamment d'herbes rases ou rampantes pour assurer une bonne couverture du sol et une protection efficace contre l'érosion, mais, pour les espèces plus grandes ou bien aux endroits où la pente est particulièrement abrupte, la réalisation de terrasses ou de petits rebords garnis de touffes facilitera une implantation rapide.

Vous pouvez également vous servir d'un sol en pente pour dessiner des allées en pas-d'âne. Vous rendrez également le dénivelé plus doux en plantant des cascades de thym ou des massifs de menthe de Corse qui tapissent parfaitement le sol, ou bien en mettant en terre plusieurs touffes de camomille et de sarriette rampante *(Satureja spicigera)*.

Ci-dessus : *les plantes qui ont besoin de soleil doivent être plantées au pied d'un mur ensoleillé qui garde la chaleur même après la tombée de la nuit.*

Ci-contre : *une simple fosse entourée d'un mur de briques ou de vieilles poutres de bois deviendra un parterre fort utile pour accueillir des herbes plus grandes ou, comme ici, une pépinière qu'on pourra couvrir l'hiver.*

Ci-dessus : *ces allées réalisées avec des carrés de bois ou des dalles en pierre permettent d'accéder facilement aux grands parterres pour les entretenir ; elles se fondront dans l'ensemble au fur et à mesure que les plantes croîtront et s'étaleront.*

Les herbes pour terres lourdes

Bien qu'on puisse améliorer la structure et le drainage des sols argileux et d'autres substrats difficiles, les herbes mentionnées ci-dessous supportent bien ces sols, à condition que ceux-ci soient correctement binés en été pour éviter le dessèchement et le craquèlement.

- Angélique
- Bourrache (soleil)
- Cerfeuil musqué
- Capucine (soleil)
- Ciboulette (soleil)
- Consoude
- Fenouil (soleil)
- Livèche
- Maceron cultivé
- Mélisse officinale (soleil)
- Menthe
- Oseille
- Sauge
- Souci

DIFFÉRENTES FORMES DE JARDINS

Un jardin d'herbes classique, constitué d'un parterre aux formes complexes ou bien d'une simple roue dont les rayons délimitent plusieurs massifs d'espèces aromatiques, laisse un large champ d'expérimentation à l'imagination d'un jardinier. Comme l'écrivait déjà au XVIIe siècle l'Anglais William Lawson : « Il y a autant de présentations originales d'un carré qu'il y a de jardinier. » Un jardin doit toujours rester simple, car, trop élaboré, il risque de paraître confus quand les plantes commenceront à pousser et ne sera « lisible » que vu d'avion.

Gratiole officinale

Commencez par dessiner un projet sur du papier quadrillé. Tracez tout d'abord l'emplacement et la dimension des allées, puis ébauchez des parterres et des bordures pour avoir une première idée de l'ensemble. L'aspect ornemental du jardin est une chose, mais songez que vous devrez, en toutes saisons, accéder facilement aux parcelles pour entretenir les plantes, puis pour les récolter. Les allées doivent donc être suffisamment larges pour circuler à l'aise (particulièrement entre les arbustes après une forte pluie) et pour atteindre chaque endroit du jardin. Les allées principales doivent avoir une largeur minimale de 60 cm, plus si vous utilisez une brouette. Vous pouvez réduire les allées secondaires à 30 cm de large et vous les dallerez de manière continue ou non, selon vos besoins : cette dernière solution est pratiquée dans les grands parterres. Vous pouvez aussi limiter la largeur des parterres à 1,20 m pour que toutes les herbes soient à portée de main.

Vous devez concevoir les massifs et les plantes en respectant un certain équilibre et un sens des proportions, mais sachez également qu'il n'y a aucune raison pour qu'un jardin d'herbes irrégulier soit moins réussi qu'un jardin symétrique d'inspiration classique. Dessinez plusieurs formes géométriques de parterres sur du papier calque. Reportez-les sur le plan de votre jardin représenté sur le papier quadrillé, en respectant bien les proportions pour vérifier si vous pourrez vraiment réaliser ces parterres. Laissez de la place pour installer des bancs ou des statues ; rappelez-vous que les haies naines ont une largeur de 30 cm et les plus grandes davantage.

N'oubliez pas qu'une série de petits massifs, accueillant chacun une seule espèce, produit des masses de couleurs différentes qui se démarquent aussi par leur aspect. Un jardin plus vaste nécessite des massifs plus grands que vous disposerez en fonction de la couleur, de la taille ou de l'usage des espèces sélectionnées. Si votre plan est compliqué, définissez tout d'abord une ligne de base, la ligne droite la plus longue pouvant être mesurée sur

Ci-contre : *les herbes s'adaptent à de nombreux styles et décors, et en particulier à la disposition rustique d'un jardin de maison de campagne où les plantes conserveront leur aspect sauvage.*

Comment réaliser une spirale d'herbes ?

1 *Disposez les briques de manière à constituer une spirale montante.*

2 *Étalez une couche de gravillons pour le drainage des niveaux les plus bas, en laissant de côté les emplacements destinés aux plantes qui aiment l'humidité.*

3 *Ajoutez du compost dans la partie inférieure pour les plantes exigeantes en nutriments telles que le persil, le basilic et la coriandre.*

4 *Remplissez partiellement la partie supérieure de morceaux de briques et de gravats pour assurer un bon drainage aux herbes qui aiment les sols secs.*

5 *Mettez de la bonne terre dans la spirale, tassez-la ou laissez-la se mettre en place naturellement.*

6 *Placez les herbes pour sols secs dans la partie supérieure et celles qui aiment l'humidité dans la partie inférieure.*

le site. Puis, à partir de cette dernière, mesurez toutes les diagonales pour vous assurer que les parcelles sont réellement symétriques. Marquez si possible la ligne de base avec une corde pour reporter plus facilement les mesures sur le terrain.

Les massifs surélevés

Les premiers jardins d'herbes étaient composés d'une série de massifs disposés de manière fonctionnelle en carrés et en rectangles, ou en formes plus décoratives. Ils étaient un peu surélevés par rapport aux allées, la terre étant retenue par des planches. Les massifs surélevés présentent plusieurs avantages : la disposition en hauteur impose une certaine structure ; elle évite également au jardinier de se courber pour cultiver les plantes.

Une planche posée sur la tranche ou deux ou trois rangées de briques augmenteront la profondeur de la couche de terre et permettront une bonne croissance des racines là où ce n'était pas possible auparavant ; on peut aussi surélever les rebords des massifs pour que les personnes âgées ou handicapées puissent elles aussi jardiner. Si la surélévation est importante, il faut revoir les fondations, les renforts ainsi que les trous de drainage.

7 *Enfin, plantez les herbes et arrosez-les copieusement.*

Préparer le sol

Germandrée petit-chêne

Généralement, les plantes ne poussent bien que lorsque les conditions climatiques et biochimiques requises sont réunies. Toutefois, les herbes les plus communes tolèrent des sols très différents, même si elles croissent moins bien sur certains d'entre eux. Ainsi, sur des sols légers et sablonneux, les herbes grises et argentées se développent bien, tandis que les tiges de sauge et de sarriette vivace se dégarnissent et exigent des multiplications fréquentes.

Recréer le milieu préféré des plantes est le meilleur moyen de réussir à les faire pousser. Mais, dans la plupart des cas, il faut se contenter de la terre de son jardin. Aussi est-il nécessaire d'entretenir le sol et les plantations en respectant trois principes. Premièrement, les plantes ont besoin d'humidité pour se développer; toutefois, un excès d'eau les prive d'oxygène et pourrit leurs racines. Deuxièmement, elles exigent un apport équilibré en éléments nutritifs et en minéraux dans un sol ni trop acide ni trop alcalin. Troisièmement, elles ont besoin d'une chaleur suffisante pour croître sans être concurrencées par les mauvaises herbes.

Un sol sablonneux est facile à travailler et se réchauffe rapidement. Toutefois, ses substances nutritives sont vite lessivées par la pluie. Quant à la sécheresse, elle attaque toutes les plantes, les espèces méditerranéennes exceptées. Fortifiez ce type de sol en superposant plusieurs couches de compost avant de planter, en leur associant un mulch annuel auquel vous ajouterez à l'occasion des engrais pour améliorer la fertilité sans détruire le drainage.

L'argile est une roche sédimentaire qui produit des sols humides, non aérés, qui sèchent et craquent par temps sec. Les sols lourds très argileux sont potentiellement fertiles, à condition de les renforcer en incorporant du sable, des gravillons, des détritus de feuilles, du fumier ou du compost pour faciliter leur aération. Pour empêcher le tassement dû aux pluies et le dessèchement en cas de chaleur, recouvrez d'un mulch permanent.

Les herbes pour sols légers et sablonneux

Les plantes mentionnées ci-dessous s'adaptent particulièrement bien aux sols légers et sablonneux. Toutefois, comme les pluies d'hiver lessivent une grande partie de la chaux et des éléments nutritifs, mettez de l'engrais ou du compost chaque année.

- Absinthe
- Anis
- Armoise
- Arnica des montagnes
- Bourrache
- Buglosse vivace
- Centaurée
- Cerfeuil
- Ciboulette
- Citronnelle
- Coriandre
- Cumin
- Digitale
- Estragon
- Fenouil

- Genêt
- Hysope
- Langue-de-chien
- Lavande
- Luzerne
- Mélilot
- Mélisse officinale
- Œillet
- Onagre
- Origan
- Romarin
- Sarriette
- Thym
- Verveine citronnelle

Des massifs pour sols humides

Les flaques d'eau qui subsistent à la surface d'un sol déjà très humide signalent généralement un mauvais drainage. Si le sol en surface est trop compact, bêchez-le. Bêchez plus profondément encore pour briser une couche imperméable qui se situerait à une certaine distance de la surface du sol. Enfin, si le sol est saturé, installez un système de drainage permanent ou contentez-vous d'herbes propres aux zones humides.

Une autre façon de traiter l'humidité du sol consiste à augmenter l'épaisseur de la couche de terre végétale drainée naturellement en créant des massifs surélevés. Cette méthode permet aussi de tirer profit des sols peu profonds, trop acides ou trop alcalins pour certaines espèces.

Les massifs surélevés ne sont pas une invention moderne, mais remontent au Moyen Âge. Ils sont entourés d'un mur bas en pierre, en brique ou en planches de bois. Leur largeur idéale est de 1,20 m environ pour que vous puissiez atteindre le centre sans avoir à marcher sur la terre.

Bêchez soigneusement le massif, ajoutez des matières organiques, qui améliorent la structure et le drainage, puis une couche de 15 cm de terre végétale provenant du creusement des allées ou achetée dans le commerce. Enfin, recouvrez le sol d'un mulch organique que vous pourrez bêcher chaque année pour maintenir la fertilité.

Les herbes pour sols calcaires

- Anémone pulsatile
- Armoise
- Bouillon-blanc
- Centaurée
- Chicorée
- Genévrier
- Herbe aux charpentiers
- Langue-de-chien
- Lavande
- Mélisse officinale
- Mouron des oiseaux
- Muguet
- Œillet
- Origan
- Pervenche
- Pimprenelle
- Primevère officinale
- Pulmonaire
- Réséda
- Romarin
- Rose
- Sarriette officinale
- Sauge
- Sceau-de-Salomon
- Sureau
- Thym

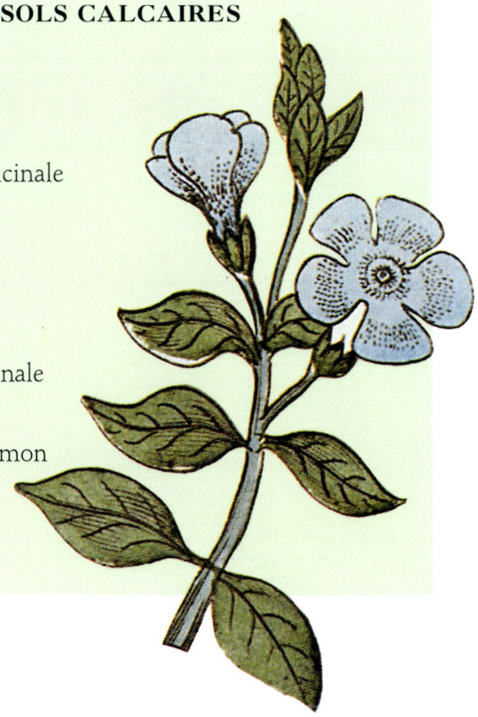

Le nettoyage du sol

L'automne est la meilleure saison pour préparer le sol. Tout d'abord, vous éliminerez les mauvaises herbes, spécialement les plantes vivaces envahissantes, dont vous aurez du mal à vous débarrasser après la plantation : enlevez-les soigneusement avec une fourche ou utilisez un désherbant systémique. Si le sol est recouvert de gazon, enlevez celui-ci avec une pelle, entassez-le et couvrez-le d'une toile plastifiée noire jusqu'à ce qu'il se décompose en terreau fibreux pour être mis en pots. Vérifiez le drainage et bêchez soigneusement le site. Traitez le sol s'il est trop acide et laissez à l'air les mottes pendant tout l'hiver pour qu'elles soient brisées par le gel. Au début du printemps, traitez les nouvelles mauvaises herbes et ajoutez une bonne quantité de compost ou d'excellent fumier. Ratissez la surface et laissez reposer le sol pendant quelques semaines avant de tracer votre plan.

Ci-dessus : *un cultivateur à main est très efficace pour enlever les mauvaises herbes.*

Comment réaliser un compost de consoude ?

1 *Le recyclage de plantes vivaces vigoureuses comme la consoude alimente le sol en substances minérales et nutritives. Coupez les grandes feuilles et gardez les petites pour obtenir de futures récoltes.*

2 *Faites macérer les feuilles dans de l'eau pour obtenir un liquide nutritif, puis ajoutez-les au tas de compost : en se décomposant, elles libéreront des minéraux qui enrichiront votre compost.*

Des plantes en bonne santé

Menthe poivrée

Un jardin d'herbes n'est vraiment en parfait état que si chacune des plantes qui le composent est en bonne santé. Pour atteindre cet objectif, vous devez, dès la conception, prendre en compte la nature du sol, l'ensoleillement et les associations logiques. La règle est la même si vous voulez redonner vie à un jardin laissé à l'abandon.

Un jardin d'herbes est une œuvre de longue haleine, aussi ne vous précipitez pas ! Une fois le sol préparé, tracez les bordures et les allées. Ne posez du gravillon sur ces dernières qu'après avoir effectué les plantations afin de ne pas recouvrir celui-ci de terre.

L'automne est la meilleure saison pour pratiquer les plantations (particulièrement pour les plantes à racines nues). Évidemment, vous pouvez planter en pleine terre toute l'année des plantes cultivées en conteneurs. Toutefois, si les hivers sont très froids ou si le sol est lourd, attendez le milieu du printemps. Si vous devez attendre plusieurs mois avant de planter, profitez-en pour cultiver des fleurs annuelles pendant cette période, ou bien plantez de la moutarde, du trèfle ou de la vesce que vous enfouirez ensuite dans le sol pour tenir lieu d'engrais vert.

Essayez de garnir en une seule fois tout un massif, même si la constitution d'une collection d'herbes prend plus d'une saison. Pendant cette période, conservez les plants dans leurs conteneurs ou provisoirement en pépinière. Augmentez vos stocks en multipliant par boutures ou par divisions. Les plantes à racines nues doivent être gardées en réserve en terre si vous ne devez pas les planter tout de suite.

Prévoyez de semer de nombreux plants : mettez en terre séparément les arbres, les arbustes et les herbes envahissantes,

La lutte contre les insectes et les maladies

Soignez vos herbes en les arrosant, en les nourrissant et en les multipliant chaque fois que nécessaire pour maintenir leur vigueur et éviter qu'elles ne soient malades ou affaiblies. Intervenez rapidement dès qu'un problème survient. Les aphidés (pucerons...) sont les insectes les plus répandus. Vous les éliminerez en procédant à des pulvérisations de roténone, qui sont sans effet sur leurs prédateurs naturels. Le quassia est efficace contre les chenilles si celles-ci sont trop nombreuses pour être éliminées à la main. Vous viendrez facilement à bout des limaces et des escargots, en les enlevant. En cas de maladies sérieuses, en particulier de la rouille, qui affecte la menthe, mais aussi les violettes, coupez les plants atteints à ras et brûlez-les. Traitez les collets apparents ainsi que le sol tout autour en les brûlant au chalumeau. En cas d'échec, utilisez un fongicide acheté dans le commerce ; sinon, transplantez des divisions de racines saines dans une bonne terre.

Ci-contre : *certaines herbes produisent à elles seules un bel effet de masse. Les différentes variétés de thym, et ici de népéta, sont appréciées en haies, en bordures et en massifs de fleurs.*

Ci-contre : *plant de sauge violette en bonne santé. Cette plante a besoin de soleil pour faire admirer ses couleurs chaudes. Mais c'est sous une lumière tamisée que les jeunes pousses arborent les couleurs caractéristiques de leurs feuilles.*

Le paillis de plastique

Utilisez un paillis en plastique si vous craignez qu'il reste en terre des graines de mauvaises herbes ou des fragments de racines, ou si vous avez peur qu'un sol très léger ne se dessèche trop rapidement. Le paillis empêche les mauvaises herbes de pousser et retient l'humidité. Préparez d'abord le sol humide et ratissez la surface pour enlever les cailloux, puis étendez un film de plastique noir (qualité horticole) et fixez-en les bords en les enfonçant dans le sol. Faites des trous ou des croix aux endroits où vous voulez planter les herbes puis couvrez la surface avec du gravillon, ou avec des morceaux d'écorce ou de noix de coco.

Les herbes envahissantes

Des herbes comme la menthe, l'estragon et l'aspérule odorante sont d'irrépressibles envahisseurs. Leurs tiges rampantes ou leurs rhizomes occupent de grandes surfaces et s'infiltrent dans les racines des plantes voisines. Contrôlez-les en les cultivant dans des conteneurs au-dessus du sol ou enterrés dans de grands pots, des seaux sans fond ou des sacs en plastique épais, équipés de petits trous pour le drainage. Remplissez-les de terre provenant du jardin ou d'un mélange de terre et de compost. Attendez deux ou trois ans pour procéder à des divisions et à des transplantations dans une terre nouvelle.

ainsi que les petites plantes de bordure, pour produire rapidement une impression instantanée de luxuriance. Choisissez de jeunes plants buissonnants, aux belles couleurs, et assurez-vous qu'ils sont bien fortifiés si vous les achetez au printemps.

Comment planter ?

Plantez par une journée agréable qui vous laissera tout le temps de faire votre travail convenablement. Arrosez bien les plants, qu'ils soient en pots ou en pleine terre, puis posez-les sur le sol aux endroits prévus sur votre plan. Pour les plantes à racines nues, indiquez seulement leurs emplacements par des piquets ou des étiquettes pour éviter qu'elles ne se dessèchent. Vérifiez l'effet d'ensemble et veillez à ce que chaque plante ait assez de place pour se développer. N'oubliez pas que des espaces trop grands entre les plantes créent des vides disgracieux. Rapprochez les plantes, quitte à en sacrifier plus tard quand d'autres auront besoin de place.

Plantez les bordures en même temps que les arbres et les arbustes. Triturez la terre si nécessaire et tassez-la bien. Rebouchez ensuite jusqu'à la marque terreuse qui délimite sur la tige la partie aérienne de la partie souterraine. Renivelez le sol avant de planter les autres herbes. Coupez les bouts et les pousses des plantes arbustives pour favoriser une croissance très buissonnante. Étiquetez chaque plant, puis arrosez afin de bien ancrer les racines dans le sol.

Entretenir un jardin d'herbes

Les herbes que vous cultiverez ne connaîtront pas de problèmes de croissance dans la mesure où vous utiliserez des plants sains. Cependant, le développement de chaque plante dépend de la qualité du sol dans lequel elle pousse. L'entretien constant d'un jardin d'herbes consiste à améliorer et à contrôler la teneur en éléments nutritifs et la vitalité du sol.

Marjolaine sauvage

L'arrosage et l'alimentation

Les sols perdent plus ou moins rapidement leur eau, par drainage ou évaporation. Cette perte dépend du type et de la nature du sol. Un sol argileux, par exemple, retient l'humidité beaucoup plus longtemps qu'un sol sablonneux, qui, en saison chaude et sèche, a besoin d'être arrosé au moins une fois par semaine. Parce que les plantes n'absorbent leur nourriture que sous la forme de solution, il faut maintenir un certain niveau d'humidité autour des racines pour obtenir une croissance continue. Le meilleur moyen de garantir cette dernière consiste à ajouter du fumier ou du compost dans le sol pour augmenter sa teneur en humus; ces matériaux organiques partiellement décomposés s'imbiberont d'eau comme une éponge et restitueront lentement celle-ci à la plante avec les éléments nutritifs.

Si le sol a été préparé par ajout de compost ou de bon fumier, il suffit de répandre, chaque année au printemps, une couche de compost pour maintenir le niveau d'humus. La plupart des plantes aromatiques fleuriront ensuite sans arrosage supplémentaire. Dernier conseil, n'arrosez pas trop, car un excès d'eau dilue les huiles essentielles et risque d'abîmer des plantes qui préfèrent vivre dans un sol plus sec. Les herbes à feuilles auront besoin d'arrosage en saison sèche pour conserver un sol humide, alors que les plantes cultivées pour leurs fruits ont besoin d'eau lors de la floraison et de la fructification. Si vous arrosez, trempez bien les plantes puis réalisez un paillis pour empêcher l'évaporation. Les plantes en conteneur demandent un arrosage régulier, de même que les plantes récemment sorties de terre, surtout si celles-ci ont été plantées en été.

Tant que la terre sera paillée chaque année avec une légère couche de compost, la plupart des herbes pousseront sans apport nutritif supplémentaire. Un sol trop riche favoriserait une croissance exubérante, moins riche en odeurs et en parfums. Les plantes aux larges feuilles cultivées sur un sol léger ont parfois besoin d'un apport supplémentaire d'azote, sous forme de sang séché, après les hivers humides. De la même façon, au printemps, un apport d'engrais à base d'algues, de sang séché, de poisson ou d'os broyés, améliore la qualité des fruits. Évitez d'utiliser des engrais artificiels qui risquent de modifier la composition chimique du sol et de réduire la concentration des herbes en huiles essentielles et en substances actives.

Phase essentielle de l'entretien du sol et de la santé de la plante, le paillis a pour rôle de recouvrir le sol pour le protéger de l'érosion, du dessèchement rapide, des

Comment diviser la consoude ?

1 *La consoude, comme d'autres herbes qui poussent en touffes, a besoin d'être divisée au bout de quelques années pour conserver jeunesse et robustesse. Arrachez les touffes à diviser ou tranchez les parties extérieures des touffes à l'aide d'une bêche.*

2 *Avec un couteau, divisez proprement chaque portion en parties comprenant des feuilles ou des bourgeons en sommeil et beaucoup de racines. Replantez aussitôt dans une bonne terre.*

La fabrication du compost

Très utile pour améliorer la terre lors de la préparation du jardin, le fumier d'origine animale est bien trop riche pour nourrir toutes les plantes, les plus gourmandes exceptées. Utilisez donc le fumier plutôt comme un élément du compost en le mélangeant aux déchets des plantes. Vous obtiendrez alors un produit idéal pour pailler et fertiliser. Préparez un sol nu entouré par un grillage et versez-y les matériaux à compost, sinon utilisez un composteur acheté dans le commerce. Commencez par placer une couche de tiges et de matériaux grossiers pour assurer une aération optimale. Ajoutez au fur et à mesure plusieurs couches en mélangeant déchets organiques domestiques, fumier, mauvaises herbes et déchets végétaux. Évitez d'employer des plantes en graines ou malades. Broyez au préalable les plantes ligneuses. Les débris d'ortie, de consoude et d'herbe aux charpentiers conviennent bien, car ils favorisent la fermentation. Si vous ne voulez pas augmenter l'acidité du sol, répandez un peu de chaux ou de gypse entre chaque couche. Couvrez le compost avec une bâche en plastique ou des couvertures. Laissez-le ainsi pendant quelques mois, avant de le retourner pour obtenir une décomposition complète.

Ci-dessus : *des herbes utilisées quotidiennement, comme cet ensemble de différentes plantes aromatiques, ont besoin de soins attentifs si l'on veut qu'elles prospèrent et soient en permanence prêtes à être cueillies.*

dégâts causés par de grosses pluies ou de fortes chaleurs et, enfin, de l'étouffement par les mauvaises herbes.

Vous pouvez réaliser un paillis organique en mélangeant du compost, des écorces ou des noix de coco broyées, mais il est préférable de pailler les herbes des régions chaudes et sèches avec des matériaux non organiques (gravillon ou gravier), qui évitent le pourrissement. C'est également le cas pour les terres lourdes, qui risquent de rester très humides une grande partie de l'année. Répandez toujours un paillis sur un sol humide en laissant le pourtour des tiges des plantes ligneuses dégagé pour assurer un drainage naturel.

Le désherbage

Les plantes préfèrent vivre en groupes, mais les mauvaises herbes nuisent à leur bonne croissance. Un paillis permanent supprimera la plupart des mauvaises herbes annuelles qu'il faudrait, sinon, sarcler ou enlever à la main tant qu'elles sont petites. Les mauvaises herbes vivaces telles que les boutons-d'or, les chardons, l'hièble et l'herbe aux goutteux sont plus tenaces et poussent même quand le sol est paillé. Arrachez le plus de racines possible ou badigeonnez ces plantes une à une avec un herbicide. Quand vous désherbez, vérifiez que vous n'arrachez pas de plantes utiles. Beaucoup d'herbes se ressèment et l'on peut mettre leurs plantules en pépinière. Sachez également que certaines mauvaises herbes possèdent aussi des vertus médicinales ou culinaires, et qu'à ce titre elles méritent d'être conservées pour être récoltées.

Ci-contre : *des châssis froids complètent utilement les massifs et les serres, et fournissent une protection contre le froid.*

Ci-dessous : *une recette simple pour hâter la croissance de certaines plantes consiste à placer des pots à blanchir en terre cuite au-dessus d'elles.*

Au cours de la saison, les herbes changent d'aspect et leurs propriétés se modifient. Revivifiées par une taille légère, elles connaissent un nouveau développement et durent plus longtemps. Coupez les fleurs fanées de la bourrache, des soucis et des autres plantes annuelles. En les empêchant de monter en graines, vous prolongerez leur floraison de plusieurs semaines. Cette précaution concerne également les plantes productrices de graines, comme le fenouil et l'angélique, dont les jeunes plants aux racines profondes risquent de coloniser les massifs. Si vous avez besoin de graines, laissez quelques têtes arriver à maturité. La semence spontanée a aussi un intérêt : si, par exemple, vous laissez se ressemer spontanément sur place une plante annuelle au cycle très court, telle que le cerfeuil, vous en disposerez en permanence. Vous pourrez faire de même avec le persil, qui ressème la deuxième année de jeunes plants que vous pourrez transplanter.

En ce qui concerne les plantes vivaces que vous voulez cultiver pour leurs jeunes et tendres pousses, rabattez-les une ou deux fois au moment où les tiges commencent à vieillir. La menthe et la mélisse officinale, par exemple, repoussent vigoureusement si elles sont coupées au ras du sol avant d'atteindre leur taille maximale. Opérez une taille légère sur les plantes arbustives après la floraison pour favoriser la croissance des pousses latérales ; taillez-les très souvent si vous voulez leur donner une forme précise. De même, taillez les haies de santoline, d'hysope, de romarin, de germandrée au début de l'été, puis deux ou trois mois plus tard. Si elles se développent trop vite, rabattez-les dès le printemps.

Les soins d'automne

À l'approche des gelées, arrachez, mettez en pots et abritez les herbes fragiles comme le basilic, la verveine citronnelle et les pélargoniums parfumés. Bouturez les plantes peu rustiques ou transplantez un plant de chaque espèce sous châssis froid. Pendant tout l'hiver, laissez les tiges mortes sur les plantes vivaces pour les protéger du vent et du froid, ou bien coupez les tiges et couvrez les collets sensibles au froid sous des fougères ou de la paille maintenue par un grillage souple. Rappelez-vous que les différentes variétés d'une même espèce présentent des degrés de robustesse différents.

Enfin, ne laissez pas les feuilles mortes pourrir en dessous des espèces rases.

Comment avoir des herbes aromatiques en hiver ?

- Cerfeuil : dehors, en châssis froid ou en pots à l'intérieur
- Ciboulette : sous cloches ou en pots à l'intérieur
- Géraniums : en pots à l'intérieur
- Menthe : en châssis froid ou en grands pots et en bacs à l'intérieur
- Origan : dehors ou en pots à l'intérieur
- Pimprenelle : dehors ou sous cloches
- Romarin : dehors ou en pots
- Sarriette vivace : dehors ou en pots à l'intérieur
- Sauge : dehors

Le jardin d'herbes en hiver

Pendant que les plantes herbacées sont en sommeil, occupez-vous des plantes qui restent vertes en hiver. En effet, elles ne sont pas pour autant toutes capables de résister aux grands froids hivernaux. Renseignez-vous sur leur rusticité et, au besoin, protégez-les des vents froids en les ensachant ou en installant des coupe-vent. Enlever la neige des branches avant qu'elle ne les écrase.

En cas de prolongation de la période habituelle de récolte

Pour obtenir des récoltes en hiver, protégez les herbes de base des rigueurs de cette saison. Des cloches ou de petits couvercles sur le persil et la ciboulette permettront de prolonger leur cueillette de plusieurs semaines ; la transplantation de quelques pieds sous châssis froid vous permettra d'en cueillir tout l'hiver, à condition que le châssis soit couvert de nattes lorsque le temps devient très rigoureux. Vous pouvez semer sous châssis froid de la salade, de la coriandre, du cerfeuil et les récolter en hiver. Arrachez le thym, l'estragon et la sauge pour les mettre en pots, à l'intérieur ; lorsque ces pots seront épuisés, remplacez-les par des réserves conservées en serre. Certaines herbes réagissent bien au forçage, notamment la menthe dont on arrachera les rhizomes à la fin de l'hiver pour les mettre dans une serre, dans des bacs remplis de compost pour accélérer leur croissance. Vous obtiendrez aussi une éclosion précoce des plantes au sortir de leur dormance hivernale en les couvrant de cloches. C'est ainsi que l'on force généralement des plantes comme la rhubarbe, le chou marin et l'épinard sauvage en les recouvrant de boîtes ou de pots à blanchir.

À droite : *un endroit bien abrité ou une resserre sont parfaits pour effectuer des transplantations et ranger le matériel.*

Comment utiliser un châssis froid ?

1 *Un châssis froid est un accessoire précieux pour cultiver des plantes hors saison et pour abriter des boutures et de jeunes plants.*

2 *Couvrez le châssis et ventilez-le dès que les conditions le permettent, pour assurer une humidité suffisante et le protéger contre le froid ou une forte luminosité.*

MULTIPLIER LES HERBES

Qu'ils soient professionnels ou amateurs, tous les jardiniers ressentent la même satisfaction en réussissant à faire pousser de nouvelles plantes. Vous commencerez votre collection avec quelques herbes achetées en pots, mais, tôt ou tard, vous désirerez cultiver vos plantes à partir de graines ou de morceaux de racines. Certaines herbes se multiplient de plusieurs manières, alors que d'autres nécessitent une technique bien particulière. Quelle que soit la méthode choisie, ne semez que des graines d'excellente qualité pour éviter toute déconvenue.

Mouron rouge des champs

CULTIVER À PARTIR DE GRAINES

On cultive la plupart des herbes en semant des graines. Mais cette méthode s'avère plus lente quand on veut obtenir des plantes adultes. Elle n'est pas non plus recommandée dans le cas des cultivars, en particulier pour les variétés panachées, car les jeunes plants ne sont pas toujours identiques aux plantes mères.

L'ensemencement est toutefois la méthode la plus rapide pour obtenir de grandes quantités d'une même plante et la plus répandue lorsque l'on cultive des herbes annuelles et bisannuelles, ainsi que des fleurs sauvages, des salades, des légumes, des herbes vivaces à germination rapide comme la ciboulette, le fenouil, la grande camomille, la livèche, la rue, la pimprenelle et la sarriette vivace.

Même si une graine est comme une plante qui attend de pouvoir se développer, elle ne pourra germer que si certaines conditions sont remplies. C'est ainsi que, pour amorcer le processus de croissance, il faut que soient réunis des niveaux de chaleur, d'humidité et d'aération spécifiques à chaque plante. À ces conditions s'en ajoutent d'autres qui sont dictées par le milieu d'origine. Ainsi, les graines du genévrier, de l'aspérule odorante, du cerfeuil musqué et des violettes possèdent une enveloppe dure et résistante qui empêche une germination précoce en saison froide,

COMMENT SEMER ?

1 *Remplissez un bac stérilisé avec un substrat humide. Aplanissez-le et tassez-le légèrement s'il est à base de terre. Tapez le bac pour bien niveler la surface si le compost est sans terre.*

2 *Répandez les petites graines régulièrement et en couche fine sur toute la surface ; des graines plus grosses seront réparties à intervalles réguliers.*

3 *Certaines graines ont besoin de lumière pour germer, tandis que d'autres, préférant l'obscurité, doivent être recouvertes de compost tamisé.*

4 *Recouvrez les graines d'une couche régulière et plus ou moins épaisse de compost tamisé. Étiquetez le bac et couvrez-le d'un film plastique ou d'une plaque en verre pour conserver l'humidité.*

et qui est progressivement détruite par les gels d'hiver – processus appelé stratification. Semez ces graines en automne et laissez-les dehors tout l'hiver. Ou bien encore modifiez artificiellement leur hibernation en les mélangeant à du sable humide dans un sac en plastique que vous placerez au réfrigérateur pendant deux mois, avant de les semer.

Les graines des légumineuses sont entourées d'un tégument dur et ont besoin d'humidité pour germer. Accélérez le processus en incisant soigneusement cette enveloppe avec un couteau ou en réduisant son épaisseur en un point avec un abrasif; une autre solution consiste à faire tremper la graine dans de l'eau tiède toute une nuit. Certaines graines ont besoin de lumière pour amorcer leur germination, d'autres, d'obscurité. Pour être sûr d'avoir respecté les conditions nécessaires, suivez attentivement le mode d'emploi indiqué sur les sachets.

Comment cultiver le basilic ?

1 *Semez des graines de basilic dans des blocs individuels pour éviter de les repiquer ; sinon, repiquez les plantules d'un semis sur plateau.*

2 *Un compost particulièrement riche, une température ambiante tempérée, voire chaude, et un arrosage régulier favorisent une croissance rapide.*

3 *Ces plants, qui disposent chacun de deux paires de feuilles, sont assez robustes pour être mis en pots.*

4 *Après avoir été fortifiés, ces jeunes plants de basilic sont prêts à être repiqués en pleine terre.*

Semer en extérieur

L'époque des semailles s'étend traditionnellement du début jusqu'au milieu du printemps, lorsque la terre est assez chaude pour faciliter la croissance. Le moment propice est indiqué par l'apparition des premières mauvaises herbes ou par l'éclosion des premiers bourgeons.

Les légumes et les herbes cultivés pour obtenir une récolte abondante seront semés en lignes dans le jardin, les autres en pépinière. Pour les herbes à fleurs, faites un semis en place soit en lignes courtes, soit en sillons circulaires, obtenus en enfonçant dans la terre le bord d'un pot. Auparavant, veillez toujours à bêcher, à désherber puis à ratisser la surface du sol pour que celui-ci devienne friable. Par temps froid, réchauffez le sol en posant des cloches pendant une ou deux semaines.

Utilisez un manche de râteau ou un piquet de jardin pour tracer des petits sillons. Vous obtiendrez des sillons plus longs en faisant glisser le coin du râteau le long d'un cordeau tendu. Semez les graines dans le fond du sillon et recouvrez-les de terre. Tassez légèrement avec le dos du râteau. Par temps très sec, inondez les sillons et attendez l'absorption complète avant de semer, puis recouvrez avec de la terre sèche.

Conservez vos semis humides jusqu'à ce que les plantules sortent du sol. Quand elles sont assez grandes pour être cueillies à la main, éclaircissez-les en les espaçant de 5 à 10 cm. Si la plupart des plantes annuelles ont ainsi suffisamment de place pour se développer, les plantes bisannuelles et les plantes vivaces auront, en revanche, besoin d'être encore plus éclaircies ou transplantées dans un autre carré, jusqu'à ce qu'elles soient assez robustes pour être mises à leur emplacement définitif.

Le semis sous verre

Il s'agit de la meilleure méthode pour faire pousser les plantes annuelles semi-rustiques et les cultures hâtives. On l'emploie pour toutes les herbes qui ont besoin de beaucoup de chaleur ou qu'il faut cultiver en pot. Utilisez des plateaux, des pots, des bassins peu profonds en fonction de la quantité de graines : commencez par nettoyer et stériliser les conteneurs avec de l'eau savonneuse additionnée d'ammoniaque ou d'une solution désinfectante.

Placez ensuite des tessons sur les trous de drainage avant de remplir les pots en terre avec du compost légèrement humide (les pots en plastique seront remplis sans couche de drainage). Donnez quelques coups secs sur le pot, à la main ou avec un morceau de bois, pour tasser le contenu, et faites un semis clair sur toute la surface.

Couvrez les graines d'une fine couche de compost pas plus épaisse que les graines elles-mêmes. En revanche, celles qui ont besoin de lumière pour germer seront simplement pressées pour les faire pénétrer légèrement dans le sol. Étiquetez et fermez le pot en le couvrant soit avec un plastique transparent, soit avec une plaque de verre, ou encore avec une feuille de papier opaque pour les graines qui exigent de l'obscurité.

Placez les conteneurs dans un endroit chaud, tout en gardant la terre humide (sans pourtant la détremper), soit par pulvérisation, soit en plaçant les conteneurs dans un peu d'eau jusqu'à ce que des taches d'humidité apparaissent à la surface. La germination suit de quelques jours ou de plusieurs semaines, ou plus longtemps encore pour les plantes à croissance

COMMENT MULTIPLIER PAR BUTTAGE ?

Des plantes vivaces comme la sauge se développent rapidement pour former des masses arbustives importantes.

1 *Quand de vieilles herbes ligneuses développent des tiges basses nues, on peut les multiplier par buttage.*

2 *Enlevez les tiges et les feuilles mortes, et entassez la terre au centre du buisson.*

3 *Attendez quelques mois. Chaque branche aura donné des racines et pourra être détachée.*

COMMENT MARCOTTER LE ROMARIN ?

1 *Choisissez une branche basse et flexible, puis enlevez les feuilles qui touchent le sol. Faites une légère encoche pour favoriser l'apparition des racines.*

2 *Creusez un petit sillon et mettez-y la branche préparée que vous maintiendrez en place avec un piquet.*

3 *Couvrez la section dégarnie avec de la bonne terre; tassez doucement. Arrosez le marcottage par temps sec (mais pas la plante mère) pour accélérer l'enracinement.*

Comment préparer des boutures?

1 *Préparez une terre à gravillons, bien drainée, en mélangeant du sable grossier et de la tourbe, ou un produit tourbeux, ou du compost pour graines.*

2 *Coupez les boutures à la taille désirée avec un couteau tranchant, en sectionnant la tige juste en dessous d'un nœud et enlevez les feuilles inférieures.*

3 *Remplissez un pot avec le mélange et enfoncez-y une bouture. Arrosez et placez le pot dans un sachet en plastique maintenu par des baguettes.*

lente comme le persil et le laurier-sauce. Soyez attentif à la levée : dès que les premières pousses apparaissent, découvrez-les et exposez-les à une lumière douce.

Quand les jeunes plants ont produit d'autres feuilles en plus de celles des plantules, repiquez-les un à un. Cette technique s'applique à toutes les plantes, sauf à celles qui ont de grosses graines et qui seront semées une à une en godet avant d'être ensuite transplantées ou laissées en pot. Replantez les jeunes plants en les enterrant dans du compost humide jusqu'à la base de leurs premières feuilles, dans des pots ou, espacés de 5 cm, dans des bacs.

La division des plantes

On utilise la division pour multiplier les herbes touffues, à racines multiples. Elle sert également à rajeunir des pieds âgés dont le centre de la touffe est mort en laissant un anneau de végétation jeune. Déterrez la plante pendant la dormance hivernale ou au début du printemps. Divisez la plante en morceaux en plongeant, dos à dos, deux fourches dans la masse et en les écartant. Des touffes plus petites seront fendues avec un couteau ou divisées par arrachage des blocs de racines. Replantez les éclats dans une terre nouvelle à la même profondeur que la touffe mère.

Le marcottage

Cette méthode de multiplication, lente mais sûre, oblige la tige d'une plante vivace ligneuse (sauge, lavande ou chèvrefeuille) à produire des racines pendant qu'elle est nourrie par la plante mère.

Le buttage

Cette méthode sert à marcotter des plantes entières et à obtenir de nombreuses boutures, ou bien à restaurer une herbe négligée, dénudée à la base. Elle permet également de sauver les buissons de lavande non taillés; elle s'applique à toutes les herbes ligneuses et sert à multiplier les rhizomes des arbres fruitiers.

Le bouturage

Ce type de multiplication est assuré par le prélèvement sur une plante de boutures, c'est-à-dire de petits morceaux de la tige ou des racines, qui, plantées, donneront de nouveaux plants. Trois méthodes sont pratiquées, selon la nature des tiges : la première pour les bois lignifiés (la bouture prélevée en automne sur les tiges ligneuses d'arbres et d'arbustes est mise à raciner dehors ou en châssis froid durant l'hiver); la deuxième pour les bois semi-ligneux (la bouture est prélevée à partir du milieu de l'été sur des pousses latérales avec souvent un « talon » de vieux bois); la troisième pour les bois tendres (elle est effectuée au printemps ou en été en prenant les extrémités tendres des pousses de l'année).

Utilisez des pousses longues de 8 à 10 cm, vigoureuses, saines et sans fleurs, excepté dans le cas de bois lignifié où elles doivent être deux ou trois fois plus longues. Coupez juste en dessous de l'aisselle d'une feuille avec une lame tranchante, puis effeuillez la moitié inférieure en ne laissant que des blessures propres.

Pour améliorer vos chances, trempez la base des boutures dans une préparation d'hormones de bouturage avant de les implanter dans un compost bien drainé. Racinez vos boutures tendres en pots, dans des sacs en plastique fermés ou dans des miniserres; placez les autres sous un châssis ou en pleine terre, dans un lieu abrité. Protégez les boutures de la lumière et mettez-les en pots ou en pépinière dès qu'elles commencent à bien pousser.

Les jardins d'herbes en pots

Si vous habitez en ville et que vous n'avez pas de jardin, vous pouvez tout de même vous constituer une collection d'herbes ; en effet, la plupart d'entre elles s'adaptent facilement à la culture en pots ou autres conteneurs. En revanche, si vous avez la chance de cultiver la majorité de vos herbes dans un jardin, n'hésitez pas à enrichir vos techniques de jardinage en cultivant en pots quelques-unes de vos espèces favorites.

Origan

Si vous avez donc un jardin, disposez vos pots de manière à former un ensemble décoratif que vous placerez près de la maison pour plus de commodité. Vous pourrez ainsi les déplacer plus facilement pour leur assurer un ensoleillement maximal tout au long de la saison, ou pour les abriter des vents froids. En hiver, rentrez-les. Vous aurez ainsi des herbes hors saison et, lorsque vous inviterez des amis, vous décorerez votre table avec des plants en pots. Vous réaliserez ainsi un jardin miniature permanent en faisant pousser plusieurs espèces d'herbes dans de grands bacs dont vous pourrez contrôler l'ensoleillement.

N'importe quel récipient profond et large peut faire office de conteneur : des auges pour bétail jusqu'aux sacs ayant servi pour le forçage, en passant par des pots en terre, des urnes en grès, des boîtes de peinture ou encore des caisses en bois et des seaux à charbon. Toutefois, choisissez un récipient assez grand pour que vos plantes y soient à l'aise : aucun ne doit mesurer moins de 20 cm de diamètre et de profondeur. Percez le fond ou les côtés de petits trous, juste au-dessus du fond, pour permettre l'évacuation de l'eau. Cette précaution est indispensable pour assurer un bon drainage afin d'évacuer le trop-plein d'eau qui pourrit les racines.

Comment mettre en pot ?

1 *Changez les plantes de pots durant leur phase de croissance. Un bon drainage, assuré par un fond de petits cailloux ou de gravier, est essentiel.*

2 *Remplissez partiellement le nouveau pot avec du terreau, puis enlevez la plante de son ancien pot sans déranger les racines ; placez la plante dans le nouveau pot, au centre, et remplissez celui-ci de terre.*

Choisissez vos conteneurs plus ou moins en harmonie avec les plantes que vous voulez y planter. La terre cuite est un matériau agréable et adapté aux herbes décoratives, telles les sauges à feuillage coloré des espèces *Icterina* (or), *Tricolor* (crème et rose) et *Purpurescens* (rouge), et convient aussi aux très nombreuses variétés de géraniums à feuilles odorantes.

Vous pouvez planter dans un grand bac un mélange de romarin, d'hysope, de thym ou d'origan (variété *Or*). S'il est monté sur roulettes, placez-le dans une serre ou dans un jardin d'hiver. Dissimulez des conteneurs utilitaires comme les seaux sans fond ou les grands pots de peinture dans des jarres ornementales et garnissez-les d'herbes envahissantes de grande taille, comme l'estragon, l'oseille, le raifort, la consoude et la menthe. Utilisez des sacs pour cultiver des herbes annuelles et bisannuelles, comme le basilic, le cerfeuil et le persil, ou pour cueillir en serre, hors saison, la menthe dont vous avez besoin. Réservez les caisses en bois de type « Versailles » ou les grands conteneurs du même genre aux plants isolés de laurier-sauce, d'herbes topiaires, ou même à un cognassier palissé au pied duquel poussent des capucines, des salades ou de la tétragone étalée.

Comment mettre en pot un laurier-sauce

1 *Le laurier-sauce pousse très bien en conteneur, à condition de le mettre dans un pot de taille suffisante pour éviter de le transplanter trop tôt.*

2 *Tant qu'il y a de la place dans le conteneur, vous pouvez planter des herbes au pied du laurier-sauce, comme le thym, le persil et l'origan, qui feront du pot un véritable jardin miniature.*

Comment planter ?

La façon la plus simple de commencer une collection en pots est d'acheter de jeunes herbes déjà levées chez un pépiniériste et de les transplanter aussitôt dans des conteneurs plus grands. Si vous enlevez les bouts des pousses, vos herbes mettront plus longtemps à atteindre une grande taille, ce qui vous évitera de procéder à des transplantations trop fréquentes. Des herbes robustes, telles que le romarin, la lavande ou la sauge, sont issues de boutures racinées ensemble dans un petit pot, puis placées chacune dans un conteneur jusqu'à ce qu'elles soient transplantées quand elles sont devenues trop grandes.

Quand vous plantez, vérifiez que les trous de drainage sont propres et recouvrez-les d'une couche de gravier, de cailloux ou de tessons en argile. Ajoutez par-dessus une légère couche de tourbe, ou un absorbeur d'humidité à base de tourbe, puis remplissez le pot d'un terreau spécialement conçu pour la culture en pots. Ces mélanges spéciaux, sans terre naturelle, sont souvent difficiles à humidifier quand ils sont secs. La plupart contiennent des engrais qui s'épuisent rapidement et qu'il faut donc renouveler fréquemment. Ces terres artificielles sont plus faciles à manipuler et plus légères que celles à base de terre naturelle. Toutefois, si vos pots sont laissés dehors, ils seront moins stables que s'ils étaient remplis de terre naturelle. Faites un mélange de sept parts de bonne terre de jardin, de deux parts de sable horticole, de trois parts de tourbe ou de terreau de feuilles et d'un peu de fertilisant à base d'algues – gare aux graines de mauvaises herbes !

L'entretien des pots

Les herbes en pots requièrent une attention particulière, car leur croissance dépend exclusivement des soins que vous leur prodiguerez. Bien arroser est essentiel : l'herbe qui tolère pourtant une très grande sécheresse ne survivra pas longtemps à un sol complètement sec. Contrôlez donc souvent l'humidité de la terre (chaque jour, et même deux fois par jour quand il fait très chaud). Fortifiez vos herbes à feuilles en opérant parfois des apports d'engrais pour plantes d'intérieur. Une fumure de surface ou un rempotage annuel suffira aux autres herbes.

Ci-dessus : *le laurier-sauce* (Laurus nobilis) *est un arbuste topiaire très à la mode en conteneur. Ce spécimen, maintenu par un tuteur et taillé en pyramide, trône dans une caisse « Versailles » peinte.*

Dès que les racines passent à travers le fond, transplantez les jeunes plants d'herbes dans des pots plus grands. Après les avoir placés dans leur pot définitif, il suffit de les réalimenter une fois par an en les dépotant puis en les rempotant dans une terre nouvelle, après avoir nettoyé leurs racines, soit dans le même pot, soit dans un pot identique. Si les plantes sont trop grandes pour être dépotées de cette façon, remplacez chaque année 5 à 7 cm appartenant à la couche de terre supérieure.

Les jardins d'herbes en conteneurs

Les herbes se cultivent facilement dans des pots classiques, mais également dans toutes sortes de conteneurs – pots muraux, auges, jardinières, sans oublier tout ce que vous avez sous la main : un vieil évier de récupération, que vous recouvrirez d'un crépi pour lui donner une nouvelle jeunesse, une magnifique mitre de cheminée en terre cuite, que vous pouvez orner de quelques plantes rampantes dans sa partie supérieure. En utilisant des conteneurs, vous limiterez la croissance des plantes envahissantes comme la menthe. Vous pouvez aussi les remplir de terre de bruyère pour y cultiver les plantes qui ne supportent pas les sols alcalins.

Basilic sacré de l'Inde

Les jardinières

Une simple jardinière suffit pour faire pousser ensemble plusieurs herbes disponibles en toutes circonstances, à condition d'avoir des plantes de réserve en pots. Vérifiez que ces récipients soient assez solides pour supporter le poids d'une couche de terre humide profonde de 25 à 30 cm, assurant un bon enracinement des plantes.

Drainez la jardinière comme vous le feriez pour d'autres conteneurs et remplissez-la d'un mélange terreux humide pour pots. Plantez-y directement de jeunes plants d'herbes, ou faites-les pousser en pots jusqu'à ce qu'ils aient 10 à 12 cm de hauteur. Enterrez les pots de manière à ce qu'ils arrivent juste au-dessous de la surface de la terre.

Les herbes pour jardinières ensoleillées

- Aneth
- Brunelle commune
- Capucines : en été
- Ciboulette
- Estragon
- Géraniums à feuillage aromatique : été seulement
- Origan
- Romarin
- Sarriette vivace
- Sauge
- Soucis
- Thym citron
- Verveine citronnelle : été seulement

Ci-dessus : *un pot à fraisier peut servir à bien d'autres plantes telles que le persil. Plantez au fur et à mesure que vous ajoutez de la terre et tassez chaque couche avant de passer au trou supérieur.*

Ci-contre : *arrosé et nourri régulièrement, un pot accroché à un mur peut contenir des fraises alpines ou une plante de grande taille portant des fruits sur ses stolons.*

Plantez surtout de petites herbes, des espèces ornementales, mais vous pouvez aussi cultiver des espèces plus grandes, comme le laurier-sauce et le romarin, issues de boutures et suivies jusqu'à ce qu'elles puissent être repiquées dans le jardin.

Les suspensions

Le principe d'une suspension est de ne contenir qu'une petite quantité de terre et de pouvoir être exposée sur plusieurs côtés au vent et au soleil. Il faut l'arroser régulièrement par temps chaud et sec. Les suspensions profondes sont particulièrement adaptées aux plantes saisonnières (basilic, capucines, persil) ou décoratives (menthe pouliot, manteau de Notre-Dame, mélisse variété *Or*). Essayez de cultiver un lierre à petites feuilles qui tombera en cascade et qui recouvrira les côtés. En ajoutant une petite lobélie rampante

Comment planter dans une auge en pierre ?

1 *Protégez les trous de drainage avec de gros cailloux ou avec des tessons courbes de pots cassés, puis répandez une couche de cailloux ou de gravier.*

2 *Remplissez l'auge presque à ras bord avec un mélange terreux de matières nutritives en l'aplanissant avec votre déplantoir.*

3 *Disposez et plantez quelques herbes choisies. Il n'est pas nécessaire d'en mettre trop, car elles occuperaient très vite toute la place en poussant.*

4 *Achevez la composition en recouvrant la terre avec du gravier fin ou des écorces qui retiendront l'humidité.*

Ci-dessus : *les grands conteneurs, tels les mitres de cheminées, sont parfaits pour accueillir des capucines et des herbes grimpantes ou rampantes ; recouvrez le fond avec du gravier pour assurer la stabilité et remplissez de terre ou de compost.*

ou une variété de tomate-cerise, vous obtiendrez un meilleur effet.

Quand on veut planter dans une suspension, il faut d'abord limiter le poids de la terre. Pour cela, faites un mélange à parts égales d'une préparation terreuse et d'une préparation sans terre, auquel vous ajoutez un engrais à action lente, à moins d'y mettre à coup sûr de l'engrais deux fois par semaine dès la mi-été. Placez la suspension bien à l'abri du vent. À l'automne, installez-la dans une serre froide pour que les plantes puissent y passer l'hiver ; au printemps, bouturez et renouvelez la terre.

Ci-contre : *une auge en pierre est assez grande pour contenir un échantillon d'herbes utiles ou une collection d'espèces naines.*

Des herbes pour une caisse peu ombragée

- Camomille
- Cataire
- Cerfeuil
- Ciboulette
- Fraisier commun
- Laurier-sauce
- Mâche
- Menthe
- Oseillon
- Persil
- Pimprenelle
- Pulmonaire
- Réséda
- Violettes

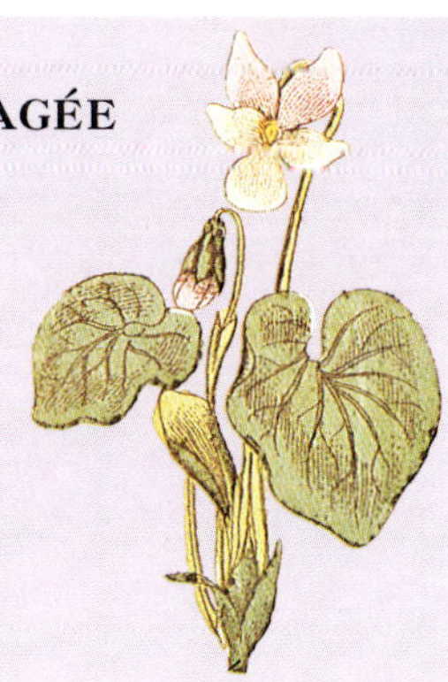

Les herbes d'intérieur

Marjolaine

Les herbes ne sont pas des plantes d'appartement et, à l'exception des espèces les plus fragiles, elles se plaisent généralement mieux en plein air. Beaucoup d'entre elles, cependant, vivront à l'intérieur sans que cela affecte leur développement. Elles pourront ainsi embaumer votre maison. Par exemple, un pot de basilic, placé sur le rebord intérieur d'une fenêtre, répandra son odeur d'épice chaque fois que le vent remuera ses feuilles lorsque vous laisserez la fenêtre ouverte. Si vous possédez un jardin d'hiver, vous pouvez y laisser en permanence toutes les espèces qui ont besoin de températures élevées pour croître et embellir.

Les herbes à placer sur le rebord des fenêtres

À l'exception des espèces qui recherchent l'ombre et des espèces à feuilles charnues, telles que les géraniums à feuilles odorantes, les herbes placées sur le rebord des fenêtres ne conservent pas longtemps leur bel aspect et souffrent très vite d'un manque d'ensoleillement.

Si vous voulez avoir en permanence votre provision d'herbes à portée de main, cultivez plusieurs pots de chaque espèce à l'extérieur, sous un châssis froid ou même en serre, et rentrez-les à l'intérieur au fur et à mesure que vous épuisez vos stocks ou que les herbes commencent à s'étioler. Rabattez celles qui ont été utilisées et remettez-les sous châssis pour qu'elles se reprennent. Les herbes poussent mieux en plein air, et même les plantes en pots se plaisent mieux à l'extérieur en été.

Sur le rebord de votre fenêtre et tout au long de l'hiver, vous pouvez organiser avec soin une collection de cultures d'herbes classiques et la compléter par de la laitue, de la coriandre, de la moutarde blanche et du cresson alénois semés en pots, qui fourniront deux ou trois récoltes de feuilles vertes pour vos salades d'hiver.

La culture sous verre

Dans les régions au climat tempéré, il est essentiel de posséder une serre ou bien un jardin d'hiver pour cultiver les herbes originaires des régions chaudes. Il est aisé de transformer une serre de bonne taille en un véritable jardin intérieur. Si cer-

Ci-dessus : *une serre bien ensoleillée assure aux plantes une bonne croissance. Aussi, à l'exception des herbes utilisées régulièrement, laissez celles-ci dans un endroit où elles conserveront leur plus bel aspect.*

Ci-contre : *pour utiliser les herbes hors saison, il faut parfois les sécher. Toutefois, le séchage modifie les qualités aromatiques. Le persil, le basilic, la menthe et d'autres herbes fraîches cultivées en pots permettront néanmoins de donner un air de vacances à vos plats.*

taines espèces se contentent d'une protection minimale contre le froid, les plantes tropicales ont besoin de chaleur et d'humidité tout au long de l'année pour prospérer.

Vérifiez les besoins de vos plantes et composez une collection d'espèces compatibles. Ainsi, le westringia et la treille ne supporteront pas la chaleur moite qu'exige une orchidacée comme le vanillier.

Palissez les murs et le toit de votre maison d'espèces grimpantes, en particulier d'espèces à fruits qui bénéficieront ainsi d'un ensoleillement maximal et d'une période de croissance prolongée.

Dans un jardin d'hiver chauffé, un figuier donne deux ou trois récoltes par an, contre une seule à l'extérieur. Ces plantes poussent très bien dans de grands conteneurs. Placez les bacs qui contiennent des plants d'agrumes, de théiers et d'autres arbustes de serre derrière des herbes au port moins imposant et des espèces rampantes retombant en cascade.

Comme toutes les plantes, celles en pots ont besoin d'être arrosées et nourries régulièrement pendant leur période de croissance. Durant l'été, peignez les vitres pour procurer de l'ombre et pour éviter que le feuillage ne soit brûlé par le soleil. Tâchez de préserver une atmosphère saine en arrosant les supports et les allées; chassez les acariens en pulvérisant de temps à autre de l'eau sur le feuillage. Traitez les insectes et les maladies dès leur apparition, car ils se propagent vite dans un lieu clos. Maintenez une bonne hygiène dans la serre en ôtant les fleurs et les feuilles mortes, en ventilant dès que cela est possible et en maintenant un rythme régulier à la croissance.

Les herbes appropriées aux rebords de fenêtre

- Basilic : semez une pincée de graines dans chaque pot. Empêchez la floraison pour conserver le basilic plus longtemps. Ressemez en fin d'été pour des utilisations tardives.
- Cerfeuil : semez au printemps et, de nouveau, à la fin de l'été en quantité, dans un large récipient et en fin de croissance.
- Ciboulette : empotez des éclats de touffes du jardin et conservez-les bien nourris et arrosés.
- Origan : pousse comme le thym. Choisissez une variété qui préférera la chaleur de la maison et une variété plus robuste pour un endroit plus frais.
- Persil : choisissez une variété compacte. Semez-la au printemps et, de nouveau, à la fin de l'été pour le bouturage d'hiver; assurez une rotation des pots.
- Thym : partez d'un semis ou de boutures racinées directement en pots; gardez à la lumière et arrosez modérément.
- Sauge : faites des boutures et taillez-les souvent. Choisissez une variété panachée pour donner de la couleur.

Ci-dessus : *laissez les bouquets d'herbes là où vous les faites sécher : ils parfument agréablement la pièce.*

Comment diviser la ciboulette ?

1 *Pour multiplier des herbes à racines fibreuses ou à oignons multiples comme la ciboulette, arrachez une touffe saine et secouez-la pour en faire tomber la terre.*

2 *Séparez les racines délicatement en plusieurs lots. Puis lavez-les avec leur gaine de terre argileuse pour éviter de les casser en les séparant une à une.*

3 *Empotez les divisions dans une bonne terre, puis posez-les sur un rebord de fenêtre ensoleillé, où vous pourrez vous approvisionner régulièrement.*

ÉLAGUER ET TAILLER

Les plantes annuelles et bisannuelles n'ont pas besoin d'un entretien très poussé. Il faut simplement veiller à tailler les sommités des tiges pour prolonger leur durée de vie et procéder à une toilette saisonnière lorsque l'on voit les parties supérieures se flétrir, puis mourir. Il en est de même pour les plantes vivaces dont l'entretien se limite le plus souvent à les éclaircir et à couper leurs fleurs fanées pour les empêcher de se ressemer spontanément.

Lavande

En revanche, les plantes vivaces ligneuses seront l'objet de soins constants, surtout si l'on veut qu'elles ne prennent pas trop d'importance. Une herbe qui se plaît dans un terrain préparé soigneusement croîtra avec vigueur – signe de bonne santé –, mais ce n'est pas une raison pour en négliger la taille. Lorsque les plantes vivaces sont livrées à elles-mêmes, elles atteignent leur hauteur maximale, et cela donne parfois des résultats fâcheux : des fleurs rares ou peu de fruits, des rameaux nus à la base, des maladies. Pour éviter tout cela et avoir un beau jardin, l'élagage et la taille s'imposent.

POURQUOI TAILLER LES PLANTES ?

Les plantes croissent à la fois verticalement et latéralement parce que les hormones de croissance sont concentrées aux extrémités des pousses, empêchant l'apparition de bourgeons ailleurs.

En coupant le bout des pousses, on concentre l'énergie vitale de la plante vers les bourgeons situés plus bas sur la tige et on les incite à se développer pour remplacer les extrémités perdues. Le pincement des extrémités d'un agrume, la taille d'une haie de lavande, la tonte d'une pelouse de thym sont des formes de taille destinées à empêcher la croissance verticale et à encourager une croissance latérale buissonnante. On considère le fait de cueillir le bout des pousses d'herbes arbustives comme une forme de taille simple, mais la plupart des plantes vivaces ont besoin d'une taille beaucoup plus importante, une ou plusieurs fois par an, afin de conserver une croissance équilibrée. En règle générale, quand on taille une plante aux ciseaux, immédiatement après sa floraison, elle retrouve de belles proportions ; mais une taille plus précoce empêchera les fleurs de se développer et ouvrira la voie à une deuxième pousse avant la fin de la saison. Ainsi, si vous taillez les herbes panachées à mi-saison, vous obtiendrez un feuillage aux couleurs très vives. Les haies d'herbes et les topiaires ont besoin de plusieurs tailles par an, en fonction des espèces utilisées et de la forme recherchée.

LA RESTAURATION

Ne rabattez pas des plantes comme le romarin, la lavande ou le genêt, mais il est important que vous les tailliez après leur floraison pour conserver leur hauteur et leur qualité. Bornez-vous à couper les jeunes pousses vigoureuses et non les vieilles tiges qui mourront si vous y touchez. Par ailleurs, vous pouvez rabattre bien d'autres espèces de haies et d'arbustes au début de la saison. Consultez toujours

COMMENT PROCÉDER À UNE TAILLE SÉVÈRE ?

1 *Lorsque certaines herbes ont atteint leur plein épanouissement, le plus souvent après la floraison, il est conseillé de les rabattre au ras du sol.*

2 *Une fois rabattues, les jeunes pousses à la base disposeront de plus de lumière. Elles produiront ainsi de nouvelles feuilles qui arriveront plus vite à la taille voulue.*

un manuel auparavant. Ne perdez jamais de vue la première règle de la taille : « Mieux vaut réfléchir à deux reprises, car on ne coupe qu'une fois. »

La meilleure taille ne rend pas une plante immortelle. Aussi, dès qu'une plante ligneuse, telle que le romarin ou la sauge, commence à produire des tiges nues, renouvelez-la. N'oubliez pas de faire des boutures à chaque taille pour avoir de jeunes plants en permanence. Pendant que ces derniers poussent, restaurez provisoirement les vieilles plantes : en rabattant, en marcottant les pousses latérales d'une haie pour boucher les trous, en attachant les branches voisines d'un spécimen important pour masquer des zones mortes. Avant de restaurer ou de tailler une plante, coupez les tiges mortes ou mal en point.

Le palissage

Le palissage est une technique qui accompagne la taille et qui sert à diriger la croissance de la plante dans une nouvelle direction. Sachant que le bourgeon situé à l'extrémité d'une tige taillée est le premier à éclater et à déterminer la direction de la croissance, coupez juste au-dessus du bourgeon orienté dans la direction que vous désirez donner à la plante. Pour les espèces à extension latérale, coupez les bourgeons qui ne sont pas orientés à la verticale. En revanche, si vous taillez les tiges verticales, vous aurez un arbuste buissonnant.

Cette technique est très intéressante pour palisser des arbustes le long d'un mur, car cette façon d'orienter la croissance est souvent plus sûre que celle qui consiste à essayer de courber des branches rebelles dans une nouvelle direction. Certains arbres fruitiers et les rosiers palissés ont besoin d'une taille d'été pour limiter leur développement et favoriser la formation de bourgeons, puis d'une taille d'hiver pour maintenir leur taille et leur forme.

Il est important de palisser soigneusement les plantes grimpantes pour les empêcher de pousser dans toutes les directions. Confectionnez des supports solides, par exemple un treillage ou des fils horizontaux, pour que les tiges restent attachées régulièrement lorsqu'elles grimpent. Choisissez la date de la taille annuelle en fonction de l'âge de la tige sur laquelle naissent les fleurs. Si celles-ci sont nées sur les pousses de l'année, rabattez ces dernières à la fin de l'hiver pour obtenir de nombreuses jeunes pousses. Éclaircissez ces dernières pour ne conserver que les plus robustes et attachez-les. Coupez tout de suite après la floraison les tiges de l'année précédente qui ont fleuri; l'élimination des tiges épuisées donne de la vigueur aux jeunes pousses.

Ci-dessus : *il est important de tailler les espèces à larges feuilles avec un sécateur pour que les coupes soient franches et ne déchirent pas le tissu végétal. Utilisez les tiges coupées comme boutures ou faites-les sécher.*

Ci-contre : *ce jeune laurier-sauce, taillé en boule et au tronc droit, est maintenu par un tuteur. C'est en taillant ou en pinçant très souvent le bout des tiges que l'on obtient des pousses latérales supplémentaires.*

Ci-contre : *les courbes sinueuses d'une topiaire en spirale apportent une touche de fantaisie à un jardin d'herbes régulier.*

Récolter des herbes

Aurone mâle

Souvent cultivées pour leurs vertus décoratives, les herbes jouent avant tout un rôle utilitaire. Toute l'attention que vous avez consacrée à les cultiver sera vaine si vous les récoltez pour les stocker n'importe comment. Apprenez à connaître les parties que vous pouvez utiliser : généralement, ce sont les feuilles et les tiges, mais parfois il s'agit des graines, des fleurs, des racines ou même de l'écorce. Pour déterminer la date et le moment de la journée le plus favorables à la cueillette d'une espèce, renseignez-vous sur la date et le moment de la journée où la concentration en huile essentielle est la plus forte.

Si vous faites de la cuisine, vous avez besoin de feuilles ou de brins d'herbes en permanence. Mais toutes les espèces aromatiques ne restent pas toujours vertes en hiver ou ne sont pas utilisables toute l'année. Pour en disposer à tout moment, vous devez vous constituer une réserve importante.

À cet effet, cueillez les sommités lorsque les plantes sont en pleine croissance, c'est-à-dire au printemps et en été. Récoltez le matin tôt, quand les huiles et les principes actifs sont le plus concentrés et que la luminosité n'est pas trop intense.Toutefois, attendez que la rosée ait séché, car les herbes humides moisissent rapidement. Cueillez-en une bonne quantité, triez-les et étiquetez-les.

Sécher feuilles et fleurs

Les plantes contiennent une grande quantité d'eau, le plus souvent six à sept huitièmes de leur poids. Toute cette eau doit être résorbée pour une conservation en toute sécurité. Si vous faites votre cueillette en saison chaude et sèche, attachez ensemble (sans serrer) les fleurs et les feuilles en petits paquets et suspendez-les dans un endroit bien aéré, à l'abri de la poussière et du soleil, jusqu'à ce qu'elles soient suffisamment cassantes pour se briser entre les doigts (dans les endroits poussiéreux, placez les petits paquets dans des sacs perforés). Étalez-les sur une table ou une étagère entre deux feuilles de journal ou dans de la mousseline (en les remuant tous les jours), ou sur un filet surélevé pour qu'elles restent à l'air : l'objectif est de conserver le plus possible la couleur, la saveur et l'arôme de la plante. Évitez aussi bien la lumière directe du soleil, qui fait passer la couleur et la fraîcheur, que le froid, qui allonge le temps de séchage et diminue la qualité. Une semaine de séchage suffit.

Si vous faites la récolte en saison fraîche et humide, quand le séchage naturel n'est plus possible, utilisez un placard séchoir, une serre ombragée, un grenier chaud ou une remise ventilée. Vous pouvez aussi sécher les herbes dans le four d'une cuisinière ou dans une étuve en prenant soin de ne pas dépasser 32 °C, les deux premiers jours, puis 25 °C jusqu'au séchage complet, c'est-à-dire durant trois à cinq jours de plus. Remuez votre récolte de temps à autre et ne traitez qu'une seule fournée à la fois : si vous ajoutez une récolte plus récente à ce qui sèche, cela abaissera la température et augmentera l'humidité. Si vous voulez des bouquets garnis, préparez votre composition avant de procéder au séchage.

Ci-dessous : *herbes fraîches cueillies, prêtes à être attachées et séchées.*

Comment sécher les graines

Maniez avec soin les graines mûres, car celles-ci ont une propension à se répandre dès qu'on les touche. Cueillez-les une fois sèches et secouez-les pour les faire tomber dans un sac, ou coupez les parties de tiges contenant les graines, en les tenant fermement pour ne pas les perdre.

Conservez séparément chaque espèce et étiquetez tous les sachets. Si vous

Ci-contre : *les bouquets ont besoin de beaucoup d'air pour sécher. Placez-les de préférence sur un râtelier suspendu. Assurez-vous auparavant qu'il ne se trouve pas dans un environnement humide. Ces bouquets sont aussi décoratifs que pratiques.*

Quelques conseils pour la cueillette des herbes sauvages

Pour de multiples raisons, de grandes précautions sont à prendre quand on désire cueillir des herbes sauvages. Cette pratique ancienne n'est, aujourd'hui, ni facile ni conseillée dans certaines régions. Vérifiez d'abord qu'il n'existe aucune loi ni arrêté vous interdisant d'arracher telle ou telle plante protégée, et ayez la courtoisie de demander la permission au propriétaire des lieux. Du fait du danger permanent que constitue la pollution atmosphérique, ne cueillez pas les plantes qui poussent sur le bord des routes, à proximité des sites industriels ou dans les régions agricoles, polluées par les engrais et les nitrates.

Vous ne devriez pas avoir de problèmes pour identifier les plantes que vous voulez utiliser. Beaucoup d'herbes sont très connues; leur odeur et leur aspect sont faciles à reconnaître. Mais il en existe aussi un grand nombre, tout aussi utiles, qui ressemblent à des espèces voisines très toxiques ou dont on ne connaît pas l'usage. Goûter ces espèces est fortement déconseillé.

Si vous n'arrivez pas à les reconnaître, ne les ramassez pas. Enfin, ne cueillez que les plantes très répandues dans la région où vous vous trouvez; de plus, n'en prenez qu'un petit nombre pour ne pas nuire à la survie de cette espèce.

gardez des graines pour les semences, choisissez toujours les meilleurs plants. Dès que ceux-ci seront secs, mettez-les dans des sachets étiquetés et conservez-les dans des pots hermétiques.

Si vous n'avez pas pu récolter directement les graines, mais seulement les rameaux fructifères les renfermant, suspendez les sacs bien ouverts dans un endroit abrité et bien aéré, ou étalez ces derniers sur un papier en les laissant deux ou trois semaines pour qu'ils sèchent complètement. Lorsque les fruits sont tout à fait secs et cassants, frottez-les ou secouez-les pour libérer les graines. Certaines espèces seront inévitablement mélangées avec des débris de plante, par exemple avec des morceaux de gousses brisées ou des « parachutes », typiques des composacées (pissenlits, etc.). Pour les séparer, il vous suffit de faire un tri en soufflant doucement dessus.

La récolte des racines

En général, les racines sont séchées avant d'être conservées avec leur peau. Toutefois, il est conseillé de peler celle de la réglisse, du curcuma et de la guimauve.

Coupées en tranche de 1 cm, ou fendues en deux pour les plus grosses, les racines sont plus longues à sécher que les autres parties des herbes : plusieurs semaines parfois, même en les remuant souvent. Vous pouvez accélérer le processus en les passant dans un four chauffé à 50 °C. Quand vous obtenez des morceaux légers et cassants, mettez-les dans des boîtes hermétiques ou dans des pots en verre foncé. Si vous souhaitez récolter des racines de plantes vivaces comme l'angélique ou la consoude, creusez le sol sur un des côtés de la plante et coupez quelques racines avec un couteau ou une pelle. Agitez-les pour faire tomber la terre et enlevez les radicelles avant de les emporter à l'intérieur pour les nettoyer à la brosse. Vous pouvez cultiver toute l'année une plante comme le raifort en lui enlevant une racine ou deux, selon vos besoins.

Ci-dessous, à gauche : *des feuilles ou des brins d'herbes aromatiques rangés en quantités définies dans un bac à glaçons rempli d'eau perdent un peu de leur saveur une fois congelés, mais sont prêts à l'emploi.*

Ci-dessous, à droite : *à l'intérieur, à l'abri des courants d'air, vous pouvez disposez vos feuilles séparément sur une grille pour les faire sécher.*

ABC
DES HERBES

Achillea millefolium (Composées)

MILLEFEUILLE

Achillée millefeuille, herbe au charpentier, herbe de Saint-Jean, ortie du diable

Description : plante aromatique; 16-60 cm; feuilles finement divisées, plumeuses, gris-vert; fleurs planes composées de petits capitules blancs, roses ou rouges, de la mi-été à l'automne. Répandue dans les lieux herbeux, y compris les pelouses.

millefeuille

Parties utilisées : pousses supérieures peu avant la floraison; à sécher dehors à l'ombre ou dedans, à température douce.

Usages : en médication populaire, contre les rhumatismes, le mal de dents, les hémorragies et la fièvre. En cuisine, les jeunes feuilles vertes en salade.

Culture : préfère des sols ensoleillés et drainés; idéal sur des terrains crayeux ou de bord de mer; à isoler, car un peu envahissante. Divisez les touffes au printemps ou en automne, ou semez du printemps à l'automne; pour les pelouses, espacer de 15 cm.

Espèces voisines : *Achillea decolorans.* Plante vivace, semi-rustique, 45-60 cm (sud de l'Europe); feuilles finement divisées, plumeuses; fleurs jaunes, en été; aime les sols légers et ensoleillés.

Achillea moschata (achillée musquée). Plante vivace à rhizomes, 20 cm (Alpes); feuilles ressemblant à celles des fougères; fleurs blanches, en été; a besoin d'un sol bien drainé et de soleil.

Agrimonia eupatoria (Rosacées)

AIGREMOINE

Eupatoire, herbe de Saint-Guillaume, herbe de Sainte-Madeleine

Description : plante vivace; 15-60 cm; feuilles gris-vert, aux folioles rappellant celles de la reine-des-prés, rondes alternant avec de plus petites; épis des fleurs en été en forme d'étoile jaune-pâle similaire à ceux du bouillon blanc. Son odeur d'abricot attire les abeilles. Fruits ovales et crochus qui se collent aux vêtements. Répandue dans les bois, les prés et sur les bords de route, souvent sur sol crayeux.

Parties utilisées : toute la plante en teinturerie (teinte jaune); les feuilles fraîches en infusion; les racines séchées râpées, dans des ragoûts. Coupez les feuilles peu avant la floraison et séchez-les lentement à l'abri de la lumière.

Usages : passait autrefois pour avoir des propriétés magiques qui guérissaient la jaunisse; utilisée en guise de fortifiant au printemps, d'astringent en cas de coupure. En Orient, servait à arrêter les hémorragies.

Culture : aime les sols ensoleillés bien drainés, mais aussi les endroits herbeux où l'herbe n'est pas trop haute. Semez en place au printemps ou à l'automne; ou divisez les touffes des vieilles plantes en automne.

aigremoine

Espèce voisine : *Agrimonia odorata* (aigremoine odorante). À feuilles visqueuses et poilues; plus grande que l'aigremoine; odorante; souvent plantée dans les jardins paysagers.

Ajuga reptans (Labiacées)

BUGLE RAMPANTE

Herbe de Saint-Laurent, petite consoude

bugle rampante

Description : plante vivace, courte et rampante; 15 cm; feuilles en rosettes de couleur vert luisant; épis composés de ramifications secondaires de fleurs bleues, blanches ou roses au début de l'été. Plusieurs variétés de jardin : *Ajuga atropurpurea* au feuillage pourpre-métallique, et *Ajuga variegata,* crème et vert, préférant l'ombre.

Parties utilisées : les feuilles en infusion à feu doux; les parties aériennes à couper en été et à sécher à l'ombre.

Usages : en médecine, pour traiter de petites hémorragies dues à des coupures. Peut guérir la toux. Couramment utilisée en appoint comme plante tapissante ou placée dans des bacs pour créer des bordures.

Culture : sur sol riche, humide, tant à l'ombre qu'en plein soleil; au pied des haies si l'on ajoute du compost. Semis en terrine au printemps ou en automne, les graines à peine recouvertes – la germination est lente et erratique. Divisez les touffes des plantes matures au printemps ou en automne.

Espèce voisine : *Ajuga chamaepitys* (bugle jaune). Petite plante arbustive, annuelle; 10-15 cm ; à odeur résineuse; fleurs jaunes tachées de rouge, en été. Utilisée entière pour traiter les hémorragies et en cas de rythme cardiaque trop élevé. Les Arabes s'en servaient en médecine vétérinaire.

Alchemilla vulgaris (Rosacées)

ALCHÉMILLE COMMUNE

Manteau de Notre-Dame

Description : plante vivace herbacée ; 15-45 cm; feuilles plissées sur les bords ; petites fleurs vert-jaune, disposées en grosses grappes, en été. Répandue dans les prairies, sur sols riches en limon.

Parties utilisées : feuilles et pousses de fleurs fraîches; parties aériennes cueillies en été, séchées en plein air.

Usages : les alchimistes l'utilisaient dans leurs recherches de transmutation de l'or. En médication populaire, pour affections oculaires, hémorragies, règles douloureuses et suites d'accouchement.

Culture : au soleil comme à l'ombre, sur les murs, en bordure ou bien comme couvre-sol sous arbres et arbustes; se ressème naturellement. Semez en terrine en été, et plantez en automne; ou séparez les touffes au début du printemps ou en automne.

Espèces voisines : *Alchemilla alpina* (alchémille des Alpes). Petite plante vivace à feuilles persistantes; 20 cm; feuilles douces, soyeuses et argentées; fleurs jaunâtres très petites. Pour rocailles et pelouses ensoleillées.

alchémille commune

Alchemilla arvensis (alchémille des champs). Ressemble à *Alchemilla vulgaris*, fortifiant populaire chez les gitans et remède des calculs de la vésicule.

Allium (Liliacées)

Les ails ont une odeur de soufre bien connue. Appréciés comme légumes, herbes aromatiques, plantes médicinales ou ornementales. Seules les espèces les plus importantes sont décrites ci-dessous. **Attention :** certaines personnes peuvent être allergiques à toutes les espèces.

Allium sativum

AIL CULTIVÉ

Description : plante potagère à bulbe souterrain et tunique membraneuse, divisée en plusieurs gousses ; 15-30 cm; grande tige florale solitaire à tête sphérique; feuilles courtes, planes, dressées; fleurs rose pâle ou blanc verdâtre, souvent mélangées avec de petites bulbilles.

ail cultivé

Parties utilisées : bulbes en gousses.

Usages : en assaisonnement. Plante médicinale entourée de superstitions centenaires; utilisée comme antibiotique, expectorant, et en cas de tension artérielle trop élevée. A des vertus digestives.

Culture : plantez toutes les gousses en automne à 5-10 cm de profondeur dans un sol riche, ou sous cloche au printemps, dans les pays froids. Récoltez en été après jaunissement des feuilles, et séchez au soleil ou au chaud.

Espèces voisines : *Allium oleraceum* (ail potager), *Allium triquetrum* (ail à trois angles), *Allium scorodoprasum* (ail rocambole) et *Allium roseum* (ail rosé). Espèces de diverses régions du monde qui peuvent se substituer à l'ail cultivé.

Allium ursinum (ail des ours ou ail des bois) : ail sauvage à fleurs blanches, répandu dans les bois humides; forte odeur d'ail, mais fade une fois cuit.

Allium vineale (ail des vignes) : filiforme; répandu en régions tempérées; utilisé par les Indiens d'Amérique du Nord.

Allium schoenoprasum

CIBOULETTE

Description : plante vivace à petits bulbes; 20-30 cm; tiges légèrement plus grandes à petites boules de fleurs mauves ou pourpres ; pousse en touffes aux fines feuilles creuses, vert foncé. À l'état sauvage sur les sols humides, mais souvent échappée de culture.

ciboulette

Parties utilisées : feuilles vertes, coupées, hachées et conservées au congélateur, dans des sacs ou dans un bac à glaçons.

Usages : en assaisonnement, lorsqu'on recherche un goût d'oignon. En médication, stimule et facilite la digestion; riche en vitamine C. Souvent choisie comme plante décorative de bordure. Attire les abeilles. En jardinage, pulvérisez une infusion pour prévenir le mildiou de la groseille à maquereau et la tavelure du pommier. En décoration, bouquets de fleurs séchées.

Culture : semez en pleine terre au printemps ou divisez les touffes et plantez au printemps ou en automne dans un sol riche et un peu humide. Selon la taille, arrachez et divisez tous les 3 à 5 ans. Pour élever en intérieur et constituer une réserve en hiver, mettez en pot en automne.

ail

Espèces voisines : il existe des variétés à feuilles plus grandes. *Allium tuberosum* (ciboulette chinoise) et *Allium schoenoprasum sibiricum* (ciboulette sibérienne).

Aloe vera, syn. *Aloe barbadensis* (Liliacées)

Aloès

Description : plante succulente ; jusqu'à 60 cm; à courte tige; feuilles charnues persistantes, pointues et aux bords rugueux se présentant en rosette; résistante à la sécheresse. Souvent cultivée comme plante d'intérieur dans les pays tempérés.

Parties utilisées : feuilles en médication; son suc, extrait des feuilles.

Usages : selon la légende, unique plante ayant survécu du jardin d'Éden. En application, son suc, d'aspect gélatineux (feuilles écrasées puis frottées), sert à la guérison des blessures, des brûlures et de la mastite. En artisanat, son suc séché sert à fabriquer une résine.
Attention : son emploi comme purgatif amer est déconseillé, car il peut provoquer des hémorragies.

Culture : a besoin de soleil et de sécheresse. Se multiplie par semis au printemps ou en se servant des rejets pris de la plante mère. En intérieur, utilisez une terre graveleuse pour cactus, placez dans un endroit bien éclairé. Température minimale en hiver, 5 °C pour une bonne floraison. Sortez-le en été. Dans les jardins à l'abri du gel, plante idéale pour les bordures ensoleillées et bien drainées.

aloès

Espèce voisine : *Aloe aristata.* Feuilles de 10 à 15 cm, blanches, pointues et raides; fleurs couleur orange. Prisée comme plante d'intérieur. Unique espèce d'aloès tropical capable de passer l'hiver dehors dans les pays tempérés.

Althaea officinalis (Malvacées)

Guimauve

Description : plante vivace; 1,20 m; racine dure couverte d'un duvet ; fleurs blanches ou roses à l'aisselle des feuilles, à la fin de l'été. Se rencontre dans les endroits humides, parfois salins.

guimauve

Parties utilisées : fleurs, feuilles et bouts des jeunes pousses fraîchement coupés; racines de plus de deux ans déterrées en hiver lorsque leur teneur en mucilage émollient et adoucissant est le plus élevée; à utiliser fraîches ou séchées.

Usages : belle plante appréciée pour ses qualités médicinales et cosmétiques, mais aussi comme légume et en confiserie. Déjà cultivée par les Romains; Charlemagne a fait connaître ses vertus. En salade, les bouts des jeunes pousses, calmants et mucilagineux; en infusion, fleurs et feuilles utilisées pour soigner affections pulmonaires et désordres intestinaux; en cataplasme, racines coupées en tranches et cuites à l'eau pour traiter des inflammations et soulager des douleurs gastriques. Autrefois, la racine servait en confiserie (aujourd'hui remplacée par un mélange de gélatine et de sucre).

Culture : semez au printemps en intérieur, en été en extérieur; repiquez à l'emplacement définitif en automne. Divisez les touffes au printemps ou en automne. Sur sol léger, utilisez un paillis en été en le renouvelant souvent.

Althaea rosea (Malvacées)

ROSE TRÉMIÈRE

Description : plante bisannuelle et vivace des terrains vagues; 3 m max.; larges feuilles poilues pouvant aller jusqu'à 30 cm; grandes fleurs, souvent doubles; floraison en été. Sauvages, elles sont blanches ou roses; cultivées, elles sont pourpres, rouges ou jaunes.

Parties utilisées : fleurs et feuilles, fraîchement coupées.

Usages : en médecine, les feuilles utilisées comme diurétique, calment troubles respiratoires et douleurs consécutives aux ulcères buccaux; en application, action apaisante sur le visage.

Culture : sols profonds et sains de préférence. Semez en pépinière et repiquez.

rose trémière

Anethum graveolens (Ombellifères)

ANETH

aneth

Description : plante annuelle; 45-75 cm; tige creuse; feuilles finement divisées en lanières filiformes, bleu verdâtre; petites ombelles étalées, composées de fleurs jaune crème, qui en, été, donnent des graines brun foncé. Pousse sur les terrains vagues et se cultive.

Parties utilisées : jeunes feuilles coupées à toute époque et utilisées fraîches; fleurs ; fructifications ramassées lorsqu'elles sont sèches, à utiliser entières ou écrasées. Séchées, les feuilles perdent beaucoup de leur saveur.

Usages : en cuisine, incorporez les fleurs aux soupes, consommés et potages, comme condiment, aromatisant, et pour confire les cornichons. L'« eau d'Aneth » facilite la digestion et évite les flatulences. Distillée entière, elle donne une huile médicinale.

Culture : semez en ligne ou à la volée au printemps, et de nouveau au début de l'été pour prolonger la récolte, dans un endroit ensoleillé et bien drainé.

Espèce voisine : *Anethum sowa* (aneth japonais). Aspect et utilisation similaires ; très utilisé dans la cuisine asiatique.

Angelica archangelica (Ombellifères)

ANGÉLIQUE

Description : plante robuste trisannuelle ou semi-vivace; 80-150 cm; grande tige creuse; feuilles basales peu nombreuses, pennées; fleurs vert blanchâtre en grosses ombelles sphériques apparaissant en été.

Parties utilisées : jeunes feuilles à couper pendant la croissance; tige à cueillir durant l'été de la deuxième année; inflorescences en graines à couper pour laisser mûrir les fruits, que l'on stockera lorsqu'ils seront assez secs; racines à déterrer juste avant la floraison et à faire sécher lentement.

Usages : toutes les parties stimulent la transpiration et l'appétit et sont utilisées en cas de problèmes respiratoires et digestifs. Les jeunes feuilles et pousses aromatisent vins et liqueurs. En pâtisserie, les queues des feuilles confites servent de décoration; en confiture, à cuire comme la rhubarbe. Fraiches ou séchées, les racines étaient mélangées par les Lapons et les Amérindiens à des types de tabac à priser.

angélique

Culture : semez en automne pour exposer au gel; ou placez les graines au réfrigérateur durant quelques semaines avant de les semer au printemps. Repiquez dans un sol humide et ombragé au stade le plus jeune possible et avant que la plante ne se soit trop enracinée.

Espèce voisine : *Angelica sylvestris* (angélique sauvage). Tige rougeâtre. Feuilles contenant un colorant jaune.

Anthriscus cerefolium
(Ombellifères)

Cerfeuil

Description : plante annuelle, aromatique, d'ornement, parfois cultivée comme plante vivace ; 60 cm; racine pivotante; tige rameuse, au feuillage finement découpé; ombelles de petites fleurs blanches au printemps et en été, suivies de longues fructifications. S'échappe parfois des jardins et peut être confondue avec *Anthriscus sylvestris* (anthrisque sauvage ou cerfeuil d'âne).
Attention : ne jamais récolter de plantes sauvages. Le cerfeuil peut être confondu avec la grande ciguë, l'ache nodiflore, le pansacre, tous toxiques.

cerfeuil

Parties utilisées : feuilles fraîches congelées ou séchées lentement; racines.

Usages : en cuisine, associez les feuilles aux soupes, consommés, salades (racines également), vinaigres, garnitures. En phytothérapie, appliquez-les fraîchement écrasées, ou en cataplasme, sur les plaies. En infusion, facilite la digestion et stimule la transpiration.

Culture : semez en ligne ou à la volée au printemps, en été ou à l'automne, dans un sol ensoleillé ou peu ombragé. La fructification étant rapide, pratiquez des petits semis à intervalles réguliers; sinon, laissez les plantes se ressemer. Pour avoir du cerfeuil en hiver, cultivez sous abri.

Espèce voisine : *Chaerophyllum bulbosum* (cerfeuil tubéreux). Fleur sauvage à racine charnue, proche du *Chaerophyllum temulentum* (cerfeuil penché).

Aquilegia vulgaris
(Renonculacées)

Ancolie

Bonne-Dame, gants de Notre-Dame, manteau royal

ancolie

Description : fleur vivace à souche épaisse ; 30-90 cm; feuilles élégantes et finement pétiolées; fleurs estivales, blanches, bleues ou roses pendantes, en forme d'éperon recourbé. Affectionne les prairies et friches à sol calcaire. Nombreuses variétés horticoles aux fleurs de couleurs vives, souvent doubles, ou avec de longs éperons.

Parties utilisées : toute la plante.

Usages : en phytothérapie, racine, fleurs et feuilles pour leurs propriétés antiseptiques. Les racines étaient utilisées, autrefois, pour traiter des ulcères; mais, aujourd'hui, on ne la cultive plus que pour ses qualités ornementales.
Attention : tout usage interne est à proscrire. En effet, toutes les ancolies contiennent de l'acide prussique. La plante dans son ensemble est toxique, surtout les graines.

Culture : semez en ligne, en pépinière, vers la fin du printemps pour repiquer en automne; ou semez sous châssis pour repiquer en pleine terre en été une fois les plantules devenues assez résistantes. Choisir un sol humide partiellement ombragé, les jeunes plants issus d'une semaison naturelle retournent peu à peu à leur aspect primitif.

Arctium lappa (Composées)

Grande bardane

Description : herbe bisannuelle à racine pivotante qui peut atteindre 1 m; tige robuste, poilue, 1,80 m; feuilles d'aspect grossier, en rosette, de grande taille, blanchâtres en dessous et rappelant celles de la rhubarbe; fleurs tubulaires, rouge pourpre, donnant des fructifications sphériques munies de crochets, persistantes en hiver. Fleur élégante des friches et des bordures de routes.

Parties utilisées : racines d'un an fendues et lentement séchées ; jeunes pousses et tiges.

Usages : en médecine traditionnelle, traite certaines affections cutanées (psoriasis et eczéma); en Chine, les graines soignent les infections respiratoires. En phytothérapie, les racines. En cuisine, crues ou cuites, les jeunes pousses et les tiges une fois pelées (avant la floraison) ; la racine hachée peut être cuite, et les tiges sont confites (elles contiennent de l'inuline, produit au goût peu sucré apprécié par les diabétiques). Les racines sont utilisées comme aromate. Au Japon, la grande bardane est consommée comme légume sous le nom de *gobo*.

Culture : utilisez les plantes cueillies à l'état sauvage. On peut aussi la semer dans du terreau sur une partie non cultivée du jardin.

grande bardane

Espèce voisine : *Arctium minus* (bardane à petites têtes, ou petite bardane). Herbe similaire, mais aux feuilles plus pointues et aux capitules plus petits.

Armeria maritima
(Plombaginacées)

Arméria maritime

Œillet marin, jonc marin

arméria maritime

Description : herbe vivace, toujours verte, à souche dure, aux touffes composées de feuilles linéaires ; 5-50 cm ; fleurs au début de l'été, blanches ou roses, au parfum de miel et aux pédoncules courts. Pousse sur les rochers maritimes et dans les sols sablonneux du bord de mer. Plante ornementale de jardin, parfois en variétés améliorées.

Usages : autrefois, en infusion (fleurs fraîches ou séchées), comme antiseptique et pour traiter les troubles nerveux. Fort appréciée pour constituer les bordures des plates-bandes et des allées. Très fréquentée par les papillons.
Attention : de nos jours, on pense qu'elle peut donner lieu à des réactions allergiques (dermatoses).

Culture : semez en pépinière au printemps, repiquez avant de mettre en place à l'automne. Des boutures, composées d'éclats des hampes florales plantées, s'enracinent sous châssis

ombragé en été. Plantez dans un endroit ensoleillé ou légèrement ombragé.

Espèce voisine : *Armeria arenaria* (arméria à larges feuilles). Sur sols sablonneux, plante plus grande, tige raide et fleurs rose foncé.

Armoracia rusticana,
syn. *Cochlearia armoracia* (Crucifères)

Raifort

Description : longue herbe vivace d'aspect grossier ; 1 m ; feuilles pétiolées et grappes de fleurs blanches, à partir de la mi-été ; racine au goût piquant et brûlant, 60 cm.

Parties utilisées : jeunes feuilles récoltées au printemps ; racines en automne.

Usages : plante médicinale qui aide la digestion, aux propriétés antiseptiques et fortifiantes. En cataplasme, pour soigner les rhumatismes, les difficultés respiratoires et la mauvaise circulation du sang. En cuisine, les jeunes feuilles crues relèvent les salades, ou sont cuites ; les racines, en condiment pour les sauces.
Attention : utilisée médicalement, en usage interne, les racines engendrent des inflammations ou affectent la thyroïde ; en usage externe, provoquent des cloques.

Culture : plante envahissante, difficile à éliminer, tout bout de racine donne un nouveau plant ; préférable de faire une culture annuelle en plantant, au début du

raifort

printemps, des éclats de racine munis d'un bourgeon, à 15 cm de profondeur et distants de 30 cm ; buttez en sillon dans un sol riche. Arrosez bien par temps sec et, à la fin de l'automne, arrachez les racines pour stocker dans des bacs de sable humide.

Arnica montana (Composées)

Arnica

Souci des Alpes, tabac des Vosges, tabac des Savoyards

Description : herbe vivace, fortement aromatique, l'arnica des montagnes est une plante d'ornement. Longs rhizomes ; tige florale de 30 à 60 cm de hauteur ; feuilles radicales, poilues, en rosette ; capitules jaune vif en été et à l'automne.

Parties utilisées : toutes les parties supérieures, surtout les fleurs, soit fraîches,

arnica chamissonys, une des espèces voisines

soit séchées lentement à l'ombre ; les racines, arrachées vers la fin du printemps ou en automne, et séchées près d'une source de chaleur.

Usages : en homéopathie pour traiter l'épilepsie et la tension artérielle. Autrefois employée pour soigner des contusions, des foulures, ainsi que des infections de la gorge, des blessures et la paralysie. Entre dans la composition de certains mélanges d'herbes, parfois fumées à la place du tabac en France.
Attention : toxique, son emploi comme plante médicinale est à proscrire en automédication et son usage externe peut irriter la peau.

Culture : semez sous châssis au printemps (la levée peut être longue) et repiquez en place à l'automne sur sol acide perméable et bien ensoleillé. Divisez les touffes des plantes adultes en automne ou au printemps.

Espèce voisine : *Arnica chamissonys*, originaire d'Amérique du Nord, se cultive beaucoup plus que la précédente, mais offre des propriétés similaires.

Artemisia (Composées)

Les armoises forment un genre comportant de nombreuses espèces de sous-arbrisseaux et d'herbes (20 seulement en France). Certaines possèdent des qualités décoratives grâce à leur feuillage finement découpé, allant du gris verdâtre à l'argenté brillant. Les sous-arbrisseaux apprécient les climats chauds et secs, et, outre leurs usages médicinaux, contribuent, par leur couleur et leur forme, à la mise en valeur des jardins. Seules les espèces les plus communes sont décrites ici.

Artemisia abrotanum

Aurone mâle

Aurore

Description : sous-arbrisseau vivace, élégant ; 1 m; feuilles finement divisées, gris verdâtre, poilues, très aromatiques.

Parties utilisées : pousses et feuilles que l'on fait sécher lentement au soleil.

Usages : en infusion, pour lutter contre les dérèglements de la menstruation. Employé également comme antiseptique, pour éloigner les insectes (mélangé dans des boules de naphtaline) et pour assainir l'air. Au Moyen Âge, les croisés s'en servaient pour éviter la peste. Apprécié pour le rinçage des cheveux et comme fortifiant amer, voire aphrodisiaque. En teinturerie, les tiges donnent un colorant jaune.

Culture : préfère les sols ensoleillés et bien drainés. Pour la propagation, prenez, en été, des boutures de jeunes pousses, ou, en automne, des boutures à talon sur des tiges semi-ligneuses. Taillez les nouvelles pousses à mi-hauteur au printemps et enlevez les bourgeons pour empêcher une floraison. Idéal pour les haies basses à tailler au printemps, puis en été.

aurone mâle

Artemisia dracunculus

Estragon français

Description : plante herbacée vivace aux nombreuses tiges ligneuses ramifiées ; 1 m; feuilles lisses et étroites, de couleur vert foncé; fleurs d'aspect blanc ou gris cotonneux vers la fin de l'été. Se multiplie par division des touffes et peut se révéler très envahissant.

estragon français

Parties utilisées : extrémités des pousses fraîchement coupées; toutes les pousses supérieures lors de la floraison, séchées lentement à l'intérieur.

Usages : en cuisine, pour stimuler l'appétit, aromatiser les sauces, les conserves, les plats cuisinés et les vinaigres. Autrefois, employé pour soulager le mal de dents et, par les Romains, contre les morsures de serpent. Utile pour soigner les catarrhes et les problèmes digestifs; en infusion, pour lutter contre l'insomnie. Utilisé également dans les parfums et les liqueurs.

Culture : multiplication par éclats des rhizomes au printemps ou à l'automne, ou par bouturage de jeunes pousses vertes au début de l'été. Choisissez un sol riche, bien drainé. Renouvelez les touffes environ tous les trois ans en protégeant l'hiver les racines avec un paillis. Pour avoir de l'estragon frais en hiver, mettez les jeunes racines en pot; Toutefois celles-ci donnent mieux si elles passent une période sans croissance.

Espèce voisine : *Artemisia dracunculoides* (estragon russe). Plus robuste et plus rude, elle se propage par éclats et par boutures. Peut être envahissante. Est également cultivée à partir des graines. Moins exigeante quant à la qualité du sol. Usages similaires, mais plus difficile à sécher.

Artemisia vulgaris

Armoise commune

Description : herbe vivace aux tiges rouge pourpre; 1,80 m; feuilles découpées, blanches en dessous; nombreuses fleurs à la fin de l'été, brun rougeâtre. Répandue près des habitations, aux bords des routes et dans les friches.

Parties utilisées : toutes les parties, soit vertes, soit séchées lentement à l'ombre.

Usages : une des neuf plantes magiques des Saxons. En infusion, en cas de gastrite, de problèmes digestifs ou menstruels; dans des remèdes chinois, soigne les rhumatismes. Éloigne les insectes et entre dans la composition de tabacs de substitution à base d'herbes. En cuisine, mélangée dans les farces pour viandes grasses. Autres usages : feuilles, pour confectionner les bougies odorantes, et, autrefois, parfumer la bière avant l'emploi du houblon.
Attention : nocive à doses excessives, en usage interne.

Culture : semez au printemps en respectant 30 cm de distance entre les plants, dans un endroit ensoleillé ou légèrement ombragé. Pratiquez des boutures en automne, ou divisez les pieds en automne ou au printemps (cette plante rhizomateuse est envahissante).

armoise commune

Espèce voisine : *Artemisia verlotiorum.* Espèce asiatique et plante médicinale chinoise.

Asparagus officinalis (Liliacées)

ASPERGE

asperge

Description : herbe vivace ; 1,80 m ; tiges parfois prostrées ; jeunes «turions» cailleux apparaissent au printemps; plus âgés, ils se ramifient en une infinité de petits rameaux munis d'aiguilles vertes molles. Fleurs blanc verdâtre en été, suivies, sur les plantes femelles, de baies rouges en automne. Apprécie les sols sablonneux et littoraux.

Parties utilisées : jeunes pousses (turions) et parties aériennes; racines.

Usages : plante d'ornement et potagère d'été. En phytothérapie, propriétés laxatives (racines). En infusion (parties aériennes), pour soigner rhumatismes et problèmes urinaires. A été employée dans le traitement de l'hydropisie.

Culture : semez en ligne au printemps. À la levée, éclaircissez en laissant 15 cm de distance entre les plants; éliminez les plus faibles pour ne conserver que les plus robustes. Au printemps suivant, repiquez à 60 cm de distance sur plate-bande ou en rangs dans un sol riche, léger et très perméable (sur sol lourd aménagez une plate-bande surelevée de terre convenable). Sinon, prenez des plants du commerce d'un ou deux ans. En automne, coupez les parties aériennes et fumez en surface avec du compost. Dès la 3e année, commencez à récolter en coupant les turions de 15 à 20 cm juste au-dessous de la surface. Vous obtiendrez des asperges blanches par buttage : les plus grosses pour la cuisine et les autres pour un usage médicinal.

Atriplex hortensis (Chénopodiacées)

ARROCHE

Belle-Dame

Description: plante annuelle ; 60-90 cm, parfois plus. Feuilles triangulaires, charnues, vert sombre ou rouges chez *Atriplex hortensis rubra*; floraisons filiformes composées de fleurs rouges ou vertes, en été. Apprécie les sols sablonneux, les grèves à galets et les sols salins.

Parties utilisées : feuilles les plus grandes; jeunes pousses entières.

Usages : herbe à usages traditionnels, souvent cultivée comme plante potagère et plante d'ornement. En infusion, comme fortifiant printanier et stimulant et, donc, contre la fatigue.

Culture : semez en place au printemps en exposition ensoleillée, soit en lignes, soit par petites poignées. Pratiquez un seul pincement pour éliminer les bourgeons et cueillez les pousses avant la floraison pour éviter une semaison spontanée prolifique.

arroche

Espèces voisines : *Atriplex patula* (arroche étalée). Feuilles farineuses et tiges souvent prostrées; répandue sur les grèves chaudes; plante potagère.

Atriplex prostrata (arroche prostrée) : ressemble à la précédente, mais les feuilles sont plus grandes.

Borago officinalis (Borraginacées)

BOURRACHE OFFICINALE

Bourrasse, langue-de-vache

Description : plante annuelle ; 60-90 cm ; tige creuse et hispide; larges feuilles, importantes cymes pendantes de fleurs bleues étoilées (parfois blanches), très fréquentées par les abeilles et suivies de fruits capsulaires ovales. Souvent cultivée, mais aussi très répandue au pied des murs et aux endroits rocailleux.

bourrache officinale

Parties utilisées : feuilles et tiges ; fleurs, utilisées fraîches, confites ou séchées à température modérée et conservées dans un pot fermé; graines, séchées pour un emploi médicinal; racines, à arracher après la floraison.

Usages : ajoutée à des boissons, elle leur donne des vertus énergétiques. En cuisine, les jeunes feuilles donnent un goût de concombre aux salades, et les moins jeunes se préparent comme légume; recette de beignets aux fleurs de bourrache (en France et en Italie). En infusion (feuilles et graines), faciliterait les montées de lait et guérirait de la toux et des rhumes. Les graines contiennent de l'acide linoléique, un acide gras qui réduirait les risques d'artériosclérose. Feuilles aux propriétés sudorifiques

Culture : semez au début du printemps (en pleine terre ou en pots) pour une floraison la même année; sinon, à la fin de l'été, en extérieur, pour obtenir des plantes plus grandes, qui donneront des fleurs plus tôt l'année suivante. Choisir un sol bien perméable et très ensoleillé. Se ressème naturellement; les plantules supportent l'hiver.

Buxus sempervirens (Buxacées)

Buis

Description : arbuste ou arbrisseau ; 4-5 m; à feuilles opposées, persistantes, coriaces, serrées, luisantes, vert sombre, plus claires en dessous; petites fleurs blanc verdâtre au printemps, unisexuées, mâles et femelles en groupes séparés. À croissance lente. Pousse sur landes et friches au sol crayeux; souvent cultivé comme arbuste d'ornement (haies); à tailler régulièrement.

Parties utilisées : feuilles toute l'année; écorce et bois des rameaux taillés.

Usages : plante tinctoriale rouge. En homéopathie, traite fièvres et rhumatismes et stimule la transpiration (à partir des feuilles). En art topiaire, un des arbrisseaux qui s'adapte le mieux à la taille ornementale. Les jardiniers utilisent la variété *suffruticosa* pour les haies miniatures qui bordent les plates-bandes.

buis

Attention : la toxicité des feuilles est telle que leur utilisation médicinale doit être réservée aux usages professionnels.

Culture : plantez en automne ou au printemps dans un sol léger, bien exposé; supporte un sol légèrement ombragé. Veillez à bien arroser; fumure annuelle au printemps. Pour former des haies, choisissez des jeunes plants et espacez-les de 10 cm; rejetez les vieux plants aux racines développées qui exigent trop de place. Taillez au printemps, puis une nouvelle fois au milieu de l'été. Multipliez par bouturage en automne ou par marcottage des branches inférieures.

Espèce voisine : *Buxus macowanii.* Espèce d'Afrique du Sud d'aspect similaire et utilisée de la même manière.

Calendula officinalis (Composées)

Souci officinal

souci officinal

Description : herbe vivace généralement cultivée comme annuelle ou bisannuelle; 60 cm. Tiges anguleuses, visqueuses; feuilles ovales atténuées, poilues et charnues, feuilles inférieures plus larges; fleurs solitaires, jaune-orange dès le début de l'été. Les nombreuses variétés horticoles vont du jaune au brun en passant par l'orange, souvent à fleurs doubles.

Parties utilisées : pétales frais ou séchés à l'ombre; jeunes feuilles fraîches, en salade; fleurs qui, par décoction, donnent un colorant bleu.

Usages : en art topiaire, plante d'ornement des anciens jardins d'agrément. En phytothérapie : en infusion (fleurs uniquement), soigne les problèmes gastriques; en pommade ou crème, mélangée à d'autres substances, pour soigner les blessures grâce à ses vertus antiseptiques et anti-inflammatoires; est même utilisé dans le traitement de la gangrène. Les pétales peuvent servir à faire une lotion pour rincer les cheveux ; ils peuvent être un colorant du beurre et du fromage, ou remplacer le safran. En cuisine, comme garniture.

Culture : semez en place, au printemps pour une floraison tardive, dans un lieu bien ensoleillé ou légèrement ombragé; mais de préférence en automne, afin d'obtenir l'année suivante, à l'issue de l'hiver, des plantes ramifiées à floraison prolongée. Enlevez régulièrement les fleurs fanées afin de prolonger la floraison. Même si les soucis poussent mieux sur un sol assez lourd, ils se ressèment plus efficacement dans un sol léger.

Campanula rapunculus (Campanulacées)

Campanule raiponce

Campanule fausse raiponce

Description : herbe bisannuelle ; 1 m ; racine pivotante et charnue ; tige droite effilée, angulaire, à suc laiteux. Feuilles élancées, dentées, les inférieures ovales, les rosettes passant l'hiver; fleurs bleu pâle ou blanches, étoilées, en plein été. Fleur sauvage des champs, prés et talus.

Parties utilisées : feuilles cueillies à toute époque avant la floraison; racines arrachées à partir de l'automne (à conserver dans du sable dans un endroit frais).

Usages : en décoration florale, les fleurs sauvages; en cuisine, les feuilles peuvent être ajoutées aux salades d'hiver. Était cultivée aux XVIe et XVIIe siècles comme plante potagère pour la consommation de sa racine.

Culture : semez au printemps pour récolter les feuilles en automne, et au début de l'été pour les préparer en hiver. Pour les racines, semez en lignes distantes de 20 cm, en sol riche et dans un endroit ombragé du potager. Éclaircissez les plantules en les espaçant de 20 cm. Semez au printemps; et de nouveau en été, en cas de floraison précoce due à une saison chaude.

campanule

Centaurium erythraea,
syn. *Erythraea centaurium*
(Gentianacées)

Petite centaurée

Fiel-de-fesse, herbe à la fièvre

Description : fleur annuelle ; 30 cm ; tige dressée, ramifiée vers le haut ; feuilles radicales en rosette, ovales, pointues ; inflorescence ayant l'aspect d'une ombelle vers la fin de l'été sur la tige ; cyme composée de plusieurs paquets de fleurs tubuleuses roses. Les fleurs se referment quand la pluie est imminente. Fleur sauvage des pâturages et clairières.

petite centaurée

Parties utilisées : l'ensemble de la plante. Arrachée lors de la floraison et séchée rapidement à l'ombre, dehors ou dans un lieu chauffé.

Usages : dans l'Antiquité, herbe médicinale chez les Grecs et les Celtes. En cataplasme, pour les problèmes de peau. En tisane (toute la plante), soigne les problèmes digestifs, dont les aigreurs d'estomac. En préparation homéopathique, pour le foie et la vésicule biliaire. En guise d'aromate pour parfumer le vermouth. Était utilisé par les Indiens d'Amérique du Nord comme fortifiant amer.

Culture : bien que plante sauvage, elle s'adapte bien aux sols de la plupart des jardins. Se ressème spontanément dans les rocailles ensoleillées ou légèrement ombragées et en bordure de mer. Semez en place en automne ou au printemps en recouvrant à peine.

Espèces voisines : *Centaurium littorale* (petite centaurée du littoral). Plus petite, avec des feuilles plus étroites. Fleurs d'un rose plus intense, plus grandes ; fleur des dunes d'un usage similaire.

Sabatia stellaris (centaurée d'Amérique). Plante bisannuelle des zones humides et tropicales.

Centaurea nigra (Composées)

Centaurée noire

Description : herbe vivace d'aspect rustique ; jusqu'à 90 cm ; tige raide marquée de sillons ; feuilles poilues vert sombre ; fleurs pourpres, tubulaires en été. Répandue sur les friches, les bords des routes et sur les falaises.

centaurée noire

Usages : en pommade, au Moyen Âge ; soigne les maux de gorge et les saignements des gencives. Action diurétique.

Culture : apprécie tous les sols ; ne demande aucun soin bien particulier.

À contrôler soigneusement car se ressème spontanément.

Chamaemelum nobile,
syn. *Anthemis nobilis* (Composées)

Camomille romaine

Description : herbe vivace vigoureuse, gazonnante, jusqu'à 45 cm ; feuilles très finement divisées ; fleurs blanches et jaunes en été, au parfum de pomme. Existe des variétés cultivées à fleurs doubles blanches.

Parties utilisées : la plante entière, en distillation ; les fleurs (à cueillir lorsque les pétales des fleurs se réfléchissent au soleil) ; séchez-les rapidement à l'abri de la lumière.

Usages : herbe populaire en Égypte, depuis l'époque des Pharaons où elle était répandue sur le sol devant les pas des souverains. Son huile essentielle (fleurs), qui prolonge la vie des fleurs coupées, est souvent utilisée dans les pays arabes. Entre dans la composition d'une tisane bien connue (fleurs toujours), utilisée comme calmant, comme

camomille romaine

stimulant l'appétit et comme dépuratif sanguin. Employée dans les breuvages à base d'herbes, infusions, collyres, ainsi qu'en cosmétique pour lotions capillaires, pommades et parfums. Sert à tapisser de gazon odorant des coins-repos dans les jardins.

Culture : semez à l'extérieur, au printemps, sous châssis, sans recouvrir les graines, qui ont besoin de lumière pour germer. Divisez les pieds bien établis au printemps, pour la variété horticole. Choisissez un sol fertile, bien drainé, plantez à 45 cm d'intervalle (pieds isolés), ou à 15 cm (gazon). À bien arroser par temps sec.

anthémis des teinturiers, une des espèces voisines

Espèces voisines : *Anthemis arvensis* (camomille ou anthémis des champs), *Anthemis cotula* (camomille puante). Feuilles plus ou moins tomenteuses.

Anthemis tinctoria (anthémis des teinturiers). Plante vivace, colorante (couleur jaune).

Pour la matricaire camomille (ou *petite camomille*), voir *Matricaria recutita*.

Chelidonium majus
(Papavéracées)

Grande chélidoine

Grande éclaire, herbe aux verrues

Description : herbe vivace ; 1 m ; tige charnue et cassante portant des rameaux ; feuilles crénelées, douces au toucher, au poil fin; vert jaunâtre au-dessus et ton glauque en dessous; nombreuses petites fleurs jaunes, en été (il existe une variété horticole double), suivies de siliques vertes dressées. Toute la plante contient un suc âcre, orange vif, qui peut irriter la peau.

Parties utilisées : parties supérieures lors de la floraison, fraîches ou séchées lentement à l'abri de la lumière; latex des parties aériennes en toute époque; racines arrachées en fin de végétation (automne).

Usages : autrefois cultivée pour décorer les jardins; aujourd'hui considérée comme mauvaise herbe. Présente des propriétés antispasmodiques et légèrement sédatives. Son latex était traditionnellement utilisé pour faire disparaître les verrues et pour fournir un colorant orange. Les fleurs possèdent des vertus bénéfiques pour certains problèmes du thymus, tandis que les racines ont servi pour soigner le foie et la vésicule biliaire. **Attention :** en usage externe, peut être irritante ; en interne, toxique à fortes doses.

Culture : semez en automne ou divisez les touffes au printemps. Plantez dans un sol sec, crayeux et ensoleillé ou légèrement à l'ombre. Se ressème spontanément et est parfois envahissante.

grande chélidoine

Chenopodium bonus-henricus
(Chénopodiacées)

Chénopode Bon-Henri

Épinard du bon roi Henri, toute-bonne

chénopode Bon-Henri

Description : herbe vivace ; 75 cm max. ; tiges lisses, cannelées ; feuilles charnues, en fer de lance, grisâtres et d'aspect farineux à l'état jeune ; glomérules de petites fleurs jaune-vert en plein été. Répandue sur les sols légers et azotés, mais est souvent cultivée.

Parties utilisées : jeunes feuilles et pousses.

Usages : en cuisine, comme légume vert, cultivé en primeur; parfois, comme des asperges blanches, en recouvrant les jeunes pousses par buttage.

Culture : semez au printemps, à l'intérieur ou sous châssis. Éclaircissez ou repiquez à 45 cm. Se ressème abondamment, d'où l'intérêt d'enlever les épis floraux pour éviter l'envahissement.

Espèces voisines : *Chenopodium album* (chénopode blanc). Plante fourragère, à tiges striées de rouge, servie en crudités. Fournit une teinture rouge. Les graines servaient, autrefois, à la fabrication de farine.

Chenopodium ambrosioides ambrosioides (thé du Mexique). Fournit une huile vermicide. Toxique à fortes doses.

Chenopodium quinoa (quinoa). Plante annuelle largement cultivée en Amérique du Sud et centrale.

Chenopodium botrys (ambroisie), *Chenopodium leptophyllum, Chenopodium nuttaliae.* Produisent des graines oléagineuses et nutritives.

Chrysanthemum balsamita (Composées)

Balsamite

Menthe coq

Description : herbe vivace à goût fort; 60 cm; racine rampante aux poils fins; tige sillonnée, vert pâle; feuilles ovales pointues, à odeur de menthe; petites fleurs jaunes avec, souvent, des ligules blanches vers la fin de l'été.

Parties utilisées : feuilles et fleurs. Les feuilles peuvent être coupées à toute époque et les fleurs plus particulièrement au début de la floraison.

Usages : au Moyen Âge, pour faciliter les accouchements, et en brasserie, en tant que conservateur dans la fabrication des bières. En phytothérapie, pour soigner rhumes et problèmes digestifs. En cuisine, à ajouter en petite quantité, pour parfumer salades, gibier, soupes et cakes.

Culture : selon le climat, semez (zones chaudes) ou divisez les touffes; plantez en sol riche, bien drainé et bien exposé au soleil; taillez les racines tous les ans. Se cultive également en pot en intérieur.

balsamite

Cichorium intybus (Composées)

Chicorée

Barbe-de-capucin, chicorée amère

chicorée

Description : herbe vivace, robuste, parfois cultivée comme annuelle ; 1,50 m; grande racine pivotante à latex blanc; rosette basale de longues feuilles lisses, vertes (dans l'espèce sauvage, découpées comme celles du pissenlit ou dans les variétés horticoles grisâtres et ovales); tiges forales à poils; fleurs composées, bleu vif (parfois blanches) durant tout l'été.

Parties utilisées : racines et tiges florales, fraîches ou séchées lentement au soleil.

Usages : plante potagère au goût amer. Souvent forcée et blanchie (chicorée endive, ou witloof) pour diminuer son amertume. En cuisine, préparée en salade. En teinturerie, les feuilles donnent un colorant bleu. En breuvage, racines (le cœur ligneux surtout) et graines sont torréfiées pour produire un succédané du café, très apprécié dans le nord de la France (sert également à l'enrichir). En tisane, stimule la sécrétion biliaire, soigne la goutte, les rhumatismes, l'anémie et les problèmes de foie.
Attention : une consommation excessive provoque des problèmes digestifs; son contact peut déclencher des dermatites.

Culture : semez en ligne vers la fin du printemps dans un sol riche, et éclaircissez à 20 cm d'intervalle. Déterrez la chicorée witloof en automne; coupez les feuilles à 3 cm au-dessus du collet, conservez les racines dans du sable puis forcez-les au chaud, à l'abri de la lumière pour obtenir des chicons.

Espèce voisine : *Cichorium endivia* (chicorée frisée, scarole ou endive). Salade au goût amer, nombreuses variétés décoratives; le blanchissement des feuilles diminue l'amertume.

Clinopodium calamintha,
syn. *Calamintha ascendens* (Labiacées)

Calament officinal

Description : herbe vivace pubescente ; 60 cm ; souche rampante, poussant en buisson; tiges à quatre angles avec des feuilles ovales, grisâtres, dentées, au parfum de menthe; verticilles formant des touffes compactes avec des fleurs lilas ou pourpres vers la fin de l'été. Répandue à l'état sauvage sur des sols calcaires.

Parties utilisées : feuilles coupées à toute époque de l'année et séchées lentement au chaud.

Usages : herbe médicinale très utilisée par les Grecs, dans l'Antiquité, et les médecins, au Moyen Âge. En infusion, pour ses vertus toniques et expectorantes. En tisane, pour son arôme mentholé. En cataplasme, après avoir été broyée, pour soigner contusions et entorses. Ses fleurs attirent papillons et abeilles.

Culture : semez en place au début du printemps ou en automne, sinon en terrines à l'automne pour hiverner sous châssis. Plante à levée lente et capricieuse. Divisez les racines des plantes adultes vers la fin du printenps, ou bouturez les pousses latérales au début de l'été. Plantez dans un sol bien drainé, au soleil. Le calament tolère les sols pauvres.

calament officinal

calament faux-népète

calament officinal

Espèces voisines : *Clinopodium vulgare,* syn. *Calamintha clinopodium* (clinopode). Plante similaire qui, en été, a des verticilles de fleurs pourpres et des petites bractées hérissées. Odeur entre celles du thym et de la sarriette.

Calamintha grandiflorum. Plus petite, feuilles grisâtres et ornementales; fleurs lilas vif, en été.

Calamintha nepeta (calament faux-népète). Aspect et utilisations similaires au calament officinal. Feuilles plus grises et fleurs presque blanches.

Cnicus benedictus,
syn. *Carduus benedictus* (Composées)

Chardon béni

Description : plante annuelle ; 60 cm ; ramifiée ; racine pivotante ; tige velue rougeâtre ; feuilles allongées à veines blanches, très découpées et épineuses; capitules de fleurs jaunes avec des bractées brunes, vers la fin de l'été, et bordées de petites feuilles. Akènes (chacun contenant une seule graine) à l'automne.

Parties utilisées : racines arrachées immédiatement après la floraison; feuilles coupées avant la floraison et séchées lentement; fleurs utilisées entières; graines ramassées sèches.

Usages : ancienne herbe médicinale utilisée comme tonique digestif, dans le traitement d'affections du foie et de la vésicule biliaire; mais également pour ses vertus sudorifiques. En cataplasme (les feuilles), soigne les engelures, les plaies et les brûlures. En cuisine, les racines servent à faire des apéritifs ou des légumes cuits à l'eau; les capitules se dégustent parfois comme des artichauts.

Culture : se cultive en semant les graines au printemps ou en automne. Semez à la volée, en place dans un sol meuble azoté, dans un endroit bien exposé au soleil. Donnez de l'espace aux racines en semant en lignes espacées de 45 cm.

chardon béni

Convolvulus arvensis
(Convolvulacées)

Liseron des champs

liseron, une des espèces voisines

Description : plante volubile ; 1 m ; rhizomes profonds, souvent étroitement entrelacés; tiges grimpantes ou rampantes; feuilles sagittées ou en forme de fer de hallebarde; fleurs blanches (roses sur les sols riches en fer), en forme d'entonnoir, de l'été à l'automne. Très difficile à éradiquer.

Parties utilisées : parties supérieures florifères.

Usages : pour ses vertus toniques; dépuratif du sang. En infusion, contre les fièvres et la constipation. En cuisine, ajoutez les fleurs aux salades.

Culture : rarement nécessaire, mais peut être propagé à partir des stolons plantés en plein soleil.

Espèces voisines : *Convolvulus floridus.* Espèce d'Amérique du Nord dont les racines et les tiges séchées et pilées font un bois de rose aromatique.

Calystegia sepium, syn. *Convolvulus sepium* (liseron des haies). Bien plus développé que le liseron des champs, atteint 3 m, présente de grandes fleurs blanches. Purgatif léger.

Coriandrum sativum (Ombellifères)

Coriandre cultivée

Description : plante annuelle, raide, très aromatique ; 60 cm ; racine pivotante prononcée ; tige grêle ; feuilles caulinaires finement découpées; feuilles basales à segments larges et arrondis; ombelles de petites fleurs blanches ou roses en plein été, suivies de fructifications sphériques, rouge brunâtre. Nombreuses variétés horticoles sélectionnées pour leur feuilles ou pour la production de semences : variétés à petits fruits dans les pays tempérés et à gros fruits dans les régions plus chaudes. Issue des jardins, revient à l'état sauvage.

Parties utilisées : jeunes feuilles et pousses à toute époque de l'année; graines mûres, séchées, torréfiées et pilées avant emploi; racines arrachées avant la floraison.

Usages : une des plus anciennes épices (mentionnée dans des écrits sanskrits et dans l'Ancien Testament (la coriandre constitue une des herbes amères de la pâque). Parfois appelé « persil chinois ». En cuisine, pousses et feuilles assaisonnent salades, soupes et ragoûts; graines pilées incorporées au curry, aux viandes et aux ragoûts, mélangées à d'autres herbes pour atténuer l'amertume; parfument le pain. Les graines ont des vertus fortifiantes et facilitent la digestion. En cosmétique, son huile essentielle est utilisée dans les savons et les parfums. En Asie, la racine est un légume qui sert à accentuer le goût des plats.

coriandre cultivée

Culture : semez en place en automne ou au printemps et éclaircissez à 15 cm. Croissance rapide dans un lieu ensoleillé sur un sol bien drainé, légèrement alcalin. Protégez du vent les tiges, fragiles. Parfois les plantes se ressèment spontanément. Pour obtenir une bonne récolte de feuilles, veillez à faire plusieurs semis.

Cymbopogon citratus (Graminées)

Citronnelle

Takrai

Description : graminée vivace ; 90 cm ; d'aspect grossier ; racines dures ; se développent en touffes serrées, basales bulbeuses et fibreuses, à odeur citronnée ; feuilles élancées vert-brun.

citronnelle

Parties utilisées : jeunes feuilles, tiges vertes hachées fin, puis séchées et pilées.

Usages : en cuisine, jeunes feuilles et tiges hachées pour l'assaisonnement (Extrême-Orient). En phytothérapie, huile riche en vitamines A aux vertus toniques, fortifiantes et antiseptiques. En tisane, pour les maux de foie. En cosmétique, incorporé à des baumes et des lotions de soins pour la peau (huile).

Culture : divisez les touffes et plantez sous 2-3 cm de terre riche, dans un endroit chaud, ensoleillé et abrité des vents froids. À protéger du gel en hiver.

Espèces voisines : *Cymbopogon flexuosus* (citronnelle indienne). Source d'huile citronnée et d'antiseptiques.

Cymbopogon nardus (nard indien ou herbe de Lenabatu). Donne une huile citronnée employée en parfumerie.

Cynara cardunculus (Composées)

Cardon

Description : plante vivace et saisonnière; 1,80 m; tiges sillonnées ; feuilles argentées, très grandes. Capitules ressemblant à ceux des chardons, bleu grisâtre, en fin d'été. Très proche des chardons et de l'artichaut. Répandue dans les pays méditerranéens.

Parties utilisées : tiges blanchies, braisées ou à la poêle.

Usages : très appréciée comme plante décorative, en extérieur. Plante potagère au goût délicat : ajoutée également à des sauces. À consommer de préférence en hiver ou au printemps.

Culture : à partir de graines en tous sols. Pour obtenir de nouvelles pousses jusqu'en automne, coupez au ras du sol au début de l'été, mettez de l'engrais et arrosez abondamment.

cardon

Cynoglossum officinale
(Borraginacées)

LANGUE-DE-CHIEN
Cynoglosse officinale

Description : herbe bisannuelle ; jusqu'à 90 cm ; produit une forte odeur de souris ; couleur gris-vert ; feuilles à poils étalés, grandes, ovales; feuilles inférieures allongées alors que les feuilles supérieures sont plus étroites. Cymes des fleurs en forme de cloches, marron vineux ou parfois blanches, en plein été. Fruits durs, aplatis, à courtes épines crochues. Plante sauvage des endroits herbeux, secs, au voisinage des bois, friches et sur les pentes pierreuses.

langue-de-chien

Parties utilisées : fleurs et feuilles, fraîches ou séchées à l'ombre ou dans une pièce chaude; racines, fraîches ou séchées.

Usages : en infusion (racines arasées ou feuilles écrasées) pour nettoyer plaies, contusions, brûlures, eczéma, ainsi que pour soigner toux et bronchites. En cataplasme (les feuilles seules). Attire les abeilles.
Attention : utilisation sans avis médical à proscrire. Son emploi en usage interne peut être dangereux et des dermatites peuvent résulter d'applications externes.

Culture : en général, récoltez les plantes sauvages; mais vous pouvez semer en place vers la fin de l'été. Les graines doivent subir le gel pour une bonne germination et la levée n'aura lieu qu'au printemps suivant. Choisissez un sol léger, bien drainé et très ensoleillé. Se ressème spontanément.

Espèce voisine : *Cynoglossum germanicum.* Similaire à *Cynoglossum officinale* (ou langue-de-chien), au feuillage luisant et glabre.

Dianthus caryophyllus
(Caryophyllacées)

ŒILLET DES FLEURISTES
Œillet giroflée

Description : fleur vivace ; 60-90 cm ; tige ramifiée, divisée en tronçons séparés entre eux par des renflements, ou nœuds, au niveau desquels des feuilles gris vert, persistantes, longues, dures, cireuses et à bords lisses apparaissent par paire, souvent soudées à leur base; fleurs éclatantes, très parfumées, roses ou blanches en été et au début de l'automne. Fleur sauvage des murs et des régions calcaires sous climat chaud. Nombreuses variétés horticoles : surtout des fleurs à floraison prolongée et d'œillets de bordure.

Parties utilisées : fleurs, soit fraîchement coupées, soit séchées. Pour cuisiner, enlevez la base amère des pétales.

Usages : plante ornementale. Fleurs fraîchement coupées servent à faire des toniques et à parfumer des boissons et des sirops. Les pétales séchés entrent souvent dans la composition de pots-pourris.

Culture : facile sur sol léger bien drainé, calcaire et bien ensoleillé. Cultivé à partir des graines semées sous châssis au printemps. Les jeunes plants sont ensuite rempotés ou repiqués en pépinière, en extérieur, et mis en place à l'automne. Les variétés horticoles sont cultivées à partir de boutures à talon au début de l'automne ou par marcottage en été.

œillet des fleuristes

Espèce voisine : *Dianthus plumarius* (œillet mignardise). Plus petit, à feuilles élancées, rugueuses aux bords; fleurs à pétales dentelés, blanches, roses ou pourpres. Nombreuses formes horticoles issues d'hybrides de cette espèce.

Dryopteris filix-mas (Ptéridophytes)

FOUGÈRE MÂLE

Description : fougère à grandes feuilles atteignant 1,20 m. Les nervures du dessous des feuilles sont couvertes de sporanges. Très répandue dans les bois humides, les régions accidentées et en zone de montagne.

fougère mâle

Usages : utilisée autrefois pour faire sortir le ver solitaire; on pensait qu'elle calmait les douleurs des plaies, guérissait le rachitisme et soulageait les douleurs rhumatismales.
Attention : des recherches récentes laissent penser que beaucoup de fougères pourraient être cancérigènes. L'emploi de la fougère mâle doit donc être évité. À proscrire en usage interne, surtout chez les cardiaques ou les femmes enceintes.

Culture : très répandue dans les zones humides et sur les talus. Devrait être écartée du jardin d'herbes à cause des risques possibles pour la santé.

Echium vulgare (Borraginacées)

Vipérine commune

Description : plante bisannuelle ; 90 cm ; racine pivotante très longue qui lui permet de résister à la sécheresse ; tige rude couverte de poils raides; feuilles grisâtres tavelées, lancéolées, feuilles inférieures obtuses, plus courtes sur la tige florale. Floraison en plein été; cymes de boutons roses serrés, donnent des fleurs d'un bleu vif aux étamines saillantes et apparentes. Plante sauvage des lieux secs, pierreux et herbeux, souvent près des côtes sablonneuses; les formes bleues ou blanches sont cultivées en jardin.

Parties utilisées : jeunes feuilles vertes et pousses avant floraison; fleurs lorsqu'elles sont bien ouvertes.

Usages : plante décorative aux propriétés toniques et antiseptiques (fleurs). En application, était utilisée sur les morsures de serpent (taches et graines rappellent des caractéristiques des serpents). En cuisine, les fleurs confites ou incorporées dans des boissons; les feuilles cuites comme les épinards.

Culture : semez vers la fin de l'été en tous sols et éclaircissez en laissant un espace de 45 cm entre les plantules; repiquez les autres quand elles sont encore jeunes avec leur racine pivotante non encore développée. Les plantes se ressèment naturellement aux endroits qui leur conviennent.

vipérine commune

Espèce voisine : *Echium lycopsis* (vipérine faux-plantain). Poils plus doux; fleurs plus grandes et de couleur rouge pourpre.

Eruca vesicaria spp. sativa (Crucifères)

Roquette

Description : plante annuelle à croissance rapide ; 60 cm ; tige principale, rameuse, feuillue, poilue et rougeâtre; feuilles lisses, vert foncé et lobées en rosette comme celles du pissenlit ; fleurs simples éparses, aux pétales souples, jaune crémeux, veinés de violet et donnant de grosses siliques raides.

roquette

Parties utilisées : feuilles, récoltées au fur et à mesure dès que les plantes sont d'une taille convenable; siliques, lorsqu'elles sont encore jeunes et souples; graines, lorsque les siliques sont mûres.

Usages : en cuisine, appréciée dans les pays méditerranéens pour son goût piquant en salade. Les siliques raides sont comestibles, les graines sont utilisées dans le traitement des contusions et contiennent des huiles de moutarde. Elle possède des vertus médicinales : stimulant léger, tonique et antitussif.

Culture : pour obtenir des feuilles succulentes, plantez dans un sol riche, un peu humide, en plein soleil ou légèrement ombragé; sur sols chauds et secs, les plantes donnent des graines précoces et des feuilles dures et amères. Semez au printemps et en plein été (toute l'année dans les pays chauds) et arrosez régulièrement; se ressème naturellement.

Eupatorium perfoliatum (Composées)

Eupatoire perfoliée

Description : herbe vivace ; 1,5 m max. ; tige rude et rameuse ; feuilles lancéolées vert foncé, luisantes au-dessus, blanc et cotonneuses en dessous. Petites fleurs blanches denses, parfois bleues, donnant des capitules plumeux lors de la maturation des graines.

Parties utilisées : plante entière durant la floraison, soit verte, soit séchée rapidement à la chaleur.

Usages : appréciée pour ses propriétés toniques et stimulantes. En infusion, pour traiter la toux et le rhume; en pommade ou en sirop, contre les douleurs musculaires.

Culture : faites le semis dans une terrine en automne ou au printemps sous châssis froid; séparez les plantes au printemps ou à l'automne suivant et repiquez dans un sol humide ensoleillé ou un peu ombragé.

eupatoire perfoliée

Espèces voisines : *Eupatorium ayapana.* Espèce brésilienne donnant un stimulant; en infusion, facilite la digestion.

Eupatorium cannabinum (eupatoire chanvrine). Parties aériennes en fleur et souterraines utilisées pour leurs vertus toniques et purgatives. Contient de l'eupatorine, qui traite l'hydropisie.

Eupatorium purpureum (eupatoire pourpre). Plante à fleurs blanches et violettes; 3 m maximum. Les Indiens d'Amérique du Nord l'utilisent comme colorant rouge. Racines et capitules en graines utilisés pour traiter rhumatismes, courbatures et problèmes urinaires.

Filipendula ulmaria,
syn. *Spirea ulmaria* (Rosacées)

Reine-des-prés

Barbe-de-chèvre, herbe aux abeilles, herbe à la reine

Description : herbe vivace ; jusqu'à 1,20 m ; racines envahissantes, roses et aromatiques ; tige rougeâtre, portant des feuilles pennées. En fin d'été, panicules denses de fleurs blanc crème, odorantes.

Parties utilisées : fleurs, fraîches ou séchées lentement dans un lieu chauffé ; racines séchées ; feuilles.

Usages : une des premières sources d'acide salicylique. En tisane (fleurs), a une action fébrifuge et traite acidité de l'estomac, grippe et rhumatismes. En homéopathie, racines séchées. En parfumerie, feuilles et huile tirée des fleurs ; en breuvage, les fleurs séchées sont ajoutées aux vins de plantes faits maison. Bières et hydromels parfumés grâce aux feuilles. En teinturerie, les racines donnent un colorant noir, les fleurs un jaune.

Culture : semez au printemps et en automne ou en ligne sous serre; divisez les racines au printemps. Choisissez un sol riche, humide, dans un lieu ensoleillé.

reine des prés

Espèces voisines : *Filipendula vulgaris* (spirée filipendule). Espèce plus petite, 60 cm max. Floraison moins dense; racines consommées comme légume.

Filipendula rubra, syn. *Filipendula magnifica.* Espèce similaire d'Amérique du Nord, aux fleurs roses.

Foeniculum vulgare
(Ombellifères)

Fenouil

Description : herbe vivace très aromatique; 1,80 m max.; tiges minces; feuilles vert foncé, à segments filiformes; petites fleurs jaune moutarde en été, suivies de fructifications ovoïdes. Plante des terrains vagues et friches un peu humides. Ses racines envahissantes transforment progressivement des groupements serrés en des rassemblements épars.

Culture : pour obtenir une croissance luxuriante, choisissez un sol léger, un peu humide. Divisez les touffes au printemps et plantez les éclats dans un endroit chaud et ensoleillé; sinon, semez au printemps ou en été, soit en pots, soit en place à des intervalles de 50 cm. Repiquez les plants encore jeunes avant que les racines soient longues et dures. Veillez à bien arroser par temps sec. Se ressème spontanément, d'où la nécessité de couper les fleurs si les graines ne doivent pas être utilisées. Au bout de 3 ou 4 ans, les plantes sont épuisées et il vaut mieux les remplacer. Pour éviter une hybridation, choisissez un emplacement éloigné des plants d'aneth.

fenouil

Parties utilisées : pousses, fraîches ou séchées au début de l'été (plusieurs récoltes de feuilles et de tiges peuvent être pratiquées avant la floraison); graines des fructifications coupées à l'automne avant leur maturité et séchées dans une pièce chauffée; racines, arrachées en automne et séchées lentement.

Usages : largement utilisée par les anciens Grecs et pendant tout le Moyen Âge (une des neuf herbes sacrées des Anglo-Saxons). Les racines, cuites à l'eau, étaient autrefois consommées comme légume, et agissaient comme principe expectorant dans des préparations contre la toux. Les tiges sont un composant essentiel de la cuisine provençale. Les jeunes pousses parfument et garnissent des plats de poisson, des soupes ou des gâteaux. En tisane, est utilisé pour traiter la colique et d'autres problèmes de digestion. En cosmétique, est apprécié pour parfumer savons et cosmétiques; remplit la même fonction dans les liqueurs. L'huile des grains est bactéricide. Dans les pays chauds, le feuillage attire les machaons.
Attention : évitez des doses excessives.

Espèces voisines : *Foeniculum vulgare* var. *dulce* (fenouil de Florence, ou fenouil doux). Espèce annuelle dont on extrait une huile essentielle. Également cultivée pour le légume que forme le renflement charnu des pétioles.

Foeniculum piperatum (cartucci). Plante potagère cultivée en Italie, consommée pour ses jeunes tiges étiolées.

Ferula asa foetida (férule). Plante vivace condimentaire utilisée dans la cuisine indienne; la résine médicinale *asa foetida* provient de ses racines.

Ferula galbaniflua (galbanum). Espèce moyen-orientale. Tige et racines fournissent une gomme-résine aromatique qui donne l'encens.

Fragaria vesca (Rosacées)

Fraisier des bois

Caperon, fraisier sauvage

Description : plante vivace dont les feuilles disparaissent en hiver. En été, fleurs solitaires, blanches et pédonculées, suivies de petits fruits blanchâtres ou rouges, piquetés, en surface de nombreuses graines jaunes. Se propage par coulants ou stolons.

Parties utilisées : fruits parvenus à complète maturité ; feuilles en toutes saisons ; racines arrachées en hiver.

Usages : légèrement laxatifs, les fruits sont un excitant, riche en fer. En tisane (feuilles), effets diurétiques et astringents ; feuilles vertes pour les salades.
Attention : une consommation excessive peut engendrer une réaction allergique.

Culture : propagez à partir des coulants au printemps ou en automne, sinon, semez sous châssis au printemps (ne pas couvrir les graines, les maintenir un peu humide). Plantez dans un endroit ensoleillé ou un peu ombragé, en tous sols, sauf argileux.

fraisier des bois

Espèces voisines : *Fragaria moschata* (fraise musquée). Espèce sauvage avec de plus grandes fleurs.

Fragaria virginiana (fraisier de Virginie). Espèce sauvage d'Amérique du Nord aux fruits rouges. Proche des hybrides horticoles à gros fruits ; pour les Indiens, plante légendaire aux vertus médicinales.

Galium odoratum,
syn. *Asperula odorata* (Rubiacées)

Aspérule odorante

Reine des bois, belle-étoile, petit muguet, muguet des bois

Description : herbe vivace ; 30 cm max. ; souche rampante, souvent à feuilles persistantes ; tiges ramifiées, avec des verticilles de feuilles vert foncé ; glomérules de fleurs étoilées longuement pédonculées au début de l'été.

aspérule odorante

Parties utilisées : parties vertes coupées avant la floraison et séchées lentement.

Usages : aromatisant de vins et d'autres boissons. On peut l'utiliser pour parfumer le linge, pour faire des pots-pourris ainsi qu'en parfumerie. En cataplasme, pour soigner les blessures, les irritations cutanées, ainsi que pour stimuler la lactation dans l'allaitement maternel.
Attention : à haute dose, provoque étourdissements et allergies respiratoires.

Culture : divisez les touffes toute l'année, sinon, semez en place vers la fin de l'été. Choisissez un sol riche, alcalin, ombragé. Cueillez dès la deuxième année.

Espèces voisines : *Galium verum* (gaillet jaune). Plus haute, aux feuilles moins larges. Fleurs jaunes à odeur douce pour cailler le lait et colorer le fromage (colorant rouge extrait des tiges).

Asperula tinctoria (gratteron des teinturiers). Espèce à fleurs blanches donnant une teinture jaune-orange.

Gaultheria procumbens (Éricacées)

Wintergreen

Gaulthérie

Description : sous-arbrisseau à feuilles persistantes, aux tiges couchées et rampantes donnant naissance à des branches dressées d'environ 15 cm. Sur les parties supérieures de celles-ci, présence de feuilles coriaces, ovales, aux bords en dents de scie et luisantes ; plus pâles sur les parties inférieures. Fleurs pendantes, blanches ou roses, en été, auxquelles succèdent des baies rouge vif de la taille des petits pois.

wintergreen

Parties utilisées : feuilles fraîches ou séchées au soleil; distillées, elles donnent l'essence de Wintergreen.

Usages : en infusion aromatique des feuilles, pour des gargarismes, qui calment les douleurs. En tisane, les feuilles séchées. Par distillation, les feuilles donnent une huile qui, en usage externe et par massage, soulage les douleurs musculaires et entre également dans la composition de produits dentaires.

Culture : idéal comme couvre-sol pour les terrains acides ou un peu humides, ou pour les rocailles. Plantez en automne ou au printemps dans un sol tourbeux ensoleillé ou un peu ombragé. Propagez par semis en pépinière, à l'automne, ou, au printemps, par marcottage des tiges.

Espèces voisines : *Gaultheria antipoda.* Espèce néo-zélandaise à tiges couchées ou petit arbuste à baies rouges comestibles.

Gaultheria shallon. Espèce arbustive, vigoureuse, d'Amérique du Nord, aux baies pourpres.

Genista tinctoria (Légumineuses)

GENÊT DES TEINTURIERS

Petit genêt, herbe à jaunir, genistrolle, genêt bâtard

Description : sous-arbrisseau à feuilles caduques ; 30-60 cm max. ; généralement dressé, parfois couché; branches et feuilles vert vif ; fleurs jaune vif, proches des pois. Pousse à l'état sauvage sur les terrains herbeux et secs et les landes. Proche du genêt à balai. Nombreuses variétés horticoles, dont une à fleurs doubles.

Parties utilisées : fleurs en bouton; fleurs écloses pour la teinturerie; jeunes pousses fraîches ou séchées à l'ombre.

Usages : en infusion (jeunes pousses florales), action diurétique et laxative, contre l'hydropisie et les maladies de peau. Conservez les boutons de fleurs dans du vinaigre à la manière des câpres. En teinturerie, colorant jaune, qui, mélangé à la guède, donne un vert soutenu.

Culture : choisissez un sol pauvre, découvert, ensoleillé et bien drainé. Plantez en automne ou au printemps ou semez à l'extérieur après avoir frotté les graines entre des feuilles de papier abrasif. Greffez les variétés horticoles sur un porte-greffe de cytise. Après la floraison, taillez les pousses non ligneuses.

genêt des teinturiers

Geranium maculatum (Géraniacées)

GÉRANIUM AMÉRICAIN

géranium américain

Description : fleur vivace, poilue, à souche épaisse et horizontale ; tiges hautes de 60 cm ; feuilles duveteuses, échancrées et tachetées de blanc en vieillissant; petites fleurs roses, pourpres, parfois blanches, vers la fin du printemps ; fruits saillants, en «bec de grue».

Parties utilisées : racines arrachées en automne ou en hiver pour être, ensuite, séchées ou pulvérisées.

Usages : herbe médicinale populaire des Indiens d'Amérique du Nord. En phytothérapie, en infusion ou sous forme de poudre, la racine aux vertus astringentes entre dans le traitement des diarrhées, de la dysenterie, des hémorragies et des ulcères, externes aussi bien qu'internes.

Culture : divisez les plantes adultes au début du printemps ou semez en place au printemps ou en automne après avoir frotté les graines entre des feuilles de papier abrasif. Choisissez un sol riche en humus, un peu humide, ensoleillé ou légèrement ombragé. Les plantes se multiplient spontanément en formant rapidement des touffes denses.

géranium robert

Espèce voisine : *Geranium robertianum* (géranium robert). Plante annuelle à fleurs roses, rarement blanches. La plante entière (racines comprises) est utilisée contre les hémorragies et les inflammations buccales.

Geum urbanum (Rosacées)

BENOÎTE COMMUNE

benoîte commune

Description : herbe vivace, poilue; racine rose dure ; tiges ramifiées, 60 cm max. ; feuilles pennées aux lobes dentés, ovales, vert foncé et très inégaux, en rosettes radicales (lobe terminal plus grand que les autres). En été et en automne, grappes lâches, étalées, de fleurs jaunes. Fleur sauvage des clairières et des terrains ombragés au sol riche.

Parties utilisées : racines fraîchement arrachées ou séchées soit à l'ombre, soit en intérieur; jeunes feuilles.

Usages : racine épicée, ajoutée aux ragoûts au Moyen Âge; remplace les clous de girofle. En infusion, soigne les troubles gastriques et hépatiques, donne de l'appétit et arrête les hémorragies ; fait également baisser la fièvre et peut être utilisée en bains de bouche. En cuisine, jeunes feuilles en salade.

Culture : semez en place au printemps ou en automne et éclaircissez à 15 cm, en tous sens; choisissez un sol fertile, totalement ou partiellement ombragé.

Espèce voisine : *Geum rivale* (benoîte des ruisseaux). Herbe vivace, gracieuse, à feuilles tripartites. Fleurs rose-orangé, pendentes, en forme de cloches. Préfère l'ombre humide ou les bords de plans d'eau. Utilisations similaires, mais de moindre effet. Sert à faire des boissons au goût de chocolat.

Glycyrrhiza glabra (Légumineuses)

RÉGLISSE

Description : plante en forme de vasque. Longue racine jaune pivotante, fibreuse, très fournie en racines latérales et stolons. Tiges de 1,50 m max.; feuilles pennées vert pâle aux folioles ovales par paires. Fleurs d'été, lâches, bleu lilas, situées à l'aisselle des feuilles et ressemblant à celles des pois. Les fruits sont de longues gousses brunes.

Parties utilisées : racines des plantes de 3 ou 4 ans, arrachées en automne ou au printemps, décortiquées et séchées.

Usages : cultivée depuis le Moyen Âge pour ses racines aromatiques sucrées (extraction d'un jus des racines fraîches). Les médecins arabes l'utilisaient comme laxatif ainsi que pour traiter les ulcères de l'estomac, et également pour soigner les affections de la vésicule biliaire et des reins. En infusion, pour les bronchites, les maux de gorge et pour faire baisser la fièvre. En confiserie, édulcorant et aromatisant utilisé dans les bières et le tabac. Dans le bâtiment, les déchets de fibres entrent dans la fabrication de plaques de plâtre.

Attention : son emploi pendant une période prolongée peut entraîner une augmentation de la tension artérielle et une baisse de potassium, provoquant une rétention anormale de sodium.

Culture : choisissez un sol profond perméable et très ensoleillé; divisez les racines au printemps et plantez les éclats à une profondeur de 10 cm en les espaçant de 45 cm. Tous les ans, à l'automne, rabattez le feuillage et supprimez les stolons.

réglisse

Hamamelis virginiana (Hamamélidées)

HAMAMÉLIS

Noisetier de sorcière

Description : arbrisseau vivace à feuilles persistantes ou petit arbre à l'écorce lisse et pâle aux très longs rameaux étalés (4 m max.). Feuilles ovales, duveteuses lorsqu'elles sont jeunes. Floraison automnale : fleurs jaune vif, sur tiges nues, rappelant des araignées par l'aspect tordu des pétales. À l'état sauvage dans les forêts humides et aux bords de l'eau en Amérique du Nord. Porte-greffe des hamamélis horticoles.

hamamélis

Parties utilisées : écorce et feuilles ; tiges florales pour la distillation.

Usages : astringent traditionnel et calmant des blessures, plante sacrée des Indiens d'Amérique du Nord. En infusion, pour soigner contusions, entorses, varices et hémorragies. En pommade, pour soulager les hémorroïdes.

Attention : les teintures obtenues avec les feuilles et l'écorce pourraient être à l'origine de réactions allergiques.

Culture : préfère des sols non calcaires, ensoleillés ou un peu ombragés. Très décoratif, isolé sur une pelouse. Parfois associé à des arbustes ou palissé contre un mur. Semez dans des bacs à l'extérieur (la graine a besoin de froid pour germer) ou en pépinière; ou propagez par marcottage en automne. Tous les ans, enlevez les drageons enracinés, et transplantez-les pour donner de nouveaux plants.

Hedera helix (Araliacées)

LIERRE GRIMPANT

Bourreau des arbres,
lierre commun

lierre grimpant

Description : plante grimpante; 30 m max.; adhère par ses racines adventives ; tiges ligneuses; feuilles persistantes et luisantes, vert sombre, souvent avec des nervures plus pâles; jeunes feuilles pointues, lobées et souvent palmées. Lorsque les tiges sortent de l'ombre, elles se ramifient et donnent des feuilles plus petites, simples, ovales et pointues, ainsi que des ombelles sphériques de fleurs verdâtres odorantes, qui se transforment ensuite en baies noires. Plante sauvage des campagnes qui pousse dans les arbres et les haies ou court sur le sol des lieux ombragés. Diverses variétés horticoles.

Parties utilisées : jeunes feuilles, fraîches ou séchées à l'ombre.

Usages : considéré autrefois comme une plante protectrice aux propriétés magiques. Nombreux usages médicinaux : les baies étaient consommées pour leurs vertus purgatives, les feuilles utilisées pour soigner fièvres et dérèglements glandulaires. En cataplasme, contre les contusions et les ankyloses. Dans l'industrie, une résine de lierre est parfois incorporée dans certains vernis.
Attention : plante toxique, limitez son utilisation à de rares usages externes.

Culture : préfère un sol riche, perméable, très ombragé. Semez en automne en laissant les bacs exposés aux gels hivernaux, sinon, bouturez des morceaux de tiges avec leurs racines adventives; fixez au sol pour une meilleure reprise; taillez au printemps, en enlevant vieilles feuilles et tiges superflues.

Helichrysum italicum, syn. *Helichrysum angustifolium* (Composées)

IMMORTELLE

Description : sous-arbrisseau aromatique ; 60 cm max. ; tiges ligneuses ramifiées ; feuilles persistantes et odorantes, blanc argenté, étroites; floraison estivale de capitules jaunes, longs et pédonculés.

Parties utilisées : feuilles; boutons de fleurs séchés ; capitules et pousses (en été).

Usages : en cuisine, son arôme intense parfume plats de viande et boissons. En cosmétique, son huile essentielle à base de capitules et de pousses. En pharmacie, pour traiter des problèmes respiratoires. Éloigne les insectes.

Culture : choisissez un sol pauvre, ensoleillé, perméable, à l'abri du gel et des vents froids d'hiver; divisez les plantes au printemps. Prenez, en été, des pousses latérales comme boutures, sinon, faites un semis sous serre au printemps. Plantez en automne ou au printemps. En décoration florale, coupez les fleurs afin de mettre l'accent sur le feuillage, sans toucher aux rameaux déjà lignifiés.

immortelle

Espèces voisines : *Helichrysum cochinchinense.* Espèce d'Asie du Sud-Est. Feuilles utilisées pour parfumer les plats de riz.

Helichrysum serpyllifolium, syn. *Plecostachys serpyllifolia.* Espèce sud-africaine dont les feuilles servent à faire du thé.

Helichrysum stoechas. Arbrisseau à fleurs jaune vif, aux feuilles vermifuges.

Humulus lupulus
(Cannabinacées)

HOUBLON

Description : plante grimpante ; 9 m ; tiges à poils rudes, à stolons envahissants et à lianes volubiles, souvent entrelacées; feuilles en cœur ou palmées, à bords dentés. En été, les fleurs mâles, verdâtres et en grappes, apparaissent sur des pieds différents de ceux des fleurs femelles. À maturité, les fleurs femelles donnent, à l'automne, des cônes élargis formés de bractées imbriquées les unes dans les autres. Pousse dans les haies et les bois humides; se cultive à but commercial et comme plante ornementale des jardins.

houblon

Parties utilisées : cônes femelles encore verts au début de l'automne (séchés, ils deviennent bruns : à utiliser entiers ou pulvérisés); jeunes pousses du printemps.

Usages : aromatisant et conservateur dans la fabrication de bières. En phytothérapie, cônes femelles pour traiter insomnie et tension nerveuse; du fait de leur teneur en hormones, incorporé dans crèmes et lotions pour la peau. En cataplasme sur furoncles et enflures. En cuisine, jeunes pousses et feuilles. Dans l'industrie textile, les fibres extraites des lianes.

Culture : propagez, au printemps, à partir de boutures ou d'éclats de la souche, sinon, semez sous châssis à la fin de l'été ou en automne; choisissez un sol riche, humide, bien exposé, et implantez sur des supports solides et assez hauts. Posez un paillis de fumier au printemps et enlevez les jeunes pousses pour n'en laisser que 5 ou 6 par souche. Arrosez par temps sec.

Hypericum perforatum (Guttifères)

MILLEPERTUIS PERFORÉ

Herbe à mille trous, herbe de la Saint-Jean

Description : fleur vivace ; 90 cm max. ; souche ligneuse et stolonifère; tige ramifiée avec deux tiges secondaires saillantes et opposées ; petites feuilles vert pâle, opposées par deux et munies de minuscules glandes à huile translucides, leur donnant un aspect perforé ; fleurs jaune vif en fin d'été ; pétales bordés de points noirs. Vit dans les lieux herbeux et ombragés, généralement calcaires.

Parties utilisées : jeunes feuilles et fleurs fraîches ou séchées à l'ombre.

Usages : en phytothérapie, les feuilles, un peu sédatives, stimulent les sécrétions gastrique et biliaire ; la plante, parfois utilisée pour traiter la mauvaise circulation du sang et les problèmes menstruels, est réputée pour ses vertus bactéricides dans la cicatrisation des plaies et brûlures. En cuisine, les jeunes feuilles en salade. En teinturerie, les fleurs donnent des colorants jaunes et rouges.
Attention : entraîne une sensibilisation de la peau, qui réagit à la lumière du soleil.

Culture : cultivez au soleil ou légèrement à l'ombre, dans un sol bien drainé. Divisez les touffes au printemps ou bouturez en été; sinon, semez en terrines au printemps. Plantez à l'automne ou au printemps en coupant les parties abîmées par le gel.

millepertuis perforé

Espèce voisine : *Hypericum androsaemum* (androsème). Plante plus grande aux feuilles sans points translucides et poussant à l'ombre ; baies noires en automne. Herbe vulnéraire réputée.

Hyssopus officinalis (Labiées)

HYSOPE OFFICINALE

Description : sous-arbrisseau aromatique ; 60 cm ; tiges ramifiées ; feuilles persistantes et linéaires, poilues et parsemées de glandes huileuses ; longs épis floraux étroits, composés de verticilles de fleurs bleues, roses, pourpres ou blanches apparaissant en été; attire les abeilles. Vit sur les terrains calcaires caillouteux. Plante ornementale parfois utilisée pour les haies basses.

hysope officinale

Parties utilisées : feuilles fraîches toute l'année; extrémités fraîches des épis floraux, ou séchées au soleil.

Usages : excellent expectorant. En infusion (sommités fleuries), utilisée contre la toux et les maux de gorge ainsi que pour morsures, brûlures et piqûres. En cuisine, ajoutée aux soupes, ragoûts et salades pour son arôme. Sous forme d'huile distillée pour liqueurs et parfums.

Culture : aime un sol léger, bien ensoleillé et perméable. Semez au printemps sous châssis et bouturez au début de l'été ou divisez au printemps ou en automne. Pour les haies, plantez en espaçant les plants de 20 cm et taillez au printemps.

Espèces voisines : *Agastache foeniculum* (anis hysope). Herbe vivace. Ses feuilles séchées assaisonnent des plats et parfument le thé. Odeur d'anis.

Agastache urticifolia. Plante vivace, utilisée par les Indiens d'Amérique comme herbe médicinale et aromatique.

Isatis tinctoria (Cruciféracées)

PASTEL

Guède, pastel des teinturiers, vouède

Description : plante bisannuelle ou semi-vivace ; 1,20 m max. ; tige feuillue et ramifiée ; rosette radicale de feuilles ovales, longuement pétiolées, velues, dentées, bleu-vert. Feuilles caulinaires plus petites, sessiles, embrassant la tige par deux oreillettes aiguës. Aux petites fleurs jaunes, qui apparaissent au début de l'été en groupes lâches et élégants, succèdent des silicules noires et pendantes. Fleur sauvage des terrains calcaires en friche ; très cultivée jusqu'à la fin du XIXe siècle.

Parties utilisées : feuilles fermentées et séchées plusieurs fois dans une suite compliquée d'opérations.

Usages : en teinturerie, ses feuilles produisent la couleur bleu indigo. Autrefois, elles servaient à arrêter les saignements et à apaiser toutes sortes de blessures.
Attention : seulement en application.

Culture : pousse en plein soleil et sur terrain calcaire, riche et bien drainé. Coupez les tiges avant la floraison, pour lui prolonger la vie. Sinon, se ressème spontanément comme une bisannuelle.

pastel

gaude, autre plante tinctoriale *(voir page 109)*

Juniperus communis (Cupressacées)

GENÉVRIER COMMUN

Pétron

Description : arbuste ou arbre résineux couché ou dressé; 6 m max.; feuilles persistantes et piquantes, en forme d'aiguilles et délivrant une odeur de pommes lorsqu'elles sont froissées. Au début de l'été, fleurs jaune-vert, suivies de baies charnues, vertes; noir bleuâtre et pruineuses la deuxième année.

Parties utilisées : pousses feuillues à toute époque de l'année; fruits cueillis vers la fin de l'été et séchés au soleil. Branches ligneuses et racines.

Usages : huile des baies vertes pour masser les articulations; baies mûres pour aromatiser boissons (gin) et gibier ; branches et racines pour fumer la viande. **Attention :** usage interne sous contrôle médical ; des irritations peuvent même résulter d'un usage externe.

genévrier commun

Culture : plantez à l'automne ou au printemps, dans un sol dégagé et bien drainé. Multipliez en semant sous châssis (printemps) ou en bouturant (automne).

Espèces voisines : *Juniperus sabina* (sabines, savignier). Espèce arbustive toxique utilisée sous contrôle, comme herbe vétérinaire.

Juniperus oxycedrus : distillées, ses racines donnent un vermifuge vétérinaire.

Juniperus virginiana (cèdre rouge) : son huile essentielle sert en parfumerie et en pharmacie.

Laurus nobilis (Lauracées)

LAURIER-SAUCE

Laurier d'Apollon, laurier noble

Description : arbuste touffu ou arbre ornemental; 8-15 m ; feuilles persistantes, luisantes, vert sombre, ovales et lancéolées. Floraison au début de l'été avec des petites fleurs jaune crémeux, suivies, dans les contrées à climat chaud et sur les spécimens adultes, de baies noires.

laurier-sauce

Parties utilisées : feuilles pendant toute l'année, séchées à l'ombre et légèrement pressées à plat ; baies mûres.

Usages : herbe aromatique et antiseptique. À Rome, les généraux victorieux étaient couronnés de laurier (origine de «lauréat»). Herbe aromatique qui stimule l'appétit ; feuilles utilisées en cuisine. En phytothérapie, feuilles pulvérisées, en application comme astringent sur brûlures et contusions. Baies mûres pressées donnant une huile utilisée dans les liqueurs, parfums et produits vétérinaires.

Culture : sur un sol riche, bien drainé, très ensoleillé et à l'abri des vents froids ; craint les gels importants, surtout lorsqu'il est jeune. Plantez au début de l'automne ou au printemps et taillez-le en été ; à tailler en topiaires. Multipliez par marcottage en automne ou bouturage de pousses latérales sous châssis ombragé au début de l'automne. Dans les régions où l'hiver est sévère, cultivez le laurier en caisses et protégez-le du gel dans une serre non chauffée.

Espèce voisine : *Umbellularia californica* (laurier de Californie). Arbuste ou arbre similaire au feuillage plus aromatique, utilisé dans les alignements.

Lavandula angustifolia, syn. *Lavandula officinalis, Lavandula spica* (Labiées)

LAVANDE FINE

Lavande vraie, lavande officinale

Description : sous-arbrisseau ligneux; 90 cm; longues feuilles persistantes et ramifiées, étroites, aromatiques, vert grisâtre et poilues. Au milieu de l'été, de longs épis floraux composés de fleurs bleu-mauve, très odorantes. Pousse à l'état sauvage sur des sols calcaires. Des variétés horticoles destinées aux haies ou pour leurs qualités ornementales.

Parties utilisées : fleurs cueillies juste avant leur épanouissement, puis lentement séchées ; pousses florales et feuilles.

Usages : une des premières plantes utilisées pour les jonchées. Dans la maison, brûlée lentement pour parfumer. Son huile essentielle (obtenue par distillation des pousses et des feuilles) ainsi que des infusions pour soigner toux, maux de tête et troubles nerveux. En embrocation, stimulant externe et antiseptique. Ses fleurs sont cueillies pour faire des parfums, des savons, des pots-pourris et pour embaumer les armoires ; attirent les abeilles.

lavande fine

lavande var. «Nana Alba», une des espèces voisines

lavande française

lavande anglaise

Culture : pour un parfum maximum et une meilleure couleur, choisissez un sol léger, assez sec et très exposé au soleil. Semez en terrines à la fin du printemps ou bouturez au printemps (non lignifiées) ou vers la fin de l'été (lignifiées) ; sinon, marcottez en buttant les rameaux des vieilles plantes. Pour conserver leur forme, taillez les touffes de lavande au printemps sans couper les rameaux ligneux.

Espèces voisines : *Lavandula angustifolia «Hidcote».* À croissance lente ; variété naine à fleurs pourpre foncé.

Lavandula angustifolia « Nana Alba » : variété naine à fleurs pâles.

Lavandula angustifolia stoechas (lavande française). Espèce moins rigide ; parfum plus prononcé que celui de ses voisines.

Levisticum officinale,
syn. *Ligustiscum Levisticum*
(Ombellifères)

Livêche

Ache de montagne, céleri perpétuel

Description : herbe vivace à odeur forte ; 2,40 m max. ; touffes aux racines envahissantes ; tige raide, creuse et sillonnée ; feuilles larges et luisantes. Fleurs jaune verdâtre aux larges ombelles denses en été ; fructifications sillonnées brun-doré.

Parties utilisées : jeunes feuilles hormis celles de la tige florale centrale ; tiges creuses principales avant floraison ; racines des plantes de 2 ou 3 ans arrachées en automne, puis coupées en morceaux et séchées ; fructifications mûres.

Usages : en cuisine, les feuilles parfument soupes et ragoûts ; les tiges à blanchir à la manière du céleri ou à confire comme l'angélique ; les racines pelées à cuire comme légumes. Les graines donnent du goût aux pains et gâteaux ; les racines pulvérisées servies comme condiment. En phytothérapie, vertus digestives et carminatives. En parfumerie, son essence.
Attention : à employer à petites doses.

Culture : la plante ayant un grand développement, semez large sur un terrain riche, un peu humide mais bien exposé. Divisez les racines en automne ou en printemps. Si vous récoltez les feuilles pendant une période prolongée, rabattez les plantes une ou deux fois durant l'été.

livêche

Espèces voisines : *Ligusticum scoticum* (livêche d'Écosse). Plante d'Europe du Nord, moins haute et au goût moins fort.

Levisticum chinensis. Utilisée en médecine par les Chinois pour soigner les problèmes de menstruation.

Ligustrum vulgare (Oléacées)

TROÈNE D'EUROPE

Description : arbuste aux nombreuses ramifications; 3,60 m max.; feuilles semi-persistantes, lisses et coriaces, ovales et pointues. En été, courts épis de fleurs blanches très odorantes suivies de petites baies luisantes jaunes ou noires. Vit à l'état sauvage dans les endroits broussailleux et bois clairs, surtout sur sol calcaire. Souvent planté pour faire des haies taillées. Plusieurs variétés horticoles décoratives.

Parties utilisées : feuilles pendant toute la période de croissance ; bois des plus gros rameaux taillés.

Usages : en ébénisterie, bois dur prisé pour la fabrication d'outils. Autrefois, apprécié pour faire du charbon de bois. En phytothérapie, les feuilles pour faire des bains de bouche. En teinturerie, une teinture jaune est extraite des feuilles.
Attention : à ne pas avaler, toutes ses parties sont toxiques.

Culture : tolère la plupart des sols et emplacements. Semez à l'extérieur en automne. Bouturez des jeunes pousses sous châssis en été, ou du bois dur en automne, à l'extérieur et à l'ombre. Pour planter ou tailler, choisissez l'automne.

troène d'Europe

var. « aureum »
à feuilles panachées de jaune

Espèces voisines : *Ligustrum ibota.* Petit arbuste élégant, cultivé en Chine pour la cire qui provient des blessures causées aux tiges par les insectes. Utilisé dans l'industrie.

Ligustrum japonicum (troène japonais). Espèce à grandes fleurs dont les graines torréfiées sont un succédané du café.

Ligustrum lucidum. Petit arbre chinois élégant. En infusion, ses graines renforcent le métabolisme général.

Ligustrum ovalifolium (troène de Californie). La meilleure espèce pour les haies taillées ; très ramifiée et semi-persistante, avec une variété populaire jaune panaché.

Linaria vulgaris
(Scrofulariacées)

LINAIRE COMMUNE

Gueules-de-lion, chasse-venin

Description : herbe vivace ; souche rampante et vigoureuse ; feuilles étroites, linéaires et grisâtres ; tiges de 60 cm de haut avec, en été et à l'automne, des épis denses de fleurs jaune vif qui, prolongées en éperon, ressemblent à celles d'une scutellaire ; chaque fleur a une tache orange sur la lèvre inférieure ; suivies de capsules contenant une multitude de graines noires, rondes et aplaties. Plante sauvage des friches.

Parties utilisées : toute la plante lors de la floraison, soit fraîche, soit séchée à l'ombre.

Usages : très décorative. Utilisée au Moyen Âge pour amidonner les textiles. En homéopathie, pour traiter diarrhée et cystite. En phytothérapie, pour soigner la jaunisse. La coutume veut que, bouillie dans du lait, elle soit un poison pour les mouches. En fonction du mordant utilisé, on extrait des fleurs des colorants jaune, orange, vert ou brun.

linaire commune

Culture : se plaît avec de l'herbe régulièrement coupée pour limiter l'envahissement des stolons. Semez au printemps ou au début de l'automne, en place ou dans des bacs remplis de compost pour le repiquage. En automne ou au printemps, divisez les racines bien établies ; plantez sous exposition au soleil en espaçant de 20 à 30 cm. Comme elle se ressème spontanément et abondamment, enlevez les épis floraux avant la montée en graines.

Linum usitatissimum (Linacées)

Lin cultivé

Description : plante annuelle ; 90 cm ; élancée ; tiges grêles ; feuilles linéaires pointues. Fleurs bleu pâle à bleu vif (les meilleures pour les fibres) ou blanches, en été, suivies de capsules de graines brunes, ovales, plates et riches en huile. Dans les régions tempérées et humides, une variété plus haute est cultivée pour le textile et, sous les climats plus chauds, on choisit, pour ses graines, une variété plus compacte.

Parties utilisées : toute la plante, fraîche et en fleurs ; tiges vertes pour leurs fibres. Graines, fraîches ou séchées et pulvérisées.

Usages : les variétés cultivées pour la production du lin sont trempées dans l'eau (rouissage) pour isoler les fibres contenues dans les tiges. L'huile de lin (à partir des graines) est un des plus importants liants pour les peintures, vernis et mastics. L'huile de lin est aussi un laxatif et un vermifuge. Soigne gastrite, constipation et dyspepsie avec des graines trempées dans de l'eau durant une nuit et ensuite récupérées avec une passoire. En phytothérapie, cataplasmes avec toute la plante pour plaies et contusions.

lin

Attention : toxique à doses élevées.

Culture : semez à la fin du printemps ou au début de l'été dans un sol sec, bien drainé et ensoleillé.

Espèce voisine : *Linum catharticum* (lin purgatif). Plante annuelle à fleurs blanches et feuilles ovales. Sert en homéopathie contre bronchite et hémorroïdes.

Lippia citriodora, syn. *Aloysia triphylla* (Verbénacées)

Verveine odorante

Description : arbrisseau vivace ; 3 m sous climat chaud ; branches éparses, minces ; feuilles persistantes, pointues, allongées, gris-vert, duveteuses et par groupe de 3 ou 4. Face inférieure des feuilles pourvue de points qui sont des glandes huileuses à odeur citronnée, pénétrante. En fin d'été, longs épis floraux composés de petites fleurs blanches ou de couleur lavande.

Parties utilisées : feuilles à toute époque de l'année, fraîches ou séchées à l'ombre ; pousses coupées juste avant la floraison.

Usages : en infusion, la verveine est fortifiante, calmante et sédative ; soigne nausées, palpitations et flatulences. L'huile essentielle, obtenue par distillation des pousses, parfume gâteaux, boissons, farces, desserts et également les pots-pourris. Utilisée, jadis, en parfumerie, elle est remplacée par l'huile de la citronnelle de Candolle. En mâchant des feuilles chaudes, vous lutterez contre le mal de dents.

verveine odorante

Attention : irritations internes en cas de doses importantes ou d'emploi prolongé.

Culture : cultivez dans un sol fertile, bien drainé et bien ensoleillé. Dans les régions à climat tempéré, protégez la plante du gel en la cultivant en serre. Sous un climat chaud, vous la palissez contre un mur ensoleillé. Semez les graines sous châssis au début du printemps ou bouturez en été. Renouvelez régulièrement les plants, qui, avec l'âge, sont plus sensibles au gel.

Lonicera periclymenum (Caprifoliacées)

Chèvrefeuille des bois

Herbe de la Pentecôte, herbe à la Vierge, broque-bique

Description : plante ligneuse, arbustive ou volubile ; 6 m max. ; feuilles ovales luisantes ; fleurs rose crémeux en touffes, odorantes en été, suivies de baies rouge vif.

Parties utilisées : feuilles et fleurs, fraîches ou séchées à l'ombre ; écorce fraîche des rameaux taillés; racines arrachées à l'automne et séchées.

Usages : en parfumerie et en phytothérapie. Les feuilles légèrement écrasées en application pour soigner des maux de peau. En infusion (écorce écaillée), soulage rhumatismes et ankyloses ; crue ou en infusion (fleur), soigne l'asthme et stimule le cœur. L'intérieur de la racine est un vermifuge vétérinaire. Ne l'utiliser qu'en application.

Attention : les baies de tous les chèvrefeuilles peuvent être toxiques.

Culture : en tout sol sain ombragé ou ensoleillé. Palissez la plante contre un mur ou un pilier. Semez les graines en pots à l'automne (germination longue) ou bouturez en été. Au printemps, taillez et appliquez un paillis de compost.

chèvrefeuille des bois

Espèces voisines : *Lonicera caprifolium* (chèvrefeuille des jardins). Espèce à fleurs jaunes et baies orange; utilisée comme expectorant et antiseptique.

Lonicera japonica. Plante grimpante, envahissante à feuilles semi-persistantes. Plante médicinale courante en Chine.

Lonicera nigra. Arbuste ligneux à fleurs orange ; baies noires à usage homéopathique pour soigner des névralgies.

Lythrum salicaria (Lythracées)

Salicaire commune

Lysimaque rouge, herbe aux coliques

Description : herbe vivace à souche rampante : 50-100 cm max. ; tiges quadrangulaires ; feuilles étroites, pointues, non pétiolées, opposées ou en verticilles de trois. À la fin de l'été, denses épis aux fleurs rose-mauve vif, suivies de capsules ovales de graines. Plante des bords de l'eau.

Parties utilisées : plante en fleurs, soit fraîche, soit séchée à l'ombre.

Usages : en raison de sa forte teneur en tanin, elle servait autrefois en tannerie. Connue principalement pour ses qualités décoratives et médicinales. Ses vertus bactéricides la rendent utile pour les gargarismes et pour les collyres liquides.

Culture : semez dans des pots de compost humide placés dans un bac avec de l'eau ; laissez jusqu'à la levée des plants. Divisez les plantes adultes au printemps, ou bouturez en été et cultivez sous châssis froid et humide. Plantez dans un sol un peu humide et ombragé, ou en plein soleil pour une meilleure floraison. Veillez à ce que les plants bien établis n'étouffent pas les autres plantes.

salicaire commune

Malva sylvestris (Malvacées)

Mauve sylvestre

Herbe à fromage

Description : herbe vivace, bisannuelle, envahissante ; 30-100 cm ; feuilles poilues, froissées, à nervures profondes, dentées, aux longs pétioles portant souvent une tache sombre bien distincte ; feuilles supérieures crénelées et inférieures arrondies. En été et à l'automne, fleurs mauves, veinées de pourpre, par paire ou par groupes et suivies de capsules arrondies et plates ressemblant à des boutons. Fleur sauvage des talus et des friches, surtout en bord de mer ; cultivée aussi comme plante ornementale.

mauve musquée, une des espèces voisines

Parties utilisées : fleurs cueillies tout au long de la saison, complètement écloses et séchées rapidement à la chaleur ; jeunes feuilles utilisées fraîches. Toute la plante, lorsqu'on la coupe lors de la floraison pour la sécher. Les capsules, cueillies quand elles sont encore vertes.

Usages : plante mucilagineuse et donc calmante. Les feuilles ont des vertus anti-inflammatoires et calment les piqûres d'abeilles ; en cataplasme, elles soignent ulcères et hémorroïdes. En infusion, les fleurs soignent rhumes et bronchites. En cuisine, ajoutez des feuilles aux soupes ou préparez-les comme des épinards. Les fruits peuvent être consommés crus ou cuits à l'eau.
Attention : prise en trop grande quantité, la mauve devient purgative et provoque des problèmes de digestion.

Culture : choisissez un sol ordinaire, bien ensoleillé et bien drainé. Semez au printemps ou en automne et éclaircissez à 60 cm. Les plants plus âgés étant sensibles à la rouille, traitez-les aux fongicides ou remplacez-les régulièrement par de jeunes plants.

mauve

Espèces voisines : *Malva alcea* (mauve alcée). Plante vivace poilue avec tige rameuse dressée. Atteint jusqu'à 1 m ; fleurs roses. Plante sauvage des haies et prairies sur sol calcaire.

Malva moschata (mauve musquée). Sous-espèce de la mauve alcée. Mêmes propriétés que la grande mauve.

Matricaria recutita,
syn. *Matricaria chamomilla, Chamomilla recutita* (Composées)

Matricaire camomille

Petite camomille, camomille allemande

Description : plante annuelle aromatique; 45 cm; tiges ramifiées; fleurs odorantes, au début de l'été, ressemblant à celles des pâquerettes. Les extrémités coniques des tiges florales sont creuses. Fleur sauvage des champs et des bords de chemin; sur sols calcaires, mauvaise herbe des cultures céréalières.

Parties utilisées : fleurs, soit fraîches, soit séchées à l'ombre.

matricaire camomille

Usages : herbe populaire aux nombreux usages. En infusion, la camomille est rafraîchissante, digestive et légèrement sédative. Les fleurs ont des vertus anti-inflammatoires ; elles calment le mal de dents. En cataplasme, adoucit les douleurs des plaies. Son huile essentielle parfume shampooings et savons.
Attention : toute personne allergique aux armoises peut développer une réaction violente.

Culture : semez en place, en automne ou au printemps, sans recouvrir les graines ; un léger arrosage suffit à les enfoncer en terre. Cultivez dans un sol sec, calcaire, très ensoleillé. Se ressème spontanément en risquant de se répandre comme une mauvaise herbe si elle n'est pas contrôlée.

Melilotus officinalis
(Légumineuses)

Mélilot officinal

Mélilot des champs, pratelle, luzerne bâtarde, trèfle de cheval, trèfle odorant

Description : plante vivace ; 1,20 m ; racine pivotante solide ; tiges ramifiées, ascendantes ou dressées ; feuilles trifoliées à folioles elliptiques dentées. En été, épis lâches et pédonculés, composés de fleurs jaune crémeux et au parfum doux, suivies de gousses ridées. Fleur sauvage des champs et terres incultes ; cultivée comme plante fourragère et comme engrais vert.

Parties utilisées : feuilles et pousses lors de la floraison, soit fraîches, soit séchées à l'ombre.

Usages : en infusion, fortifiant et antispasmodique ; utilisé pour traiter insomnies, tensions nerveuses, thromboses et problèmes digestifs. En usage externe, favorise la relaxation par adjonction à l'eau du bain et, en application, accélère la cicatrisation des plaies lentes à guérir. En cuisine, fleurs et graines servent à parfumer.
Attention : étourdissements et vomissements en cas d'usage excessif.

Culture : semez en place, vers la fin du printemps, dans un sol fertile, bien drainé et bien ensoleillé.

mélilot officinal

Espèce voisine : *Melilotus alba* (mélilot blanc). Plante fourragère et mellifère, plus grande, à fleurs blanches odorantes.

Melissa officinalis (Labiées)

Mélisse officinale

Mélisse citronnelle

Description : plante vivace ; 90 cm max. ; racines traçantes ; tiges quadrangulaires ; couverte de poils formant des touffes ; feuilles à odeur de citron, en forme de cœur, dentées et fortement veinées; fleurs en fin d'été, blanches ou rose pâle, en verticilles à la base des feuilles supérieures. Vit dans les lieux incultes de certains pays méditerranéens. Variétés dorées ou panachées cultivées.

mélisse officinale

Parties utilisées : feuilles et pousses coupées juste avant ou après la floraison, fraîches ou séchées rapidement à l'ombre (par congélation, les huiles volatiles se conservent mieux que par séchage).

Usages : plante vigoureuse dont il est difficile de se débarrasser; odeur prononcée de citron. Les jeunes feuilles parfument thés, soupes, lait, crèmes, sauces et liqueurs. Son huile essentielle, forte, sert en parfumerie; en phytothérapie, elle fait baisser la tension artérielle. En infusion, soigne rhumes et grippes, le stress, l'insomnie, les problèmes digestifs et gastriques. Plante mellifère reconnue. Sert à parfumer les meubles en bois en les astiquant avec les feuilles et les tiges.

Culture : cultivez dans un sol riche, un peu humide et ensoleillé ou très légèrement ombragé. Se ressème spontanément ; sinon, semez au printemps, soit en place, soit dans des bacs sous châssis ou divisez les plantes adultes (tous les 4 ou 5 ans, vous conserverez ainsi des plants jeunes et vigoureux). Pour obtenir une pousse supplémentaire des jeunes feuilles, rabattez la plante avant la floraison.

Menthe (Labiées)

Il existe, au moins, 18 espèces de menthes et beaucoup plus d'hybrides. L'instabilité de leurs caractéristiques et leur tendance à former des hybrides rend leur identification difficile. Toutes sont des plantes vivaces, aromatiques ; la plupart contiennent du menthol (un composé de l'huile essentielle des menthes).
Attention : des éruptions et d'autres réactions allergiques peuvent résulter d'un contact prolongé ; il convient de ne pas abuser des thés à la menthe.

Mentha x piperita

MENTHE POIVRÉE

Description : herbe vivace ; 90 cm max. ; souche rampante ; tiges quadrangulaires, pourprées ; feuilles ovales, pointues, profondément dentées et longuement pétiolées. En plein été, floraison de longs épis à fleurs blanches ou mauves. La menthe poivrée est un hybride de la menthe aquatique et de la menthe douce *(Mentha x spicata)* issu de cultures; on ne la rencontre pas à l'état sauvage. Elle est très largement cultivée pour ses feuilles et son huile essentielle.

Parties utilisées : feuilles ou tiges, fraîches ou séchées : pour un usage culinaire, cueillez-les avant la floraison. Pour obtenir l'huile par distillation, cueillez la plante en pleine floraison.

Usages : en phytothérapie, la plus utile de toutes les menthes. Une teneur élevée en menthol lui confère d'importantes vertus rafraîchissantes. Utilisée pour soigner des problèmes gastriques et digestifs ainsi que pour traiter des troubles d'origine nerveuse tels que hypertension et insomnie. Son huile essentielle sert à parfumer confiseries, liqueurs, produits pharmaceutiques et cosmétiques.

Culture : divisez les rhizomes (ou tiges souterraines) en automne ou au printemps. Plantez dans un sol fertile, légèrement humide, frais et riche en potasse. Rabattez les plants en été, afin de les régénérer. Refaites les plantations tous les 4 ou 5 ans et même plus tôt si la rouille se développe. Vous pouvez aussi cultiver la menthe comme une plante annuelle en empêchant les racines de se développer et en plantant des éclats tous les ans au printemps.

Mentha pulegium

MENTHE POULIOT

Description : herbe vivace ; 20 cm ; poilue, touffue, à stolons ; tiges couchées ou redressées ; petites feuilles ovales, vert foncé, poilues et peu dentées. Vers la fin de l'été, verticilles denses de fleurs mauves. Fleur sauvage des sols légers et humides.

Parties utilisées : toute la plante verte, soit fraîche soit séchée.

Usages : herbe à très forte odeur, utilisée autrefois pour cacher le goût des viandes avariées; toujours incorporée à certains plats. Empêche la prolifération des puces. Appréciée comme couvre-sol aromatique. En phytothérapie, utile pour traiter troubles gastriques, maux de tête, rhumes, morsures et petites plaies.
Attention : son huile essentielle comprend du pulégone, très toxique.

Culture : semez au printemps sous châssis ; sinon, divisez les plants en automne ou au printemps ; plantez ensuite dans un sol léger, perméable, en guise de bordures, de couvre-col ou de joints de dallage.

menthe pouliot

menthe poivrée

Mentha x rotundifolia

MENTHE À FEUILLES RONDES

menthe-pomme, baume sauvage

Description : herbe vivace à odeur douce ; jusqu'à 90 cm ; se développe à la surface du sol ; tiges minces et ramifiées ; feuilles ovales ridées, vert clair et duveteuses en dessous. La floraison a lieu à la fin de l'été avec l'apparition de petits épis de fleurs blanches ou roses. Pousse sur les terres incultes humides ; couramment cultivée dans le jardin potager, souvent sous forme de variétés horticoles ou améliorées (« Bowles »).

Parties utilisées : feuilles fraîches ; sinon, congelées ou séchées.

Usages : en cuisine, espèce la plus utilisée dans la cuisine britannique. Assaisonne plats, sauces et cocktails.

Culture : comme pour *Mentha x piperita* (menthe poivrée).

menthe à feuilles rondes

menthe douce

Mentha spicata

MENTHE DOUCE

menthe verte, menthe romaine

Description : plante vivace ; 75 cm ; ramifiée à stolons souterrains ; tiges quadrangulaires; feuilles oblongues, aiguës, aux pédoncules courts, aux nervures profondes, aux bords en dents de scie et au limbe glabre et vert vif. Floraison à la fin de l'été avec des épis élancés de fleurs blanches ou mauves. Elle est largement cultivée et parfois échappée de jardins.

Parties utilisées : feuilles fraîches, congelées ou séchées.

Usages : espèce subtilement parfumée. La principale menthe utilisée en cuisine. Son huile essentielle est utilisée en confiserie et dans les préparations dentaires et pharmaceutiques.

Culture : comme pour *Mentha x piperita.*

Espèces voisines : *Mentha arvensis* (menthe des champs). Espèce sauvage d'aspect grossier ; parfois cultivée comme aromate pour la cuisine.

Mentha arvensis var. *piperascens* (menthe japonaise). Largement cultivée au Brésil et en Asie pour le menthol.

Mentha x gentilis (menthe noble). Espèce vivace à tige souvent rouge et atteignant 50 cm ; feuilles d'un vert gai. Plante sauvage des lieux humides.

Mentha x citrata, syn. *piperata* (menthe eau de Cologne, menthe bergamote). Plante à très forte odeur de bergamote ; utilisée en parfumerie.

Mentha requienii (menthe de Corse). Plante naine couchée, à petites feuilles. Cultivée comme couvre-sol de jardin ; à l'état sauvage, uniquement dans l'île de Beauté. Son arôme de menthe poivrée est incorporé dans la crème de menthe.

Mentha x smithiana, syn. *Mentha rubra raripila.* Feuilles et tiges pourprées. Goût de menthe poivrée. Espèce la plus résistante à la rouille.

Mentha suaveolens, « Variegata » (menthe ananas; baume sauvage). Espèce panachée à odeur typée; herbe ornementale de bordures.

menthe noble

menthe eau de Cologne, une des espèces voisines

menthe ananas, une des espèces voisines

Monarda didyma (Labiées)

MONARDE

Thé d'Oswego, thé de Pennsylvanie

monarde

Description : plante vivace et vigoureuse ; 90 cm ; racines entremêlées et tapissantes ; stolons parfois envahissants ; tiges quadrangulaires; feuilles ovales rudes, dentelées, vert foncé ou un peu rougeâtres. Vers la fin de l'été, floraisons verticillées de fleurs rouges ou roses tubulaires et mellifères. Vit en Amérique du Nord à l'état sauvage dans des bois humides et près des cours d'eau. Variétés horticoles, plus colorées mais moins odorantes, destinées à la décoration des jardins.

Parties utilisées : feuilles et fleurs, fraîches ou séchées.

Usages : en tisane comme calmant, antidépressif, soignant aussi nausées et flatulences. En inhalation, traite les rhumes ; en antiseptique, les ulcères, plaies et acné. Incorporée dans les pots-pourris et utilisée comme parfum en cosmétique.
Attention : causerait une photosensibilité.

Culture : semez sur un sol riche, un peu humide, léger, ensoleillé ou partiellement ombragé et répandez un paillis en saison sèche. Semez au printemps, sinon, divisez les plantes adultes tous les 2 ou 3 ans, au printemps. Boutures possibles. Craint l'oïdium.

Espèce voisine : *Monarda fistulosa.* Plante à fleurs roses (parfois blanches ou pourpres) qui préfère des sols plus secs. Souvent utilisée par les Indiens d'Amérique du Nord comme plante médicinale et pour faire un thé.

Myrica gale (Myriacées)

PIMENT ROYAL

Myrte bâtard, piment des marais, galé odorant

Description : petit arbrisseau ; 1,20 m max. ; tiges ressemblant à des ramilles dressées ; feuilles caduques lancéolées de couleur vert-gris. Au printemps, apparition de chatons denses jaune-brun, suivis de baies cireuses orange. Vit dans tourbières et landes humides. Très localisé.

Parties utilisées : feuilles, fraîches ou séchées, ou distillées (huile essentielle); baies, fraîches ou séchées; racines et écorce.

Usages : thé fortifiant (feuilles). En cuisine, feuilles et baies pour parfumer des plats cuisinés. En phytothérapie, contre la dysenterie. Feuilles sèches éloignent mites et puces. En teinturerie, pigment jaune (écorce et racines).

Culture : semez dans un sol acide, humide et ombragé; taillez en hiver. Multipliez à partir des graines semées à l'extérieur ou de boutures ou éclats.

piment royal

Espèces voisines : *Myrica carolinensis* (piment de la Caroline). Buisson ; 2,40 m. Affectionne sols sablonneux secs. Baies grises, cireuses, pour faire des bougies.

Myrica cerifera (cirier, arbre à cire). Arbuste important; 9 m. L'écorce des racines stimule la circulation du sang et soigne les diarrhées. On fait des bougies à partir de la cire des baies.

Myrica rubra. Espèce orientale, cultivée pour ses graines comestibles.

Myrrhis odorata (Ombellifères)

CERFEUIL MUSQUÉ

Myrrhis odorant,
cerfeuil d'Espagne

cerfeuil musqué

Description : plante vivace ; 1,50 m ; touffue à racine pivotante épaisse ; tiges robustes, creuses, ramifiées et cannelées ; feuilles poilues à odeur douce d'anis, vert vif, molles, minces et ressemblant à celles d'une fougère. Floraison au début de l'été, d'ombelles lâches de petites fleurs blanches suivies de fruits brun foncé, sillonnées et pointues. Plante sauvage des haies, des prés ombragés de montagne.

Parties utilisées : feuilles fraîches ou séchées ; fruits verts, pas encore mûrs, sinon séchés ; racines arrachées en automne. Toute la plante verte (infusions).

Usages : en cuisine, feuilles et fruits verts crus en salades ; racines cuites à l'eau, en légume. Feuilles parfument conserves, desserts de fruits acidulés (goût anisé) ou alcools (cognacs et liqueurs). En phytothérapie, toute la plante comme fortifiant et laxatif. Entre dans la formule de baumes cicatrisants. Graines séchées et moulues utilisées comme épices (Allemagne). Feuilles utilisées pour polir et parfumer meubles de chêne. Les racines servent à appâter les chevaux, qui en raffolent.

Culture : divisez les racines au printemps ou en automne, sinon, semez en place ou dans des bacs, dehors, en automne (gel indispensable pour la germination). Repiquez les plants encore jeunes dans un sol riche, profond, ombragé et humide. Se ressème spontanément.

Myrtus communis (Myrtacées)

MYRTE

Description : arbuste à croissance lente en climats tempérés ; 3 m max. ; rameaux à écorce rouge-brun écailleuse ; feuilles persistantes longues, ovales, luisantes et parsemées de petites glandes huileuses, de couleur vert foncé. Vers la fin de l'été, fleurs odorantes, blanches ou rose rougeâtre, suivies de baies pourpre sombre (blanches dans certaines variétés). Vit dans les garrigues sur terrain acide.

Parties utilisées : feuilles fraîches ou séchées; boutons séchés; fleurs ouvertes; fruits, frais ou séchés; racines et écorce.

Usages : en cosmétique, savons parfumés à l'eau d'ange obtenue par distillation des fleurs et des feuilles. En cuisine, assaisonne des plats de viande (feuilles). Fruits fermentés donnent un alcool. En phytothérapie, feuilles écrasées appliquées sur blessures, éruptions et irritations de la peau. Jus des fruits pour troubles gastriques et digestifs. Bourgeons et fruits séchés en condiment poivré. Racines et écorces pour le tannage du cuir.

myrte

Culture : préfère les sols fertiles, bien drainés, acides, éclairés et bien ensoleillés. Dans les régions à climat frais, semez contre un mur ensoleillé, sinon, cultivez en bac, sous serre. Pour lui donner une forme, taillez après la floraison (son feuillage dense convient aux formes topiaires simples). Bouturez, sous verre, en été ; sinon, semez au printemps en serre.

Espèces voisines : *Myrtus ugni*, syn. *Eugenia ugni*, *Ugni olinae* (goyavier du Chili). Arbuste à fleurs rose rougeâtre, odorantes et à fruits rouge acajou utilisés en confitures et conserves.

Nasturtium officinale,
syn. *Rorippa nasturtium-aquaticum*
(Crucifêracées)

CRESSON DE FONTAINE

cresson
de fontaine

Description : plante vivace luxuriante, associée à l'eau et verte presque toute l'année ; tiges creuses et cassantes ; feuilles vert sombre, lisses, ovales ou pennées prenant une coloration bronzée en vieillissant. Floraison en grappes de petites fleurs blanches en été suivies de siliques contenant deux rangs de graines (un seul chez quelques espèces). Fleur sauvage des fossés et ruisseaux. Deux variétés cultivées comme salade, sur sol inondé : verte (variété d'été), et bronzée, résistant au gel.

Parties utilisées : tiges feuillues âgées, fraîches ou séchées; graines mûres.

Usages : feuilles riches en minéraux et vitamines C et A ; appréciées depuis les Romains pour leur goût prononcé et piquant ; consommées crues ou cuites, comme légume ou en soupe. Remède contre la toux. En cataplasme, les feuilles écrasées soulagent rhumatismes et goutte. Graines crues en vermifuge.
Attention : à consommer modérément. Ne cueillez que les plantes poussant dans l'eau courante ; sinon, risque d'attraper la douve du foie, parasite dangereux.

Culture : semez au printemps dans une plate-bande humide et ombragée. Divisez les plants ou facilitez l'enracinement des tiges au printemps en les plaçant dans des pots remplis d'eau. Plantez sur des plantes-bandes irriguées d'eau non stagnante ou dans des tonneaux remplis de terre et d'eau, ou encore en tranchée dans un sol fertile et humide. Bien arroser.

Espèce voisine : *Lepidicum sativum* (cresson alénois). Plante subcosmopolite spontanée un peu partout en France.

Nepeta cataria (Labiées)

HERBE-AUX-CHATS

Nepeta aux chats, chataire ou cataire

Description : plante vivace très aromatique ; 90 cm ; poilue ; longues tiges ramifiées (buissonnantes) ; nombreuses feuilles gris clair, en forme de cœur, profondément crénelées et blanchâtres en dessous. Pendant l'été, verticilles de fleurs persistantes, blanches, ponctuées de rouge. Pousse aux bords des chemins et sur terrains dégagés au sol humide et calcaire ; souvent cultivée dans les jardins.

Parties utilisées : feuilles et tiges florales fraîches ou séchées à l'ombre.

Usages : bien connue pour attirer les chats, pour lesquels son huile volatile est aphrodisiaque. En parfumerie par distillation. En phytothérapie, ses feuilles préparées en infusion pour traiter rhumes, tensions nerveuses, flatulences et troubles gastriques. En cataplasme, pour soigner plaies et contusions.

Culture : divisez les touffes au printemps ou en automne, sinon, prenez, en été, des boutures à cultiver dans un sol léger, bien drainé et bien ensoleillé. Facilement cultivée à partir de graines. Rabattez après la floraison.

herbe aux chats

Nicotiana alata, syn. *Nicotiana affinis*
(Solanacées)

TABAC BLANC ODORANT

Tabac affinis

Description : plante vivace tropicale ; 1,80 m ; racines charnues et fortes ; tiges simples; fleurs blanches ou roses, longues, tubulaires et très parfumées ; suivies de capsules de petites graines. Cultivée comme plante annuelle ornementale. Plusieurs variétés horticoles naines.

Usages : utilisé comme excitant, mais également pour le charme de ses fleurs.

Culture : semez sous châssis au printemps, ou à l'extérieur dans les régions

tabac blanc
odorant

chaudes. Repiquez dans un lieu très ensoleillé. Arrosez beaucoup par temps sec.
Attention : certaines variétés ne peuvent être cultivées qu'avec la tolérance du service des impôts.

Espèces voisines : *Nicotiana bigelovii, Nicotiana attentuata, Nicotiana benthamiana* et de nombreuses autres espèces sauvages ont servi aux Amérindiens et aux aborigènes d'Australie pour leurs rituels entourant le tabac, qu'ils prisaient.

Nicotiana rustica (tabac à nicotine) et *Nicotiana tabaccum* (tabac commun) sont les principales variétés cultivées pour la production de tabac à fumer, d'insecticides à base de nicotine et d'acide citrique.

Ocimum basilicum (Labiées)

Basilic

Pistou de Provence

Description : plante annuelle aromatique ; 60 cm ; buissonnante : tiges cassantes très rameuses ; feuilles ovales, luisantes, charnues, fragiles, vert sombre (la variété opal est teintée de rouge). Verticilles de fleurs blanc crémeux ou mauves en plein été. Vit à l'état sauvage dans les régions tropicales. Nombreuses variétés cultivées, dont le basilic «grand vert».

Parties utilisées : feuilles, fraîches ou congelées, sinon séchées à l'ombre (ce qui donne des arômes très différents).

Usages : condiment populaire, utilisé depuis l'Antiquité (des traces ont été retrouvées dans les tombes en Égypte), typique de la cuisine méditerranéenne. Son huile est employée en parfumerie, dans les savons, les cosmétiques et dans les liqueurs. Éloignerait les insectes. En phytothérapie, soulage les douleurs et calme vomissements et maux de tête, et peut apaiser la tension nerveuse.

Culture : semez sous châssis au printemps, sinon, en extérieur après les gels. Cultivez dans un sol riche, un peu humide, ensoleillé, à l'abri des vents froids ; sinon, faites un semis dans des godets afin de ne pas avoir à déranger les racines. Pincez les pousses florales pour prolonger la vie des plants. Empotez des pousses latérales en été pour qu'elles s'enracinent en prévision de l'hiver.

Espèces voisines : *Ocimum kilimandsharicum* (basilic à odeur camphrée). Plante africaine vivace, pubescente ; employée pour soigner toux et rhumes.

Ocimum basilicum, var. *minimum* (petit basilic, basilic fin vert nain compact, pour la variété naine). Espèce naine, plus robuste, à petites feuilles; 15 cm max. Utilisée comme *Ocimum basilicum*. Parfum résineux et amer.

Ocimum sanctum, syn. *Ocimum tenuifolium*. Grande plante poilue à fleurs roses. Espèce sacrée en Inde, où elle est connue sous le nom de *tulsi*.

basilic

basilic, var. opal

basilic, var. frisée

petit basilic, une des espèces voisines

Oenothera biennis (Onagracées)

Onagre bisannuelle

Jambon des jardiniers, herbe aux ânes

Description : herbe bisannuelle ; 1,80 m ; racine pivotante, charnue et épaisse ; tige florale solide ; feuilles radicales qui résistent à l'hiver, très élancées, vert vif, à bords ondulés et à nervure centrale rougeâtre, en rosette ; fleurs à grandes corolles jaunes à odeur douce dont les sépales deviennent rouges en été. Chaque fleur ne dure qu'une journée et est suivie d'une fructification capsulaire allongée. Vit à l'état sauvage dans les endroits secs et sablonneux. Parfois cultivée.

Parties utilisées : feuilles, racines et fleurs fraîches, en cuisine. Racines arrachées en automne ou avant la reprise de la végétation, au printemps.

Usages : en cuisine, en hiver, ajoutez les feuilles aux ragoûts. En phytothérapie, soignent toux et problèmes respiratoires. Très employée par les Indiens d'Amérique du Nord : en cataplasme, les racines pour soigner hémorroïdes et furoncles; en cuisine, crues ou préparées. En pâtisserie-boulangerie, graines mûres à la manière des graines de coquelicots. La plante est une source importante d'acide linoléique. D'autres usages médicinaux sont encore à l'étude.

Culture : semez en place pendant l'été ou en pépinière pour repiquer les plants en automne. Choisissez un lieu très ensoleillé et un sol drainé.

Onagre bisannuelle

Espèce voisine : *Oenothera lamarckiana* (onagre de Lamarck). Fleurs plus grandes et tiges ponctuées de rouge. Pousses et racines comestibles.

Olea europaea (Oléacées)

OLIVIER

olivier

Description : arbre à feuilles persistantes ; 9 m max. ; tronc noueux aux branches minces à écorce crevassée ; feuilles vert foncé, oblongues, étroites et pointues avec un dessous écailleux et gris. En été, panicules de fleurs blanches, odorantes, suivies de fruits ovoïdes durs, d'abord verts, puis noir-pourpre à noyau simple et dur. Une variété sauvage, épineuse, vit sur les pentes caillouteuses autour de la Méditerranée. Variétés horticoles dans les oliveraies du Midi.

Parties utilisées : feuilles; fruits cueillis verts, rougeâtres ou mûrs et, parfois, fendus.

Usages : depuis l'Antiquité, source d'huile de cuisine dans les pays du bassin méditerranéen. Symbole biblique de la paix. Une couronne de rameaux d'olivier était offerte aux vainqueurs des Jeux Olympiques. Fruits et feuilles sont comestibles. L'huile extraite des fruits (fermentés et macérés dans une saumure, parfois pressés) a de plus des qualités médicinales : parfois utilisée comme laxatif et pour les lavements rectaux; soigne les blessures légères.

Culture : l'arbre ne pousse que sous le climat méditerranéen. Choisissez un sol sec, chaud, bien drainé. Dans les régions à climat frais, protégez-le de l'hiver, sinon cultivez en grands bacs, sous verre. Taillez au printemps, si nécessaire. Le semis a besoin de chaleur et s'effectue en automne ; sinon, cultivez à partir de boutures prises en été et enracinées sous verre.

Origanum vulgare (Labiées)

ORIGAN

Grande marjolaine, pied-de-lit

Description : herbe vivace aromatique ; 75 cm ; souche horizontale dure ; tiges souvent rougeâtres ; feuilles vert grisâtre, velues, ovales, pointues. Floraison en été, en grappes à petites fleurs tubulaires (d'où son aspect touffu), roses ou mauves, aux bractées plus foncées. Herbe sauvage des coteaux secs au sol calcaire. Cultivée pour une exploitation commerciale et comme plante de jardin (souvent des variétés panachées).

Parties utilisées : brins de feuilles et fleurs. Touffes entières coupées au ras du sol, utilisées fraîches ou séchées à l'ombre.

Usages : herbe aux vertus toniques, digestives et expectorantes ; utilisée pour soigner toux, maux de gorge, problèmes gastriques et digestifs. Feuilles mâchées quand on souffre de maux de dents, grâce à leurs propriétés antiseptiques; à ajouter aux bains et en cataplasmes. En cuisine, aromate pour plats de viande et salades. Feuilles également pour thés et bières; distillées pour leurs huiles essentielles en parfumerie et cosmétique.

Culture : semez en extérieur au printemps, puis éclaircissez, sinon, repiquez à 30 cm. Divisez les touffes adultes au printemps. Cultivez dans un sol léger, bien drainé et bien ensoleillé (la chaleur accentue l'arôme). En régions froides, cultivez en pots ou bordures, sous serre.

origan

origan

Espèces voisines : *Origanum dictamnus* (dictame de Crète). Herbe vivace à feuilles grisâtres et à grandes fleurs roses, aux vertus analgésiques et cicatrisantes. *Origanum prismaticum* et *Origanum vulgare ssp hirtum* (origan grec) ont un goût similaire et sont spécialement efficaces séchés.

Origanum majorana (marjolaine). Herbe vivace, tendre, préférant le soleil. Souvent cultivée à partir de graines, comme annuelle, au printemps. Origan culinaire des Européens avec les mêmes usages que l'origan.

Origanum onites (origan grec). Herbe vivace tendre à fleurs blanches ou roses pour des jardins frais. Plante ornementale utilisée de la même façon que l'origan.

Osmunda regalis (Osmondacées)

OSMONDE ROYALE

Fougère royale

Description : fougère terrestre, dense et touffue ; 1,80 m ; souche massive aux rhizomes fibreux et entrelacés ; grandes feuilles aux tons rosâtres; au printemps, bariolées de jaune crémeux puis vert vif et à l'automne brun-doré. Vers la fin de l'été, les folioles portent des sores contenant les spores. À l'état sauvage dans les bois marécageux. Une seule espèce pousse en France.

Parties utilisées : rhizomes principaux, frais ou séchés, racines fibreuses séchées.

Usages : très belle fougère ornementale. En phytothérapie, en gelée royale (racines mucilagineuses cuites à l'eau), assure aux malades une alimentation nutritive et digeste; soigne dysenterie, toux et affections pulmonaires. Rhizomes séchés donnant un compost pour orchidées cultivées en pot ou en conteneur.

Culture : choisissez un sol riche, humide, ombragé (partiellement). Au printemps, appliquez un paillis et arrosez abondamment par temps sec. En automne ou au printemps, divisez ou, au printemps, étalez les spores sur la surface d'un compost humide, sous châssis.

osmonde royale

Pelargonium graveolens (Géraniacées)

GÉRANIUM ROSAT

Description : plante vivace ; 1,20 m ; tendre, verte, pleine de suc en début de végétation puis ligneuse, à écorce brun clair; petites fleurs rose pâle en ombelles denses durant l'été et l'automne. Cultivée pour son huile essentielle. Plante d'appartement.

géranium rosat

Parties utilisées : feuilles, fraîches ou séchées; toutes les parties vertes, coupées juste avant la floraison, afin de les distiller pour leur huile.

Usages : feuilles à odeur de rose pour parfumer desserts, gâteaux, thés, pots-pourris, boissons et rince-doigts. Son huile essentielle chasse les insectes.

Culture : semez en intérieur au printemps, sinon, bouturez en fin d'été pour planter l'été suivant, dans un sol sec et ensoleillé. Cultivé comme plante d'intérieur, à placer à l'extérieur en été pour lui conserver un port touffu. Dans les régions à climat chaud, supporte l'hiver en extérieur : rabattez les plants en automne et appliquez un paillis de feuilles ou de paille en cas de léger gel.

Espèces voisines : *Pelargonium capitatum, Pelargonium radens.* Autres sources du même arôme. Autres espèces : *Pelargonium citriodorum* (citron), *Pelargonium fragrans* (muscade), *Pelargonium nervosum* (limette), *Pelargonium odoratissimum* (pomme), *Pelargonium parviflorum* (noix de coco), *Pelargonium tomentosum* (menthe poivrée).

Petroselinum crispum (Ombellifères)

PERSIL CULTIVÉ

Description : herbe bisannuelle ou plante vivace de courte durée ; 75 cm ; feuilles vert soutenu en rosettes (très frisées dans beaucoup de variétés horticoles). Au début de l'été, tige florale luisante, solide, angulaire et feuillue, portant des ombelles planes de fleurs jaune-vert ; fruits capsulaires bruns. Formes horticoles cultivées en jardin : persils frisés, à feuilles simples et à racines géantes.

Parties utilisées : feuilles fraîches, congelées ou séchées; racines arrachées et séchées en hiver; graines, lorsque les fruits sont mûrs.

Usages : en infusion, feuilles. Racines en cas de jaunisse, problèmes menstruels, toux, rhumatismes, calculs rénaux et infections urinaires. Jus des feuilles pour calmer conjonctivites et inflammations des yeux. Graines et racines séchées à utiliser en condiment. Graines contenant de l'apiol, produit toxique ; en infusion, on obtient un vermifuge externe.
Attention : éviter le persil durant les grossesses ou en cas d'inflammation rénale.

Culture : semez au printemps dans des bacs, sinon, en extérieur dans un sol humifère, légèrement humide. Trempez les graines pendant 24 heures dans de l'eau tiède ou versez de l'eau bouillante dans les sillons). Les variations de température accélèrent la germination. Pratiquez un deuxième semis en plein été pour avoir du persil en hiver, ou en pots à l'intérieur.

persil commun à feuilles simples

persil frisé

Phlomis fruticosa (Labiées)

Sauge de Jérusalem

sauge de Jérusalem

Description : arbrisseau à feuilles persistantes ; 3 m ; tiges ramifiées ; feuilles vert-argenté, en forme de coin, ridées et densément couvertes de poils jaunes laineux. Vers la fin de l'été, verticilles de fleurs tubulaires jaune-rouille. Pousse dans les régions arides des pays méditerranéens et asiatiques. Couramment cultivé comme arbrisseau dans les jardins d'herbes.

Parties utilisées : feuilles, fraîches ou séchées au soleil.

Usages : élégant arbrisseau d'ornement. Feuilles parfois utilisées pour faire un thé aromatisé au parfum de sauge, surtout en Grèce et dans les pays voisins.

Culture : pratiquez un semis au printemps. Prenez des boutures en été ou divisez les plants au printemps ou en automne. Choisissez un sol assez sec, bien drainé et bien ensoleillé.

Plantago major (Plantaginacées)

Grand plantain

Plantain majeur, plantain à grandes feuilles

Description : plante vivace ; 45 cm ; racines coriaces ; feuilles ovales, pointues, à nervures profondes et à longs pédoncules, en rosette basale grossière. En été, épis floraux allongés, composés de petites fleurs denses jaune verdâtre. Épis de fruits gélatineux contenant les graines. Pousse sur terrains cultivés, friches, pelouses et chemins. Se répand grâce à ses fruits, qui collent aux chaussures des passants. Parfois cultivée en variétés améliorées.

Parties utilisées : feuilles fraîches ou séchées rapidement au soleil ou à l'ombre. Racines arrachées en hiver et cuites à l'eau. Épis en graines, recueillis dans des sacs lorsque leur couleur fonce, puis frottés pour libérer les graines.

Usages : herbe très ancienne (traces dans des sites préhistoriques datant de l'âge de fer). Feuilles écrasées rafraîchissantes et analgésiques : en cataplasme et en crème sur plaies et écorchures ; en infusion (ou décoction des racines) à utiliser en gargarismes et comme collyre. Feuilles vertes pour soigner diarrhées et constipation. En cuisine, cuire les très jeunes feuilles comme des épinards. Les graines sont populaires en Chine et en Malaisie pour faire des boissons. L'épi en graines sert à nourrir les oiseaux.

Culture : plante sauvage rarement cultivée. Semez en place, au printemps ou à l'automne, en recouvrant à peine les graines, dans un sol léger, fertile et légèrement humide ou dans un sol humifère. Se ressème spontanément.

grand plantain

Espèces voisines : *Plantago coronopus* (pied-de-corbeau). Plante bisannuelle aux feuilles proches de celles du pissenlit ; jeunes, à incorporer aux salades.

Plantago lanceolata (plantain lancéolé). Plante bisannuelle aux feuilles lancéolées ; tige sillonnée portant un épi dense de fleurs jaune-brun. Vertus cicatrisantes et utilisé contre la toux.

Plantago media (plantain moyen). Plante vivace décorative à fleurs odorantes roses et blanches d'aspect peluché. Très mellifère.

Plantago ovata (ispaghul). Plante annuelle à graines contenant une huile laxative et émolliente.

Plantago psyllium (psyllium noir de Provence). Espèce annuelle à floraison globulaire, ramifiée et composée de fleurs verdâtres. Originaire d'Amérique latine (*llanten*). Cultivée dans le Vaucluse et utilisée comme l'ispaghul.

Portulaca oleracea (Portulacées)

Pourpier potager

Description : herbe annuelle ; 30 cm ; tiges rosâtres charnues, couchées et ramifiées ; feuilles charnues spatulées, vertes ou teintées de rouge. Vers la fin de l'été, petites fleurs axillaires jaunes, suivies de capsules operculées et remplies de minuscules graines noires. Pousse à l'état sauvage sur les sols surtout arrosés l'été dans toute l'Europe. Répandue comme mauvaise herbe en Australie, Nouvelle-Zélande et aux États-Unis. La variété *sativa,* plante dressée, plus grande, à feuilles charnues vertes ou dorées est cultivée comme plante potagère.

pourpier potager

Parties utilisées : feuilles fraîches et tiges à couper de préférence avant la floraison et au ras du sol.

Usages : plante potagère ancienne de l'Inde et de l'Iran, encore utilisée en salades et légumes cuits. En infusion, la plante verte a des vertus rafraîchissantes et calmantes qui soignent fièvres, maux de tête et problèmes respiratoires. Elle est utilisée en application pour les éruptions cutanées et les écorchures. Les aborigènes d'Australie utilisent les graines comme un condiment naturel.

Culture : semez dans un sol léger, bien drainé, au milieu du printemps. Arrosez et mettez de l'engrais régulièrement. Renouvelez le semis tous les mois afin de pouvoir récolter jusqu'à la fin de la saison estivale.

Poterium sanguisorba,
syn. *sanguisorba minor* (Rosacées)

Petite pimprenelle

Description : herbe vivace en touffe ; 60 cm ; souche dure quasi ligneuse ; tiges rameuses sillonnées ; feuilles pennées gris-vert, chaque foliole arrondi et denté ; capitules globuleux de fleurs serrées, rouge-brun vif, sans pétales. Fleur sauvage des sols secs.

Parties utilisées : jeunes feuilles avant floraison; la totalité fraîche ou séchée; racines séchées après arrachage des plants au printemps.

Usages : jeunes feuilles donnent un goût de concombre aux salades. Parfume soupes, sauces et fromages. En infusion (feuilles), calme diarrhées et hémorragies. En décoction (racines), appliquée sur coupures et brûlures. En tannerie, un colorant noir est extrait des racines.

Culture : semez au printemps en bacs, sous verre, sinon, divisez les touffes à la même époque pour planter dans un sol fertile, ensoleillé ou un peu ombragé. Ôtez les fleurs pour prolonger la période de récolte des feuilles. Se ressème facilement.

petite pimprenelle

Espèce voisine : *Poterium officinalis,* syn. *Sanguisorba officinalis* (sanguisorbe officinale, pimprenelle sanguisorbe). Pousse sur sols humides non acides; capitules oblongs, rouge sombre; mêmes usages.

Prunella vulgaris (Labiées)

Brunelle vulgaire

Prunelle, brunette, charbonnière

Description : herbe vivace ; 30 cm ; souche rampante ; tiges quadrangulaires ; feuilles longues ovales, vert vif, pointues, à peine dentées. À la mi-été, fleurs bleues, rarement roses ou blanches, en épi terminal dense. Fleur sauvage des prés et prairies humides. Variétés horticoles à fleurs plus grandes.

brunelle vulgaire

Parties utilisées : plante verte florifère, soit fraîche, soit séchée à l'ombre.

Usages : au Moyen Âge, soignait les maux de gorge. Indiens d'Amérique du Nord et médecins chinois la considéraient comme une panacée, ces derniers l'utilisant surtout pour des problèmes nerveux. En cuisine, plante en fleurs ajoutée aux salades et légumes cuits. Entre dans la composition d'un astringent pour plaies, de gargarismes et de bains de bouche pour soigner ulcères buccaux et maux de gorge.

Culture : multipliez au printemps par bouturage ou par éclats et plantez à des intervalles de 20 cm pour faire un couvre-sol dans un endroit bien ensoleillé ou même humide et à l'ombre. Sur sol fertile, se développe avec luxuriance au point de devenir envahissante. En l'incorporant à du gazon, vous limiterez son développement.

Pulmonaria officinalis (Borraginacées)

Pulmonaire officinale

Grande pulmonaire, herbe aux poumons, herbe au lait de Notre-Dame

Description : herbe vivace, hispide ; 30 cm ; souche rampante ; tiges non ramifiées ; feuilles rudes (en hiver), plus ou moins ovales et pointues, vertes tachetées de gris, en rosettes. Feuilles caulinaires plus étroites. Au début du printemps, fleurs en forme de cloche, en petites cymes feuillues roses puis bleues, blanches ou pourpres. Pousse à l'état sauvage dans les bois et haies sur sols calcaires. Souvent cultivée comme couvre-sol dans les zones ombragées.

Parties utilisées : jeunes feuilles fraîches; plante florifère verte, fraîche ou séchée; racines, arrachées en hiver, hachées, séchées et pulvérisées.

Usages : au Moyen Âge, conseillée pour guérir les problèmes pulmonaires. En infusion (plante en fleurs) pour soigner troubles intestinaux et pulmonaires; sert en homéopathie en cas de bronchites et rhumes. En cuisine, jeunes feuilles ajoutées au printemps aux soupes, ragoûts et salades. Racines pilées et feuilles inférieures sont vulnéraires.

Culture : divisez en automne ou après la floraison ; plantez dans un sol léger, pas trop sec, à l'ombre. Tous les 4 à 5 ans, retirez les plants, divisez et replantez.

pulmonaire officinale

Espèce voisine : *Pulmonaria saccharata* (sauge de Bethléem). Plus grande, feuilles lourdement tachetées d'argent. Fleurs d'abord lilas, blanches ou bleues. Cultivée pour son feuillage. Mêmes usages que *Pulmonaria officinalis*.

Reseda luteola (Résédacées)

Gaude

Réséda des teinturiers, herbe à jaunir

Description : herbe bisannuelle ; 1,50 m ; non ramifiée, en forme de rosette basale à longues feuilles étroites à bords ondulés (en hiver) puis tige robuste feuillue, terminée par un épi élancé de petites fleurs jaune vif ou jaune-vert (en été). Plante des terrains vagues et lieux secs et calcaires.

gaude

Parties utilisées : ensemble de la plante verte coupée lors de la floraison.

Usages : plante tinctoriale traditionnelle. Autrefois, très cultivée ou cueillie à l'état sauvage pour les colorants jaune vif et jaune-orange extraits des feuilles, fleurs et tiges.

Culture : semez les graines en place, durant la dernière partie de l'été en choisissant un sol fertile, bien drainé, un peu calcaire. La levée des graines a lieu au printemps ; éclaircissez à 20-30 cm.

Espèces voisines : *Reseda lutea* (réséda jaune). Ressemble à la gaude, mais moins haute. Feuilles divisées à bords crispés. Espèce ornementale mellifère très répandue.

Reseda odorata (mignonnette). Espèce vivace, généralement cultivée comme plante annuelle, en extérieur ou en pots. Ses petites fleurs jaunes ou blanches, extrêmement odorantes, donnent une huile utilisée en parfumerie. Herbe aux propriétés calmantes : soigne nervosité, asthme et rhume des foins. Servait autrefois à remplir les oreillers afin de combattre les insomnies.

Rosmarinus officinalis (Labiées)

Romarin officinal

Herbe aux couronnes, encensier

Description : sous-arbrisseau vivace, aromatique ; 1,50 m ; tiges ligneuses formant buisson, à écorce grise fissurée ; jeunes pousses poilues couvertes de feuilles persistantes, étroites, dures, luisantes, foncées dessus et grisâtres en dessous. Au début de l'été, floraison de courtes grappes de petites fleurs bleues. Pousse sur les coteaux arides et pierreux des régions méditerranéennes. De nombreuses variétés sont cultivées à usage commercial et dans les jardins.

Parties utilisées : feuilles cueillies en toutes saisons ; fraîches ou séchées à l'ombre.

Usages : utilisé autrefois pour joncher le sol ; plante magique des gitans contre la douleur. Sert à assaisonner viandes, gâteaux. En phytothérapie, feuilles pour soigner dépressions, migraines, troubles hépatiques et digestifs. En pommade, pour traiter névralgies, rhumatismes, eczémas et petites blessures ; incorporé dans lotions capillaires et bains de bouche.
Attention : nocif en cas d'abus.

Culture : semez les graines dans des bacs au printemps. Les boutures sont prélevées en été pour être cultivées sous châssis. On peut aussi marcotter des plants en automne. Choisissez pour la culture un sol alcalin, bien drainé, ensoleillé et abrité des vents. Certaines variétés sont un peu fragiles et nécessitent une protection en hiver.

romarin officinal

Rubia tinctorum (Rubiacées)

Garance des teinturiers

Description : herbe vivace ; 90 cm ; longue souche jaune, charnue et compliquée ; rhizomes rouges fibreux ; tiges grimpantes quadrangulaires, raides, très rudes aux angles; feuilles en verticilles vert pâle, rudes, longues et pointues. En plein été, floraison de grappes de petites fleurs jaune verdâtre, suivies de baies bleu-noir. Vit dans les haies et fourrés sur sols calcaires. Souvent subspontanée, échappée d'anciennes cultures.

Parties utilisées : feuilles et tiges. Racines pelées et vite séchées avant d'être réduites en poudre ou mises à fermenter.

Usages : en infusion (feuilles et tiges), soigne constipation, troubles du foie et de la vessie. Racines pilées vulnéraires et utilisées pour guérir les ulcères de la peau. En homéopathie, pour traiter anémie et problèmes de la rate. En teinturerie, les racines donnent un colorant allant du rouge au pourpre.

Culture : semez les graines ou divisez les plants au printemps ou à l'automne. Plantez dans un sol alcalin, bien aéré, en plein soleil ou partiellement à l'ombre.

garance des teinturiers

Espèce voisine : *Rubia peregrina* (garance voyageuse). Aspect similaire mais nervures moins marquées ; fournit une teinture d'un rouge plus pâle.

Rumex acetosa
(Polygonacées)

Grande oseille

Vinette

grande oseille

Description : plante vivace ; 30-100 cm ; racine pivotante effilée; touffes basales de feuilles sagittées, épaisses et luisantes. Dès l'été, tige florale élancée, feuillue et légèrement ramifiée, portant des épis lâches de petites fleurs verdâtres teintée de rouge-brun. Plante des prairies humides et des terres incultes.

Parties utilisées : jeunes feuilles et pousses, cueillies avant floraison et utilisées soit fraîches, soit congelées. Racines utilisées fraîches en été.

Usages : connue depuis l'Égypte antique pour assaisonner les ragoûts. En tisane, au printemps, comme fortifiant, et comme boisson rafraîchissante et dépurative pour le sang. En cataplasme (feuilles), pour acné et autres problèmes de peau. En cuisine, cueillies très jeunes, consommez les feuilles crues ou cuites (soupe à l'oseille). Son jus fait cailler le lait. Servait à enlever les taches (« sel d'oseille »); à partir des racines, un fortifiant amer, remède pour les diarrhées. **Attention :** à haute dose, les feuilles, riches en acide oxalique, provoquent des irritations cutanées.

Culture : semez au printemps et éclaircissez à 30 cm, sinon, divisez les racines en automne. Choisissez un sol riche, un peu humide et arrosez régulièrement. Cueillez les feuilles souvent et coupez les tiges florales afin de prolonger la période de récolte.

oseille ronde, une des espèces voisines

Espèces voisines : *Rumex acetosella* (petite oseille). Petites feuilles en hallebarde, piquantes en salade; perdent leur acidité une fois cuites.

Rumex alpinus (rhubarbe des moines). Grandes feuilles ; souche épaisse rampante utilisée pour faire des infusions contre la constipation.

Rumex crispus (patience crépue). Grande plante à feuilles larges et cireuses ; utilisée pour les problèmes cutanés. Sa racine laxative pilée sert pour les bains de bouche et gargarismes. Tiges à cuire comme la rhubarbe. Les graines pilées servent en pâtisserie.

Rumex patientia (épinard-oseille). Grande plante à tige ramifiée. Feuilles peu acides, peuvent remplacer les épinards.

Rumex scutatus (oseille ronde, oseillon). Petite plante feuillue, pauvre en acide oxalique. Ingrédient pour salades et ragoûts.

Rumex sanguineus (sang-dragon ou oseille sanguine). Importante inflorescence rouge dépourvue de feuilles. Vit sur les sols plus ou moins humides, près des habitations.

Ruta graveolens (Rutacées)

RUE FÉTIDE

Rue puante, péganion, herbe de grâce

rue fétide

Description : sous-arbrisseau vivace ; 90 cm ; souche ligneuse ; tiges ramifiées ; feuilles vertes ou bleu-vert persistantes, divisées en folioles spatulées, parsemées de glandes luisantes huileuses à arôme puissant. En été, floraison en grappes lâches de petites fleurs jaunes ou vert jaunâtre, à odeur forte. Plante sauvage de terrains calcaires, secs et pierreux. Cultivée en jardin pour ses qualités décoratives, souvent en variétés de couleur bleue, or ou panachées.

Parties utilisées : feuilles des pieds fleuris, fraîches ou séchées à l'ombre.

Usages : ancienne herbe médicinale, était utilisée comme contrepoison et talisman contre la sorcellerie. Herbe populaire dans les pays arabes (la seule à être bénie par Mahomet). En homéopathie, feuilles utilisées pour traiter phlébites et varices. En phytothérapie, soigne épilepsie, problèmes nerveux et maladies de l'utérus. En parfumerie et cosmétique, son huile essentielle. Les feuilles, ajoutées à petites doses, parfument nourriture et boissons alcoolisées. **Attention :** son usage interne doit être contrôlé médicalement. Plante toxique ayant provoqué de nombreux accidents (utilisée autrefois comme abortif).

Culture : semez au printemps, en pépinière à l'extérieur, sinon, bouturez vers la fin de l'été. Repiquez dans un sol bien drainé, légèrement calcaire et ensoleillé.

Salvia officinalis (Labiées)

SAUGE OFFICINALE

Description : sous-arbrisseau ; 75 cm ; racine pivotante ; tiges quadrangulaires, ligneuses et rameuses (jeunes tiges grises et cotonneuses) ; feuilles persistantes, vert-gris, granitées au toucher et molles, oblongues ou lancéolées et finement crénelées. Épis de verticilles de fleurs bleu-violet en été. Dans les Balkans, plante sauvage des coteaux et plaines à sol calcaire. Répandue dans les pays méditerranéens comme herbe culinaire. Appréciée dans les jardins d'herbes : nombreuses variétés, dont certaines dorées ou panachées.

Parties utilisées : feuilles, fraîches ou séchées à l'ombre et cueillies avant la floraison pour une utilisation médicinale ou culinaire. Pour la distillation de l'huile, cueillez-les lors de la floraison.

Usages : appréciée pour ses fortes qualités comme condiment, assaisonne plats de viande et de poisson. En infusion, combat transpiration, dépressions, stress nerveux et désordres hépatiques. En homéopathie, est prescrite en cas de problèmes circulatoire et de ménopause. Feuilles antiseptiques, servent à la préparation de gargarismes utilisés pour traiter laryngites et angines, pour rafraîchir la bouche et nettoyer les dents. Son huile essentielle est utilisée en parfumerie.

var. panachée

Culture : choisissez un sol bien drainé, riche, bien ensoleillé et à l'abri des vents froids. Multipliez avec des boutures au printemps ou en été, sinon, par marcottage (buttage pour les vieux plants). Pincez les extrémités des pousses pour favoriser un développement en touffe. Au bout de 4 ou 5 ans, les plants se dégarniront en s'étirant et vous devrez les renouveler. Pour l'utilisation en cuisine, cultivez les sauges à feuilles étroites et les non florifères à grandes feuilles.

sauge sauvage

sauge fausse-verveine, une des espèces voisines

sauge officinale

Espèces voisines : *Salvia azurea*. Arbrisseau à grandes fleurs bleues ; remède universel, au Mexique.

Salvia sclarea (toute-bonne, sauge sclarée). Plante bisannuelle à fleurs blanches, bleues ou roses. Feuilles utilisées en gargarisme et comme cicatrisant. Son huile de muscat sert de parfum, en cuisine, et d'arôme, en parfumerie.

Salvia viridis, syn. *Salvia horminum* (sauge fausse-verveine). Plante annuelle proche de la sauge sclarée et aux usages identiques. Cultivée comme fleur de massif.

Salvia horminoides (sauge fausse-verveine sauvage). Espèce à fleurs pourpres, à feuilles dentées-incisées et à tiges rouges. Usages similaires à *Salvia viridis*.

Salvia fruticosa, syn. *Salvia triloba*. Grande plante à feuilles lobées, cultivée dans les pays méditerranéens, où son thé est fort apprécié.

Salvia rutilans (sauge ananas). Plante vivace, tendre, à fleurs écarlates en automne et en hiver. Ajoutées à des desserts et à des boissons, les feuilles fraîches donnent un fort goût d'ananas.

Sambucus nigra (Caprifoliacées)

SUREAU NOIR

Sureau commun

sureau noir

Description : arbrisseau ou petit arbre ; 9 m max. ; écorce grossièrement fissurée ; nombreuses branches droites ; feuilles caduques vert terne, à odeur forte, à 5 ou 7 folioles ovales. Tiges florales rougeâtres, portant de grandes ombelles planes en plein été et composées de petites fleurs blanches odorantes, suivies de nombreuses baies noir-pourpre, comestibles. Se rencontre dans les haies et bois ainsi que dans les zones urbaines. Parfois cultivé localement à des fins commerciales. Des variétés ornementales (blanche, dorée ou à feuilles découpées) sont souvent cultivées dans les jardins.

Parties utilisées : feuilles, fleurs et fruits, frais ou secs; racines et écorce prélevées en fonction des besoins.

Usages : arbre souvent évoqué dans les légendes, longtemps considéré comme le gardien des autres herbes et doté de nombreuses vertus suivant les parties utilisées. Les feuilles sont efficaces pour chasser les insectes; en crème, elles appaisent les douleurs de la peau. Les fleurs ont un effet adoucissant sur les yeux et entrent dans la composition de cosmétiques; en infusion, effet calmant ; appréciées pour le parfum douceâtre qu'elles communiquent aux boissons et desserts. Les baies servent à faire des boissons fortifiantes, des sirops et des confitures ; en phytothérapie, stimulent la transpiration et soignent toux, rhumes, catarrhes et infections de la gorge; en teinturerie, donnent un colorant bleu-pourpre. L'écorce, qui est laxative, est un ancien remède contre l'épilepsie. La racine est utilisée en cas de maladie rénale.

Culture : on utilise généralement l'arbre qui pousse à l'état sauvage ; on peut cependant le cultiver dans presque n'importe quelle terre ou situation (les variétés panachées seront d'un meilleur effet si vous les plantez en plein soleil). Multipliez à partir de boutures ligneuses, faciles à enraciner à l'extérieur en automne, sinon, propagez avec des drageons.

Espèces voisines : *Sambucus canadensis* (sureau américain). Espèce plus petite d'Amérique du Nord ; aspect et utilisations similaires.

Sambucus ebulus (hièble ou yèble). Plante vivace rhizomateuse, ressemblant par ailleurs au sureau noir. Utilisé en homéopathie pour soigner l'hydropisie. Un colorant bleu est extrait des baies. L'écorce et les fleurs sont purgatives.
Attention : ses baies sont toxiques.

Sambucus racemosa (sureau à grappes). Petit arbre différent par ses feuilles plus pointues, par ses fleurs aux grappes denses plus précoces et par ses baies écarlates en été. Ses graines contiennent une huile purgative.

Santolina chamaecyparissus,
syn. *Santolina incana* (Composées)

SANTOLINE

Petit cyprès, fausse sanguenitte

Description : sous-arbrisseau à odeur forte ; 50 cm ; tiges ramifiées et blanches ; feuilles persistantes, gris argent, filamenteuses et dentées. Floraison, en plein été, de petites fleurs jaune vif, odorantes, à l'aspect de boutons ronds et durs. Vit à l'état sauvage dans les régions méditerranéennes. Appréciée dans les jardins en haies naines et plante d'ornement.

Parties utilisées : feuilles ôtées des tiges avant floraison, puis séchées; fleurs.

Usages : cultivée depuis la Grèce antique comme vermifuge et pour chasser les mites. En massage, utilisez une infusion à base des feuilles en cas d'ankyloses et de rhumatismes douloureux. On peut faire un thé tonique avec les fleurs. Plus connue, de nos jours, pour constituer les haies basses des parterres et les entrelacs des jardins réguliers.

Culture : cultivez dans un sol léger, drainé et très ensoleillé. Multipliez par marcottage, sinon, avec des éclats de tiges à talon en automne ou au printemps. Taillez les haies au printemps pour leur donner une forme et, une deuxième fois, à la floraison si seul un effet de feuillage est recherché.

santoline

Espèce voisine : *Santolina neapolitana* (lavande italienne). Pousse plus haut; feuillage gris très délicat et fleurs jaune-citron. Utilisations similaires.

Satureja hortensis (Labiées)

SARRIETTE ANNUELLE

Sarriette des jardins

Description : herbe annuelle aromatique ; 45 cm ; tiges couchées ou dressées ; feuilles longues, vert foncé, coriaces et pointues. Floraison en fin d'été avec des petits épis axillaires composés de fleurs rose lilas ou blanches. Vit à l'état sauvage sur sols secs et légers et coteaux rocheux calcaires du bassin méditerranéen.

sarriette annuelle

Parties utilisées : feuilles avant floraison et utilisées fraîches ou séchées à l'ombre; hampes florales, fraîches ou séchées.

Usages : herbe culinaire dont l'usage remonte à l'époque romaine. Assaisonnement puissant destiné à mettre en valeur, un peu à la manière du sel. Ajoutée modérément, facilite la digestion des viandes et farces avec petits pois, haricots et choux. En infusion, les feuilles soignent les désordres gastriques, la mauvaise digestion et la perte de l'appétit, a un effet tonique. Éloigne les mites.

Culture : semez les graines en place au printemps, dans un sol bien drainé et très ensoleillé. En raison de sa sensibilité au froid, attendez la fin des gels, sinon, choisissez la sarriette vivace, plus robuste. Se ressème spontanément.

sarriette vivace

Espèce voisine : *Satureja montana* (pèbre d'ail). Sous-arbrisseau vivace, rameux et ligneux. Petites fleurs roses ou blanches au parfum assez prononcé. Spontané en Provence et cultivé pour son huile essentielle ; usages similaires.

Scabiosa arvensis,
syn. *Knautia arvensis* (Dipsacées)

SCABIEUSE CHAMPÊTRE

Knautie des champs

Description : plante vivace ; 90 cm ; souche courte ; tiges hispides ; feuilles persistantes, longues et incisées. Floraison vers la fin de l'été de fleurs mauves.

Parties utilisées : toute la plante en fleurs, fraîche ou séchée; racines arrachées en automne, fraîches ou séchées.

Usages : en infusion (racines), soigne coupures, plaies, écorchures et irritations. Remède (toute la plante) contre les pellicules des cheveux ; en homéopathie, traite eczéma et maladies de la peau.

Culture : semez en bacs à l'automne ou au printemps, sinon, divisez les racines au printemps ou bouturez les pousses latérales courtes. Cultivez, dans un sol fertile, bien drainé et très ensoleillé.

scabieuse champêtre

Espèces voisines : *Succisa pratensis*, syn. *Scabiosa succisa* (succise des prés ou mors-du-diable). Herbe vivace à fleurs pourpres, bleues ou blanches. Racines soignent blessures et diarrhées; consommez les feuilles crues ou cuites.

Scutellaria galericulata (Labiées)

TOQUE EN CASQUE

Scutellaire casquée, casside

scutellaire

Description : herbe vivace ; 30 cm ; souche traçante ; tiges poilues ; feuilles ovales aux pédoncules courts, faiblement crénelées, vert foncé avec des nervures rouges sur le dessous. Floraison en été de paires de fleurs tubulaires minces, bleu-violet vif. Vit dans les prairies humides.

Parties utilisées : toutes les parties vertes pendant la floraison, soit fraîches, soit séchées.

Usages : en infusion, tonique amer qui facilite la digestion; également fortifiant puissant des nerfs, conseillé pour combattre dépression, maux de tête, insomnies, irritabilités et troubles du même genre.

Culture : semez les graines à l'extérieur au printemps, sinon, divisez les touffes à la même époque et cultivez dans un bon sol humide, découvert et ensoleillé.

Sedum acre (Crassulacées)

ORPIN BRÛLANT

Poivre des murailles, orpin âcre, sedum âcre, petite joubarbe.

Description : herbe vivace et succulente ; 10 cm ; tapissante ; tiges étales ou dressées recouvertes de courtes feuilles vertes, charnues, cylindriques, enchevêtrées et à saveur piquante et poivrée. Au milieu de l'été, les tiges feuillues grandissent pour donner des grappes lâches de fleurs jaune vif, étoilées à 5 pétales. Vit à l'état sauvage sur les murs, toits et sols secs, pierreux et calcaires. Cultivée dans les jardins pour décorer murs et bordures.

Parties utilisées : feuilles fraîches, ou séchées près d'une source de chaleur.

Usages : cultivée sur les toitures car était censée détourner la foudre. En homéopathie, pour soigner les hémorroïdes. En application ou sous forme d'onguents, les feuilles écrasées fraîches soulagent blessures, contusions et légères brûlures.
Attention : un peu toxique ; en usage interne, cause étourdissements et nausées.

Culture : cultivez sur un sol sablonneux, un peu sec, légèrement calcaire et bien ensoleillé. Au printemps, semez ou divisez les touffes ; sinon, semez les feuilles cylindriques qui s'enracineront spontanément à l'endroit où elles tombent.

orpin brûlant

Espèce voisine : *Sedum reflexum* (orpin réfléchi). Herbe vivace vigoureuse. Feuilles longues et cylindriques. Fleurs à 5 pétales jaune or (parfois 6 ou 7). En cuisine, pousses non florifères fraîches ajoutées aux soupes et salades; à cuire comme condiment (goût fort).

Sempervivum tectorum
(Crassulacées)

JOUBARBE DES TOITS

Artichaut des murs, artichaud bâtard

Description : plante vivace ; 20-40 cm ; feuilles charnues, serrées, gris vert, parfois à bouts rougeâtres, disposées en spirale, formant des rosettes. En été, les tiges florales partent du centre de ces dernières devenues épaisses, feuillues et portant des grappes de petites fleurs étoilées rose rougeâtre. Vit à l'état sauvage sur les murs, les toitures et les endroits rocheux en montagne (sols siliceux). Souvent cultivée en pots, dans des jardinières et dans des rocailles.

joubarbe des toits

Parties utilisées : feuilles, coupées en tranches ou écrasées, en fonction des besoins.

Usages : ancienne herbe à laquelle étaient prêtées des propriétés magiques, plantée sur les toits pour se protéger de la foudre et du feu. En cataplasme, les feuilles écrasées ou en tranches, en cas de piqûres, brûlures, éruptions et irritations cutanées ainsi que pour faire disparaître verrues et cors au pied. Parfois utilisée dans des lotions pour la peau. Dans certaines régions d'Europe, jeunes feuilles et pousses sont consommées comme légume.

Culture : cultivez dans les joints et fissures des murs ensoleillés, partiellement remplis de terre ; sinon, utilisez des pots ou bacs remplis d'un compost graveleux. Multipliez à partir de graines ou de feuilles dans des plateaux à toute époque de l'année.

Silybum marianum (Composées)

CHARDON MARIE

Description : plante épineuse, annuelle ou bisannuelle ; 1,20-2 m ; racine pivotante épaisse ; tiges duveteuses, sillonnées ; feuilles oblongues à bords ondulés, épineux, vert foncé luisant, à nervures blanches marquées. Floraison en plein été de fleurs rouge pourpre s'élevant au-dessus d'un collier de bractées épineuses.

Parties utilisées : plantules, jeunes feuilles et pousses; tiges florales juste avant l'épanouissement ; racines après la floraison. En phytothérapie, les capitules frais, ou séchés en couches minces à la chaleur.

Usages : depuis les Romains, cette plante a eu la réputation de soigner les troubles hépatiques (entre toujours dans la composition de médicaments). Utilisée dans les infusions d'herbes et préparations homéopathiques également pour les problèmes abdominaux. En cuisine, jeunes pousses et feuilles sont consommées, plus particulièrement dans les pays arabes pour leur délicatesse. Les racines sont cuites à la manière du panais et la base des fleurs à celle des artichauts. Les tiges pelées sont cuites à l'eau comme légume. Les jeunes plants sont consommés crus, en salade.

Culture : semez en place au printemps, dans un lieu bien exposé au soleil ; éclaircissez les plantules à 60 cm.

chardon Marie

Smyrnium olusatrum
(Ombellifères)

MACERON CULTIVÉ

maceron cultivé

Description : herbe vivace à odeur forte ; 1,50 m ; tiges pleines, sillonnées ; grandes feuilles tripartites et dentées. Floraison en plein été de fleurs vert-jaune, composées de petites ombelles rondes; aspect scintillant dû au nectar. Fruits composés de capsules globulaires renfermant des graines noires aromatiques. Plante sauvage très répandue sur les escarpements rocheux et les falaises maritimes.

Parties utilisées : jeunes feuilles, jeunes tiges après avoir été blanchies par buttage ou paillage; racines fraîches ou séchées; graines mûres.

Usages : herbe amère cultivée depuis la Grèce antique. La racine est diurétique, les graines servent de condiment, les feuilles écrasées et leur jus sont des calmants qui guérissent coupures et petites éraflures. Avant que le céleri ne devienne populaire, elle était cultivée pour la préparation de salades et ragoûts ; les tiges, pousses et bourgeons floraux étaient tous utilisés, parfois blanchis, dans les soupes et plats de poisson.

Culture : cultivez en plein soleil, sur sol humide. Semez au printemps, comme une plante annuelle, si vous souhaitez récolter les feuilles de l'année ; sinon, en automne pour obtenir de plus grosses tiges l'année suivante.

Solidago virgaurea (Composées)

VERGE D'OR

Description : plante vivace ; 1,5 m ; rhizome raide ; bourgeons adventifs ; tige poilue, feuillue, parfois ramifiée ; feuilles ovales allongées ou lancéolées ; petites fleurs, jaune vif et scarieuses, en panicule ou épi ramifié vers la fin de l'été. Fleur sauvage des bois clairs et des landes. Des variétés sont cultivées comme plantes d'ornement.

Parties utilisées : partie aérienne encore verte avant ouverture complète des fleurs, séchée à l'ombre ou telle quelle.

Usages : plante vulnéraire des pays arabes au Moyen Âge, utilisée également par les Indiens d'Amérique du Nord; en cataplasme, pour traiter les plaies; en infusion, pour calmer fièvres et troubles digestifs. Entre dans la composition de plusieurs médicaments destinés aux reins et à la vessie ; en homéopathie, utilisée dans le même but ainsi qu'en cas d'arthrose et de rhumatismes.

verge d'or

Culture : semez à l'extérieur au printemps ou divisez la plante en automne ou au printemps et plantez dans un sol léger ensoleillé, ou un peu à l'ombre. Tous les 3 ou 4 ans, divisez et replantez.

Stellaria media (Caryophyllacées)

MOURON DES OISEAUX

mouron des oiseaux

Description : plante annuelle ; 45 cm ; croissance rapide en touffes ou en rampant ; tiges frêles, ramifiées, chacune munie d'une ligne de poils ; petites feuilles molles, ovales, charnues, longuement pétiolées, vert jaunâtre, et, en toute saison, petites fleurs blanches aux pétales frêles non soudés. Une « mauvaise herbe » très répandue, qui forme des tapis denses sur les sols humides, cultivés ou dans les friches.

Parties utilisées : jeunes tiges et feuilles, crues ou séchées.

Usages : herbe potagère extrêmement ancienne (des graines ont été retrouvées dans des sites funéraires datant du néolithique). Traditionnellement utilisée comme aliment pour les volailles et les oiseaux de volière. Donne un goût amer aux plats cuits et en salade. En homéopathie, conseillée en cas de rhumatismes. En cataplasme (parties aériennes), soulage les douleurs arthritiques, articulaires, les blessures, les irritations de la peau et les inflammations.

Culture : rarement nécessaire. Se propage spontanément sur tous sols et en tous lieux, surtout par temps sec.

Symphytum officinale (Borraginacées)

GRANDE CONSOUDE

Description : plante vivace, robuste et rugueuse ; souche charnue ; touffes de longues feuilles basales rudes dressées, ovales et pointues ; tiges de 1,20 m ramifiées, portant des fleurs mauves, roses ou blanches en forme de cloches en cymes à deux ou trois branches. Pousse à l'état spontané aux bords des ruisseaux, fossés et autres endroits humides ; variétés sélectionnées, couramment cultivées dans les jardins.

Parties utilisées : feuilles fraîches, fanées ou séchées; racines fraîches ou séchées au soleil après avoir été fendues.

Usages : racines utilisées autrefois comme remède des troubles digestifs et comme traitement homéopathique contre les ulcères. En infusions (feuilles), contre la bronchite; en cataplasme, en cas de blessures, contusions et eczéma. En cuisine, jeunes feuilles et pousses cuites en renouvelant l'eau de cuisson, sont consommées comme légumes. Les autres feuilles servaient souvent comme aliment pour le bétail lorsqu'elles étaient fanées. Compostées, elles servent à faire un engrais liquide, ou même un paillis.

grande consoude

Attention : Ne pas avaler ! Plusieurs recherches récentes laissent penser que la plante serait cancérigène.

Culture : divisez les racines au printemps ou en automne, ou pratiquez des boutures de racines au printemps. Choisissez un sol un peu humide au

consoude de Russie

consoude de Russie, var. panachée

soleil ou à l'ombre et couvrez de compost tous les ans pour obtenir un beau feuillage. Arrachez, divisez et replantez tous les 3 ou 4 ans.

Espèce voisine : *Symphytum x uplandicum* (consoude de Russie). Hybride vigoureux, aux feuilles plus grandes. Cultivé pour son feuillage (4 à 6 récoltes par an). À l'état sauvage, dans les lieux secs, échappé des jardins.

Tanacetum parthenium, syn. *Chrysanthemum parthenium, Matricaria parthenium* (Composées)

Grande camomille

Description : herbe vivace, vigoureuse ; 90 cm ; tiges ramifiées ; feuilles jaune-vert à odeur forte, pennées et folioles arrondies. Floraison en plein été de petits capitules blancs, au centre jaune bien visible, en grappes serrées.

Parties utilisées : feuilles ou toute la plante verte en fleurs, fraîche ou séchée à l'ombre.

Usages : herbe amère, utilisée comme tonique et pour soigner les mauvaises digestions ; aujourd'hui, elle sert à calmer les migraines. En cataplasme (les feuilles), calme les douleurs des membres et des articulations. Les tiges florales chassent les insectes et protègent les vêtements des mites. Plante mellifère. **Attention :** à ne pas prendre durant la grossesse. Les feuilles fraîches peuvent provoquer des ulcères de la bouche.

Culture : au printemps, semez en extérieur ; un seul arrosage suffira pour faire pénétrer les graines en terre. Bouturez en été. Choisissez un sol sec, bien drainé et très ensoleillé. Se ressème spontanément.

grande camomille

Espèce voisine : *Tanacetum vulgare*, syn. *Chrysanthemum vulgare* (tanaisie commune). Herbe vivace à odeur forte. Feuilles vert foncé, plumeuses. Corymbes aplatis de fleurs jaunes en forme de boutons. Ancienne herbe de jonchées. Chasse les insectes (protège les semences des pucerons) et est également vermifuge. Les feuilles écrasées sont utilisées pour soigner contusions et varices.

Taraxacum officinale agg. (Composées)

Pissenlit

Dent-de-lion, salade de taupe, chopine, couronne de moine

Description : herbe vivace ; 15-30 cm ; longue racine pivotante. Pédoncules floraux creux, souvent rougeâtres, poilus sur la partie supérieure; floraison de la fin du printemps au début de l'automne, de fleurs jaunes à odeur douce qui se transforment en capitules duveteux. Renferme un latex laiteux.

Parties utilisées : feuilles fraîches ou séchées à la chaleur; fleurs bien ouvertes au soleil; racines arrachées en été pour usage médicinal ou, en automne, moulues pour faire du café (après séchage).

Usages : feuilles à effet diurétique ; séchées, donnent un thé fortifiant ; fleurs utilisées dans les vins, schnaps, crêpes et gâteaux (pays arabes). En application, la

pissenlit

paroi intérieure des tiges calme brûlures et piqûres (mais tache la peau). En cuisine, feuilles consommées cuites (Japon). En teinturerie, les racines donnent un colorant magenta (brun, avec les feuilles); en phytothérapie, conseillées pour soigner vésicule biliaire et foie.

Culture : semez au printemps dans un endroit ensoleillé, en recouvrant à peine les graines.

Espèces voisines : *Taraxacum kok-saghyz*. Espèce russe dont le latex laiteux sert avec les racines de *Scorzonera tau-saghyz* à produire du caoutchouc.

Microseris scapigera. Espèce australienne, aux fleurs plus grandes. Racines vigoureuses, proches de celles de l'igname.

Teucrium chamaedrys (Labiées)

Germandrée petit-chêne

Sauge amère, chênette calamandrier

Description : herbe vivace ; 30 cm ; en touffe restant verte presque toute l'année ; tiges un peu pourpres, étalées ou dressées ; feuilles ovales à dents, arrondies. En été, fleurs lilas-pourpre foncé, roses ou blanches.

Parties utilisées : toute la plante en fleurs, fraîche, ou séchée à l'ombre.

Usages : feuilles utilisées dans des thés, vins et liqueurs ainsi que pour soigner des troubles de digestion et de vésicule biliaire. Entre dans la composition des bordures des jardins à la française.

Culture : semez les graines en extérieur, au printemps ; bouturez en été, sinon, divisez les touffes en automne. Choisissez un sol un peu calcaire, bien drainé. Taillez les haies au printemps, puis en plein été.

germandrée arbustive, une des espèces voisines

Espèces voisines : *Teucrium fruticans* (germandrée arbustive). Espèce plus grande à tiges blanches et feuilles bleu-vert et aux fleurs bleues.

Teucrium scorodonia (germandrée des bois). Feuilles gaufrées proches de celles de la sauge; fleurs jaunes à odeur légèrement alliacée. Les feuilles aident la cicatrisation des plaies. En inhalation, la germandrée soigne les maux de gorge et la sinusite.

Thlaspi arvense (Crucifères)

Tabouret des champs

tabouret des champs

Description : herbe annuelle à odeur forte ; 45 cm ; tige ramifiée ; feuilles ovales qui, souvent, embrassent la tige. Du printemps à l'été, petites fleurs blanches en épis, suivies de fruits à graines noires. Vit dans les friches. Herbe difficile à contrôler dans les cultures.

Parties utilisées : feuilles et jeunes pousses avant floraison; graines séchées au soleil puis broyées.

Usages : feuilles finement hachées pimentées comme le cresson de fontaine ; utilisées dans les salades et les plats cuits. Graines autrefois broyées pour être utilisées comme de la moutarde.

Culture : rarement nécessaire ; un semis peut, cependant, être fait en place au printemps, sur sol fertile.

Espèce voisine : *Thlaspi alliaceum* (tabouret à odeur d'ail). Espèce similaire à floraison plus hâtive. Fruits étroits et odeur d'ail. Usages similaires.

Thymus vulgaris (Labiées)

Thym commun

Description : plante aromatique, sous-arbrisseau, vivace, persistant ; 30 cm ; tiges minces, quadrangulaires, tordues et ligneuses sur la partie inférieure, prostrées ou dressées ; petites feuilles elliptiques, gris-vert, plus pâles en dessous. Floraison en été : petites fleurs lilas ou blanches, odorantes et mellifères. Plante sauvage des talus et coteaux rocheux, secs et chauds. Cultivée pour la production commerciale de ses feuilles et de son huile essentielle. Herbe culinaire et ornementale utilisée pour faire des bordures d'herbes.

Parties utilisées : fleurs, feuilles et extrémités des pousses florales, soit fraîches, soit séchées au soleil.

Usages : en infusion, les feuilles donnent un thé fortifiant et stimulant, utile pour soigner problèmes de digestion et de respiration; facilite les sécrétions de mucus. Son huile essentielle est antiseptique et vermifuge : employée dans les désinfectants, dentifrices, parfums, produits de toilette et liqueurs. Herbe culinaire à l'arôme puissant, le thym est ajouté, en petites quantités, aux bouquets garnis, farces et plats relevés.

thym

Culture : semez ou bouturez en été. Divisez les touffes au printemps, sinon, marcottez les plus âgées en les buttant. Plantez dans un sol très bien drainé et très ensoleillé. Taillez après la floraison et de nouveau en automne. Remplacez les plants tous les 4 à 5 ans et, sous

thym citron, une des espèces voisines

thym herba-barona, une des espèces voisines

thym sauvage

climat froid, protégez-les de l'hiver. Cultivez en bacs ou faites-en des haies.

Espèces voisines : *Thymus capitatus.* Espèce à grandes fleurs cultivée pour l'exploitation commerciale de son huile essentielle.

Thymus x citriodora (thym citron). Espèce vert clair à fleurs roses et à forte odeur de citron.

Thymus herba-barona. Tiges arquées s'enracinant aux extrémités, feuilles vert bronze, fort goût de cumin.

Thymus mastichinus. Feuilles gris-vert et fleurs roses. Entre dans la préparation d'assaisonnements et des marinades ; se marie avec les olives.

Thymus serpyllum (serpolet à feuilles étroites, thym sauvage). Espèce très robuste, tapissante, à fleurs rouge pourpre tardives et à goût peu prononcé. Idéale pour les pelouses d'herbes. Herbe médicinale réputée pour soigner les maladies féminines.

Trifolium pratense (Légumineuses)

Trèfle des prés

Trèfle rouge, trèfle de Normandie, grand trèfle de Hollande

Description : herbe vivace à cycle court, cultivée comme annuelle ; 50 cm ; racines ramifiées ; tiges arquées ; feuilles trifoliées. Fleurs rose-mauve en été et en automne.

Parties utilisées : fleurs fraîches ou séchées.

Usages : en infusion de fleurs séchées pour aider au sommeil. En phytothérapie, comme expectorant en cas de troubles respiratoires et pour soigner eczéma et psoriasis. En usage externe, sous forme d'infusion, soulage douleurs de brûlures et plaies. On en extrait aussi du vin, une huile volatile et un colorant jaune.

Culture : avant de semer, au printemps, frottez les graines entre des feuilles de papier abrasif pour aider la germination. Sur sol perméable, un peu alcalin.

trèfle des prés

Espèces voisines : *Trifolium alexandrinum.* Espèce fourragère poussant très haut. Fleurs blanches , cultivée autour du bassin méditerranéen (Égypte et Moyen-Orient)

Trifolium hybridum (trèfle hybride). Petit hybride à fleurs blanches cultivé comme plante fourragère ou engrais vert sous les climats froids et sur les sols acides et humides.

Trifolium repens (trèfle rampant, trèfle blanc). Espèce vivace, rampante, résistante à la sécheresse. Fleurs blanches ou rosâtres, odorantes, fréquentées par les abeilles. Nombreuses variétés horticoles.

Tropaeolum majus (Tropéliacées)

Capucine

capucine

Description : plante vivace ; 3 m ; tiges rampantes ou grimpantes ; feuilles vert vif ou bleu-vert. La floraison a lieu en été et en automne : fleurs orange, parfois rouges ou jaunes, suivies de fruits sphériques, verts, devenant bruns et contenant trois grosses graines. Originaire d'Amérique du Sud, cultivée comme annuelle sous climat tempéré.

Parties utilisées : feuilles fraîches ou séchées; fleurs; graines encore vertes ou mûres, moulues.

Usages : herbe aux vertus antiseptiques et digestives, utilisée également pour traiter les maladies respiratoires et urinaires. Graines vermifuges, employées écrasées en cataplasme sur furoncles et plaies. Feuilles comestibles, incorporées dans des salades ; fleurs servies comme garniture, leurs boutons ainsi que les graines mûres sont aussi confits dans du vinaigre pour leur goût piquant proche de celui de la moutarde.

Culture : semez en place au printemps ou au début de l'été ; sinon, semez en pots pour repiquer après les gels. Si vous souhaitez utiliser le feuillage, choisissez un sol riche, très ensoleillé et abrité des vents ; pour les fleurs et les graines, préférez un sol sec et plus pauvre.

Tussilago farfara (Composées)

PAS-D'ÂNE

Tussilage, taconnet, racine de peste

Description : herbe vigoureuse ; 30 cm ; rhizomes blancs et écailleux ; tiges à duvet, rouge pâle et écailleuses ; chacune porte, au début du printemps, une fleur qui s'ouvre au soleil. Les fleurs sont suivies, au printemps, par des rosettes de feuilles robustes, odorantes, aux longs pédoncules, arrondies ou en forme de cœur, dentées irrégulièrement, qui mesurent jusqu'à 30 cm de diamètre : pâles en dessous, avec des nervures réticulées évidentes. Plante sauvage des fossés et talus humides sur des sols argileux.

pas-d'âne

Parties utilisées : fleurs avant éclosion complète, fraîches ou séchées à l'ombre; feuilles, en été, de la même manière.

Usages : les feuilles sont un remède contre la toux, la bronchite et la laryngite; souvent incorporées dans les tabacs à base d'herbes. En cataplasme (feuilles dont on a écrasé les nervures et fleurs), sur plaies et ulcères. En cuisine la racine cuite à l'eau donne une sorte de sucre d'orge ou de sucre candi. Les fleurs fermentées servent à faire un vin. Séchées et brûlées, les feuilles adultes produisent des cendres que l'on peut substituer au sel.
Attention : les racines contiennent des substances identiques à celles de la grande consoude et sont, en usage interne, aussi dangereuses.

Culture : on récolte généralement les plantes sauvages. Mais on peut semer en été sur sol humide; sinon, divisez les plantes en automne ou bouturez des racines en hiver. Plantez à bonne exposition. Plante envahissante sur certains sols.

Urtica dioica (Urticacées)

ORTIE DIOÏQUE

Grande ortie

ortie dioïque

Description : plante vivace urticante ; 1,80 m ; gros rhizomes orange ; tiges couchées ou dressées, à poils rudes ; feuilles couvertes de poils urticants. En été et à l'automne, petites fleurs jaune-vert ; les fleurs femelles forment des chatons pendants, les mâles, des épis.

Parties utilisées : feuilles avant la floraison, fraîches ou séchées au soleil.

Usages : jeunes pousses et feuilles très appréciées dans les soupes printanières, comme légume vert ou même dans des bières. En infusion, les plus vieilles feuilles ont un effet laxatif, expectorant et astringent; en homéopathie, régénère les cheveux et traite des maladies de la peau. En artisanat, les fibres des tiges sont assez solides pour le tissage de draps, la fabrication de papiers et de cordages. Le feuillage est utilisé dans la production de chlorophylle. Active le compost.
Attention : soyez prudents en touchant les orties, les injections cutanées d'acide formique provoquent une urticaire.

Culture : peu nécessaire; semez les graines dans un sol azoté, en été, ou divisez les racines au printemps.

Espèces voisines : *Urtica breweri*, espèce américaine; *Urtica thunbergiana*, espèce japonaise.

Urtica urens (ortie brûlante, ortie grièche). Herbe annuelle, plus petite, aux racines fibreuses. Mêmes usages.

Valeriana officinalis (Valérianacées)

VALÉRIANE OFFICINALE

Herbe-aux-chats

Description : plante vivace ; 70-150 cm ; rhizome ramifié à odeur forte ; tige creuse sillonnée ; feuilles caduques vert vif et pennées, portant des grappes de petites fleurs blanches ou roses. Fleur sauvage des fossés, bois et lisières.

Parties utilisées : racines d'au moins deux ans et arrachées en automne ou en hiver; utilisées fraîches ou séchées à l'ombre.

Usages : légèrement sédative et antispasmodique. Utilisée pour soigner tension nerveuse, stress, insomnie, migraine et troubles nerveux ainsi que coliques et crampes. En infusion, soin des yeux en application externe. Attire les chats. Parfois utilisée comme aromate culinaire.
Attention : risque de dépendance si dosage important ou usage prolongé.

Culture : semez en place au printemps, sinon, divisez les touffes en automne et plantez-les dans des plates-bandes humides ou au bord des plans d'eau. Tolère aussi bien le soleil que l'ombre. Fumez le sol une fois par an pour obtenir une meilleure croissance.

valériane officinale

Espèces voisines : *Valeriana celtica* (nard celtique). Plante naine prostrée de rocaille à fleurs jaune brunâtre.

Valeriana edulis. Espèce nord-américaine à grosses racines pivotantes, parfois cuites comme légumes.

Valeriana phu (nard crétois). Espèce à fleurs blanches avec une variété ornementale dorée. Usages similaires.

Veratrum album (Liliacées)

VÉRÂTRE BLANC

Ellébore blanc

vérâtre blanc

Description : plante herbacée vivace ; 1,5 m ; souche charnue ; racines en touffes dures et épaisses ; feuilles alternes ovales, larges, plissées et avec des nervures saillantes ; en été, des épis floraux ramifiés, composés de fleurs blanchâtres. Deux espèces spécifiquement françaises : se différencient par leur taille (1 m pour la seconde) et par la couleur de leurs fleurs (pourpre très foncé pour la seconde). D'autres espèces hors de l'Hexagone sont vert jaunâtre.

Parties utilisées : racines arrachées à l'automne, coupées en morceaux pour être séchées au soleil ou dans une pièce chaude, puis broyées.

Usages : plante élégante mais aux importantes propriétés toxiques. Assez puissante pour tuer le bétail qui l'aurait consommée. Utilisée dans un insecticide appelé « poudre d'ellébore ».
Attention : ne doit faire l'objet d'aucune préparation chez soi. Seulement sur prescription médicale.

Culture : divisez les touffes en automne ou au printemps, ou semez au printemps dans un bac contenant un sol tourbeux et gardez en serre non chauffée.

Espèce voisine : *Veratrum viride* (vérâtre vert). Plante vivace à souche noirâtre ; fleurs verdâtres. Fréquente bois feuillus et sols calcaires. Plante d'Amérique du Nord, connue pour ses propriétés vermifuges. Très toxique.

Verbena officinalis (Verbénacées)

VERVEINE OFFICINALE

Herbe sacrée, herbe aux sorciers

Description : plante vivace ; 90 cm max. ; racines ligneuses ; tiges rudes, élancées, quadrangulaires ; feuilles épaisses, vert grisâtre, ovales et découpées. En fin d'été, épis floraux raides, composés de petites fleurs lilas. Fleur sauvage des talus et friches. Plusieurs variétés horticoles.

Parties utilisées : plante entière lors de la floraison, soit fraîche, soit séchée au soleil ou dans une pièce chauffée.

Usages : herbe des druides celtes considérée comme le remède universel. Utilisée au Moyen Âge pour se protéger de la peste. En homéopathie, pour soigner l'hydropisie, mais aussi en cas de rhumatismes et de problèmes gastriques et hépatiques. En infusion, effets fortifiant et calmant, fait baisser la fièvre. En usage externe, soigne irritations et affections cutanées ainsi que les infections oculaires.

Culture : semez au printemps ou en automne à la surface d'un sol drainé et bien exposé. Enfoncez les graines en terre par une simple pression ou en arrosant. Éclaircissez les jeunes plants à 30 cm les uns des autres.

verveine officinale

Veronica officinalis
(Scrofulariacées)

CRESSON DE CHEVAL

Description : herbe vivace ; 30 cm ; tiges rampantes s'enracinant aux nœuds à l'origine de son aspect couché ; petites feuilles rudes, opposées par paires et finement dentées. Les épis floraux, aux aisselles des feuilles, portent, en été, des fleurs en grappes, bleu-lilas avec un œil blanc. Vit dans les prés secs et les bois ainsi que sur talus et landes au sol sec et acide.

Parties utilisées : ensemble de la plante verte florifère, soit fraîche, soit séchée à l'ombre ou dans une pièce chauffée.

Usages : herbe médicinale au Moyen Âge, encore utilisée sous la forme d'une infusion aux vertus fortifiantes destinée à traiter des troubles intestinaux, digestifs et hépatiques. Le suc frais soigne des maladies de la peau pour lesquelles existe aussi une préparation homéopatiques. Dans les jardins, elle sert de couvre-sol ornemental.

Culture : semez au printemps ou divisez les pieds au début de l'été. Choisissez un sol riche, fertile et bien ensoleillé. Arrosez abondamment par temps sec et renouvelez les pieds tous les 4 à 5 ans.

véronique de Perse, une des espèces voisines

Espèces voisines : *Veronica persica* (véronique de Perse). Plante annuelle basse, étalée, poilue ; feuilles dentées à courts pétioles ; fleurs blanc jaunâtre, solitaires sur pédoncules fins aux aisselles des feuilles et plus longs que celles-ci. Mauvaise herbe des cultures et des jardins.

Veronicastrum virginicum, syn. *Veronica virginica*. Espèce vivace, élancée, très haute, à fleurs bleues ou blanches. Utilisée pour ses vertus digestives.
Attention : propriétés très purgatives.

Vinca minor (Apocynacées)

Petite pervenche

petite pervenche

Description : plante vivace ; 60 cm ; tiges rampantes, radicantes aux nœuds, et tiges florales dressées, feuillues ; feuilles persistantes, ovales et luisantes. Floraison au début du printemps, fleurs bleu pâle, parfois blanches, au centre plus clair, sur pédoncule creux.

Parties utilisées : plante verte florifère au printemps, soit fraîche, soit séchée.

Usages : en gargarisme pour maux de gorge; astringent pour blessures, plaies et ulcères. En infusion, pour réduire la tension artérielle.
Attention : est toxique à forte dose, avec risque de troubles circulatoires.

Culture : divisez au printemps, sinon bouturez en automne. Cultivez sur sol fertile, exposé, un peu humide et calcaire.

Espèce voisine : *Vinca major* (grande pervenche). Feuilles plus longuement pédonculées et tiges ne s'enracinant qu'aux extrémités. Fleur plus grande.

Viola tricolor (Violacées)

Pensée sauvage

Violette des champs, violette des moissons, violette tricolore, confort-du-cœur

Description : plante annuelle variable (ou vivace), verte presque tout l'hiver. Tiges creuses étalées ou dressées; 20 cm. Feuilles ovales crénelées. Du printemps à l'automne, fleurs multicolores, très variables mais avec dominante de bleu-violet. Fruits capsulaires remplis de graines brun-clair luisant; à maturité s'ouvrent par 3 valves.

Parties utilisées : plante florifère et racines, fraîches ou séchées à l'ombre.

Usages : légèrement tonique pour le cœur; utilisée pour baisser la tension artérielle, soigner la mauvaise digestion et les rhumes. Dépuratif sanguin à vertus sudorifiques. Également utilisée pour traiter hydropisie, douleurs rhumatoïdes et maladies de peau (acné et eczéma).

Culture : semez en place au printemps ou en automne. Rentrez les graines en terre par simple pression, mais sans recouvrir. Repiquez les plantules en trop dans un endroit un peu ombragé. Se ressème spontanément. Rabattez les plants étirés pour une croissance plus touffue et florifère.

pensée sauvage

Espèces voisines : *Viola odorata* (violette odorante). Plante vivace à longs stolons. Fleurs bleu-violet, parfois roses ou blanches à odeur douce. Utilisée, autrefois, pour joncher le sol et cultivée pour être utilisée en parfumerie. Les feuilles et fleurs soignent toux, catarrhes et ennuis de respiration.

Viola arvensis, syn. *Viola agratis* (pensée des champs). Ressemble à *Viola tricolor* avec laquelle elle se croise. Fleurs plus petites, jaune crème, striées de violet pâle.

Vitex agnus-castus (Verbénacées)

Gattilier

Petit poivre, gattilier

Description : arbuste ou petit arbre aromatique; 6 m. Feuilles palmées à folioles étroites sur tiges pubescentes grises. À l'automne, grappes denses (30 cm de long) de petites fleurs violettes odorantes. Sous climat chaud : baies pourpre-noir. Pousse à l'état sauvage sur sols légers au sud de l'Europe. Arbuste ornemental de jardin, parfois à fleurs blanches.

Parties utilisées : fruits cueillis à l'automne, frais ou séchés à l'ombre.

Usages : herbe de la Grèce ancienne, connue pour ses vertus incitatives à la chasteté. Utilisée de nos jours pour contrôler l'activité hormonale chez la femme. Réputée être un anaphrodisiaque masculin. Herbe symbolique des jonchées dans les monastères, en Italie. Graines consommées comme condiment poivré; rameaux minces servent en vannerie.

Culture : semez au printemps ou marcottez en été, sinon, multipliez par boutures sous verre à l'automne. Choisissez un sol léger, bien drainé et ensoleillé, ou, sous un climat tempéré, un lieu abrité. Résiste bien au froid.

gattilier

Espèce voisine : *Vitex negundo.* Espèce chinoise de hauteur moyenne. Tiges quadrangulaires et, vers la fin de l'été, fleurs lavandes.

Ci-contre : *toutes les plantes, aromatiques ou d'ornement, cultivées dans un jardin peuvent être utiles et bénéfiques.*

Les herbes mellifères

- Achillée Millefeuille
- Anis
- Bergamote
- Bétoine
- Brunelle
- Chicorée
- Ciboulette
- Fenouil
- Genêt
- Grande consoude
- Hysope
- Lavande
- Mélisse
- Menthe
- Onagre
- Pas-d'âne
- Reine-des-prés
- Romarin
- Sauge
- Thym
- Valériane

Une collection d'herbes essentielles

- Aneth : herbe annuelle
- Basilic : plante annuelle
- Cerfeuil musqué : espèce américaine
- Ciboulette : pour les bordures
- Estragon : mieux dans un conteneur
- Fenouil : prend de la place
- Laurier-sauce : un petit plant tuteuré
- Mélisse : herbe vivace
- Menthe : plutôt cultivée en pot
- Origan : touffu *(Osmorrhiza longistylis)* ou l'espèce européenne *(Myrrhis odorata)*
- Persil : idéal pour les bordures
- Romarin : un petit arbrisseau
- Sarriette : plante basse à feuilles persistantes
- Thym : coussinet de feuillage persistant

Les herbes médicinales des premiers soins

Une partie du jardin peut être réservée à une sélection de plantes médicinales consacrées aux premiers soins ; la plupart peuvent être utilisées fraîches en compresse ou en infusion.

- Aloès : soigne les coups de soleil
- Camomille : à prendre en tisane avec le suc pour lutter contre l'insomnie
- Hamamélis : à utiliser en compresses pour contusions et saignements (coupures et petites plaies)
- Lavande : à utiliser en infusion contre les maux de tête
- Mélisse : infusions pour soigner toux, rhumes et maux de tête, troubles digestifs et menstruels
- Millepertuis perforé : à utiliser en compresse contre les petites plaies et brûlures
- Souci : pour calmer brûlures et piqûres (en cataplasme)

Arbustes se prêtant à l'art topiaire

- Buis
- *Cassinia*
- *Céphalotaxus*
- *Cryptomeria japonica*
- *Cupressus sempervirens*
- *Eugenia myrtifolia*
- Houx
- Lierre : palissé sur un cadre de grillage
- *Ligustrum japonicum*
- *Phillyrea angustifolia*
- *Thuja occidentali*

Plantes pour plates-bandes panachées blanches ou grises

- *Acorus calamus* Variegatus
- *Althaea officinalis*
- *Artemisia* Powis Castle
- *Artemisia absinthium* Lambrook Silver
- *Buxus sempervirens* Elegantissima
- *Chamaemelum nobile* Flore Pleno
- *Chrysanthemum balsamita*
- *Colchicum autumnale* Alboplenum
- *Iris pallida* Variegata Argentea
- *Marrubium vulgare*
- *Mentha suaveolens* Variegata
- *Myrtus communis* Variegata
- *Nepeta cataria*
- *Primula vulgaris* Alba Plena
- *Ruta graveolens* Variegata
- *Salvia sclarea*
- *Sambucus nigra* Albovariegata
- *Symphytum* x *uplandicum* Variegatum
- *Thymus* Silver Posy
- *Vinca major* Variegata

Fleurs de la Vierge Marie

Seules quelques plantes ont leur place dans un jardin de Marie traditionnel.

- *Chrysanthemum tanecetum*, herbe de Sainte-Marie
- *Clematis vitalba*, berceau de la Vierge
- *Digitalis purpurea*, gants de Notre-Dame
- *Lonicera periclymenum*, herbe à la Vierge
- *Pulmonaria officinalis*, herbe au lait de Notre-Dame
- *Rosmarinus officinalis*, plante consacrée à la Vierge Marie
- *Silybum marianum*, chardon Marie
- *Valeriana officinalis*, herbe Notre-Dame
- *Verbascum thapsus*, cierge de Notre-Dame

Ces plantes seront cultivées avec des espèces à fleurs blanches (pureté) et à fleurs bleues (la couleur de la robe de la Vierge Marie), auxquelles vous ajouterez l'hysope, la tanaisie et la reine-des-prés, plantes de jonchées qui ont, de tout temps, symbolisé la pureté.

CUISINE AUX HERBES

Gaspacho aux herbes et au piment

Un assortiment d'herbes pour agrémenter un délicieux potage : le gaspacho.

Pour 6 personnes

1,2 kg de tomates mûres
225 g d'oignons pelés
2 poivrons verts
1 piment vert
1 grand concombre
2 c. à soupe de vinaigre de vin rouge
2 c. à soupe d'huile d'olive
1 gousse d'ail pelée et écrasée
30 cl de jus de tomates
2 c. à soupe de concentré de tomates
Sel, poivre
2 c. à soupe d'herbes fraîches hachées, plus quelques feuilles pour décorer

1 Réservez un quart des légumes frais, sauf le piment vert. Placez le reste des ingrédients dans un robot ménager, assaisonnez à votre goût et hachez-les finement. Mettez le gaspacho à refroidir au réfrigérateur pendant au moins deux heures.

2 Émincez les légumes réservés et disposez-les dans un bol. Chacun en ajoutera à son potage. Pilez 2 ou 3 cubes de glace et placez-les au centre de chaque assiette de service, avec quelques feuilles d'herbes fraîches. Servez avec des croûtons.

VELOUTÉ À LA POIRE ET AU CRESSON

La poire et le fromage ont toujours formé une alliance réussie et originale, que rehaussent ici le cresson et le jus de citron vert.

POUR 6 PERSONNES

1 botte de cresson
4 poires moyennes émincées
1 l de bouillon de volaille
Sel, poivre
12 cl de crème fraîche épaisse
Le jus d'un citron vert

CROÛTONS

25 g de beurre
1 c. à soupe d'huile d'olive
200 g de pain rassis coupé en dés
140 g de stilton coupé en morceaux, ou de roquefort

1 Réservez un tiers des feuilles de cresson. Mettez le reste des feuilles et les tiges dans une casserole avec les poires et le bouillon. Assaisonnez et laissez mijoter pendant 15 à 20 minutes. Hors du feu, ajoutez le reste du cresson, en gardant quelques feuilles pour la décoration, et mixez jusqu'à l'obtention d'une consistance veloutée.

2 Versez cette préparation dans un récipient et incorporez-y la crème fraîche et le jus de citron vert en mélangeant bien. Assaisonnez à votre goût. Reversez le velouté dans la casserole et réchauffez-le en tournant délicatement.

3 Pour préparer les croûtons, faites-les dorer dans le mélange d'huile et de beurre. Égouttez-les sur du papier absorbant. Recouvrez-les de fromage, puis placez-les sous le gril chaud jusqu'à ce que le fromage bouillonne. Versez le velouté chaud dans les assiettes. Ajoutez les croûtons et les feuilles de cresson réservées.

Salade de poulet chaud au sésame et à la coriandre

Les blancs de poulet seront servis chauds pour profiter des délicats arômes du sésame et de la coriandre. Cette salade est un hors-d'œuvre ou un plat délicieux pour un déjeuner léger.

Pour 6 personnes

4 à 8 blancs de poulet, sans os ni peau

225 g de haricots mange-tout

2 cœurs de salade décorative, par exemple lollo rossa ou feuille de chêne

3 carottes épluchées et coupées en bâtonnets

170 g de champignons de Paris émincés

6 tranches de bacon grillé et haché

Assaisonnement

1/2 verre de jus de citron

2 c. à soupe de moutarde forte

1 verre d'huile d'olive

3 à 4 c. à soupe d'huile de sésame

1 c. à café de graines de coriandre écrasées

1 c. à soupe de feuilles de coriandre fraîches hachées, pour la décoration

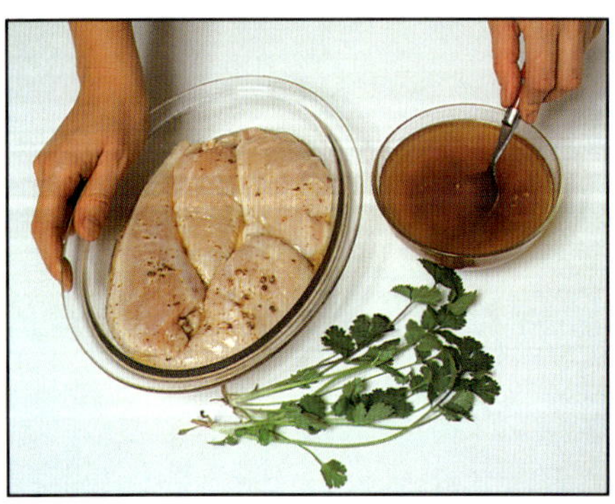

1 Mêlez les éléments de l'assaisonnement. Disposez les blancs de poulet dans un plat et recouvrez-les de la moitié de l'assaisonnement. Réservez-les au réfrigérateur pour la nuit, avec le reste de l'assaisonnement.

2 Plongez les mange-tout dans l'eau bouillante pendant 2 minutes ; ils doivent être légèrement croquants. Mélangez les feuilles de salade avec les carottes, les champignons, les mange-tout et le bacon. Répartissez dans les assiettes de service.

3 Faites cuire les blancs de poulet au gril. Lorsqu'ils sont tendres, émincez-les finement dans la largeur. Répartissez-les entre les différentes assiettes et ajoutez un peu d'assaisonnement. Mélangez rapidement le contenu de chaque assiette et parsemez de quelques feuilles de coriandre fraîche.

Crêpes aux épinards et au roquefort avec noix et cerfeuil

Les crêpes peuvent être préparées à l'avance et se prêtent aux hors-d'œuvre ou aux buffets froids. On les conserve au congélateur, sans leur garniture.

Pour 16 crêpes

150 g de farine

2 œufs

3 c. à soupe de beurre fondu ou d'huile

Un peu de sel

25 cl de lait

Beurre ou huile pour la cuisson

Garniture

1 kg d'épinards

225 g de fromage frais

225 g de roquefort

2 c. à soupe de noix concassées

2 c. à café de cerfeuil haché

Sauce

50 g de beurre

50 g de farine

60 cl de lait

1 c. à café de moutarde forte

170 g de roquefort

1 c. à soupe de noix finement hachées

1 c. à soupe de cerfeuil haché, pour la décoration

1 Dans un saladier, mélangez la farine, les œufs, l'huile (ou le beurre fondu) et le sel, puis ajoutez le lait jusqu'à ce que la pâte prenne une consistance légère et crémeuse. Laissez reposer à température ambiante pendant une heure ou deux. Faites chauffer une noix de beurre dans une poêle (en fondant, le beurre doit bien en tapisser le fond).

2 Versez une demi-louche de pâte dans la poêle en imprimant à celle-ci un mouvement de rotation pour bien répartir la pâte. Lorsque la crêpe est dorée d'un côté, retournez-la et faites-la cuire rapidement de l'autre côté. Mettez-la dans un plat et répétez l'opération jusqu'à ce qu'il n'y ait plus de pâte.

En haut : *crêpes aux épinards et au roquefort.* Ci-dessus : *salade de poulet chaud au sésame et à la coriandre.*

3 Faites cuire les épinards à feu doux pendant 15 minutes. Laissez-les égoutter et refroidir dans une passoire. Mixez-les dans un robot avec le fromage frais et le roquefort : la préparation doit être homogène. Versez-la dans une jatte et incorporez-y la moitié des noix finement hachées.

4 Préchauffez le four à 190 °C (therm. 5). Versez un peu de garniture sur chaque crêpe. Disposez-les, délicatement roulées, dans un plat à four creux. Pour la sauce, faites fondre le beurre dans une casserole, puis versez-y la farine en remuant. Laissez cuire une minute ou deux. Ajoutez le lait en tournant, jusqu'à ébullition. Incorporez les autres ingrédients, sauf le cerfeuil, sans cesser de tourner. Nappez les crêpes de cette sauce. Enfournez le tout et faites cuire 20 minutes. Parsemez du cerfeuil ciselé et de l'autre moitié des noix.

Terrine de poulet et de porc aux épinards et aux herbes

La terrine est un hors-d'œuvre idéal car on peut la préparer à l'avance. Cette recette est particulièrement délicieuse avec des petits pains complets.

Pour 12 parts

12 tranches de bacon
2 c. à soupe de beurre
1 oignon pelé et coupé en rondelles
1 gousse d'ail pelée et écrasée
300 g d'épinards
50 g de chapelure
2 c. à soupe de cognac
500 g de poulet haché
500 g de porc haché
2 œufs battus
2 c. à soupe d'herbes fraîches variées (par exemple, aneth, persil et sauge)
Sel, poivre

1 Faites légèrement revenir le bacon dans une poêle, puis tapissez-en les bords d'une terrine d'environ 1 litre. Mettez quelques tranches de côté pour la décoration.

2 Mettez le beurre à fondre dans une poêle. Faites-y revenir l'oignon et l'ail. Égouttez les épinards, puis faites-les cuire dans la poêle jusqu'à ce qu'ils soient bien secs.

3 Préchauffez le four à 180 °C (therm. 4). Dans un saladier, mélangez bien les épinards et les autres ingrédients, sauf le bacon mis de côté. Remplissez la terrine avec cette préparation que vous recouvrirez des tranches de bacon mis de côté.

4 Couvrez la terrine d'une double épaisseur de papier d'aluminium. Placez-la dans un grand plat à four assez profond pour y verser de l'eau bouillante sur une hauteur de 3 ou 4 cm. Faites cuire au four pendant 1 heure 15 environ. Démoulez et laissez refroidir. Recouvrez-la d'un objet lourd (couvercle en fonte plus petit) pour bien la tasser et conservez-la au frais pendant une nuit.

Terrine au bœuf, au céleri-rave et au raifort

Une terrine savoureuse à servir en hors-d'œuvre ou en plat au déjeuner.

Pour 4 personnes

500 g de tranche de bœuf coupée en cubes
50 cl de vin rouge
6 c. à soupe de madère
25 cl de bouillon de bœuf ou de volaille
2 c. à soupe de céleri-rave haché
1 c. à soupe de crème de raifort
Sel, poivre
2 feuilles de laurier
2 c. à soupe de cognac
170 g de beurre fondu

1 Préchauffez le four à 130 °C (therm. 2). Mettez les morceaux de bœuf dans une cocotte. Mélangez tous les ingrédients, sauf le cognac et le beurre, puis versez ce mélange sur le bœuf. Couvrez la cocotte. Faites cuire 2 heures au four.

2 Retirez la cocotte du four. Passez la sauce au tamis et faites-la réduire sur le feu jusqu'à l'obtention de 3 c. à soupe. Coupez la viande, puis hachez-la grossièrement. Ajoutez la sauce réduite et mixez le tout dans un robot ménager jusqu'à l'obtention d'une consistance homogène. Ajoutez le cognac et un tiers du beurre. Versez la préparation dans une terrine et laissez refroidir.

3 Faites fondre le reste du beurre dans une casserole et versez-le sur le pâté. Couvrez la terrine et laissez-la reposer au réfrigérateur pendant la nuit.

Ci-contre : *terrine de poulet et de porc aux épinards et aux herbes.* Page de droite : *terrine au bœuf, au céleri-rave et au raifort.*

TRUITE FUMÉE À LA MENTHE ET AU PAMPLEMOUSSE

Rehaussés par la saveur légère de la menthe, la truite et le pamplemousse se marient merveilleusement bien.

POUR 4 PERSONNES

1 salade lollo rossa

1 c. à soupe de jus de citron

2 c. à soupe de menthe fraîche ciselée, plus quelques feuilles pour décorer

500 g de filets de truite fumée pelés et émincés

2 pamplemousses pelés et coupés en tranches

100 g de mayonnaise

1 Mélangez la salade dans un saladier et ajoutez le jus de citron et la moitié de la menthe fraîche. Répartissez dessus les lamelles de truite. Décorez avec les quartiers de pamplemousse.

2 Incorporez le reste de la menthe ciselée à la mayonnaise, que vous servirez à part dans une coupelle et avec quelques feuilles de menthe.

RILLETTES DE SAUMON À L'ANETH

Un hors-d'œuvre sophistiqué qui convient à un dîner raffiné. Vous pouvez le préparer à l'avance et vous consacrer ainsi au plat principal.

POUR 6 PERSONNES

350 g de saumon cuit et dépouillé
140 g de beurre ramolli
Le zeste et le jus d'un gros citron
2 c. à café d'aneth frais
75 g d'amandes effilées, grossièrement hachées
Sel, poivre

1 Détaillez le saumon en petits morceaux. Mixez-le dans un robot de cuisine avec les deux tiers du beurre, le zeste et le jus de citron, la moitié de l'aneth, le sel et le poivre. Vous devez obtenir un mélange homogène.

2 Ajoutez les amandes hachées. Mélangez le tout. Rectifiez l'assaisonnement, puis répartissez la préparation obtenue dans des ramequins.

3 Décorez les ramequins avec l'autre moitié de l'aneth. Clarifiez le reste du beurre et nappez-en les ramequins. Conservez ceux-ci au froid. Servez avec des crudités.

Mille-feuilles de flétan aux herbes

Un plat croustillant et crémeux, auquel les herbes confèrent des arômes subtils.

Pour 2 personnes

250 g de pâte feuilletée
Beurre pour la plaque de cuisson
1 œuf battu
1 petit oignon pelé
1 c. à café de gingembre frais râpé
1/2 c. à soupe d'huile
1 verre de fumet de poisson
1 c. à soupe de xérès sec
350 g de flétan cuit et émietté
225 g de chair de crabe
Sel, poivre
1 avocat
Le jus d'un citron vert
1 mangue
1 c. à soupe d'un mélange d'herbes ciselées (persil, thym, ciboulette) pour la décoration

1 Abaissez la pâte feuilletée en un carré de 25 cm de côté. Placez-la sur une plaque à four beurrée et piquez-la avec une fourchette. Laissez-la reposer au moins 30 minutes. Préchauffez le four à 230 °C (therm. 7). Badigeonnez le dessus de la pâte avec l'œuf battu. Mettez-la dans le four pendant 15 minutes, jusqu'à ce qu'elle soit dorée.

2 Laissez refroidir la pâte quelques minutes, puis découpez-la en 6 rectangles égaux.

3 Faites fondre l'oignon et le gingembre dans l'huile. Versez le fumet de poisson et le xérès. Laissez mijoter 5 minutes. Ajoutez le flétan et la chair de crabe. Assaisonnez à votre goût. Ouvrez l'avocat, enlevez la pulpe et coupez-la en petits cubes auxquels vous mélangerez le jus du citron vert. Pelez et émincez la mangue et gardez-en quelques tranches pour la décoration. Ajoutez avocat et mangue au poisson et mélangez délicatement.

4 Pour former les deux mille-feuilles, superposez alternativement les rectangles de pâte feuilletée et la garniture de poisson. Décorez d'herbes et de quelques tranches de mangue.

Tourte de saumon au gingembre, avec thym citron et citron vert

Voici une tourte délicieuse qui vous fera apprécier tous les arômes du saumon.

Pour 4 à 6 personnes

800 g de saumon
3 c. à soupe d'huile de noix
1 c. à soupe de jus de citron vert
2 c. à café de thym citron haché
2 c. à soupe de vin blanc
Sel, poivre
400 g de pâte feuilletée
50 g d'amandes effilées
3 ou 4 morceaux de gingembre confit haché

1 Fendez le saumon en deux dans la longueur. Ôtez les arêtes et la peau et levez 4 filets. Mélangez l'huile, le jus de citron, le thym citron, le vin et le poivre. Recouvrez le poisson de ce mélange et laissez-le mariner une nuit au frais.

2 Abaissez la pâte feuilletée que vous aurez séparée en deux parties inégales : la première, plus étroite, doit être assez large pour contenir deux filets de saumon côte à côte ; la seconde doit dépasser de 5 cm pour pouvoir être rabattue sur les côtés de la tourte. Égouttez les filets et jetez la marinade.

3 Préchauffez le four à 190 °C (therm. 5). Disposez deux filets sur la plus petite des deux abaisses. Assaisonnez. Saupoudrez d'amandes et de gingembre. Recouvrez avec les deux autres filets.

4 Posez la seconde abaisse de pâte sur le poisson, en soudant bien les deux. Dorez la tourte à l'œuf battu. Décorez avec les chutes de pâte. Faites cuire 40 minutes.

En haut : *mille-feuilles de flétan aux herbes.*
En bas : *tourte de saumon au gingembre.*

MORUE À LA TOMATE, AU BASILIC ET AUX POMMES DE TERRE

Idéal à midi avec une salade, ce plat peut être aussi le plat unique du dîner.

POUR 8 PERSONNES

1 kg de morue fumée
1 kg de morue blanche
60 cl de lait
2 brins de basilic
1 brin de thym citron
75 g de beurre
1 oignon pelé et haché
75 g de farine
2 c. à soupe de concentré de tomates
2 c. à soupe de basilic haché
12 pommes de terre moyennes
50 g de beurre
30 cl de lait
Sel, poivre
1 c. à soupe de persil ciselé

1 Disposez les deux sortes de morue dans un plat à rôtir et recouvrez-les avec le lait, 1 litre d'eau et les brins d'herbes. Faites mijoter pendant 3 ou 4 minutes. Laissez refroidir le plat pendant une vingtaine de minutes. Égouttez le poisson et réservez le fond de poisson pour préparer la sauce. Émiettez la morue, en retirant soigneusement la peau et les arêtes.

2 Faites fondre le beurre dans une casserole et mettez-y l'oignon à blondir pendant 5 minutes. Ajoutez la farine, le concentré de tomates et la moitié du basilic. Incorporez progressivement le fond de poisson réservé, en délayant au besoin avec du lait pour obtenir une consistance fine et veloutée. Portez à ébullition. Salez, poivrez. Ajoutez le reste du basilic. Incorporez le poisson délicatement. Disposez cette préparation dans un plat à four.

3 Préchauffez le four à 180 °C (therm. 4). Faites cuire les pommes de terre, puis écrasez-les en purée fine. Ajoutez 50 g de beurre et 30 cl de lait. Salez et poivrez. Recouvrez le poisson de cette purée en dessinant dessus des motifs à la fourchette. Congelez le plat ou faites-le cuire au four 30 minutes. Servez parsemé de persil.

Croquettes de crevettes à la menthe, à l'aneth et au citron vert

Une association réussie, celle, magique, de la menthe, de l'aneth et du citron vert, qui séduira tous vos invités.

POUR 4 PERSONNES

4 grandes feuilles de brick
75 g de beurre
16 grosses crevettes cuites (8 décortiquées et 8 entières)
1 c. à soupe de menthe fraîche hachée, plus quelques feuilles pour décorer
1 c. à soupe d'aneth frais haché
Le jus d'un citron vert et un autre citron vert coupé en quartiers

1 Recouvrez les feuilles de brick d'un linge sec et propre pour éviter qu'elles ne sèchent. Coupez-en une en deux dans la largeur. Badigeonnez les deux moitiés du beurre fondu. Superposez-les l'une sur l'autre.

2 Préchauffez le four à 230 °C (therm. 7). Coupez les 8 crevettes en deux dans le sens de la longueur. Enlevez les parties noires.

3 Déposez 4 demi-crevettes au centre d'une feuille de brick. Nappez-les d'un quart de la menthe fraîche, de l'aneth et du jus de citron. Repliez les 4 côtés de la feuille sur les crevettes. Badigeonnez de beurre. Répétez l'opération avec les 6 autres crevettes.

4 Disposez les croquettes sur une plaque beurrée et mettez-les au four pendant 10 minutes. Servez avec des quartiers de citron vert et les feuilles de menthe.

PROFITEROLES AU CAMEMBERT, AU CERFEUIL ET AUX PRUNES

Qui dit profiteroles ne dit pas forcément chocolat : la recette que nous proposons est fort savoureuse ; de plus, elle constituera un délicieux hors-d'œuvre.

POUR 8 PERSONNES

30 cl d'eau
140 g de beurre coupé en cubes
170 g de farine
2 c. à café de moutarde en poudre
1 c. à café de cannelle en poudre
4 œufs
75 g de cheddar râpé

GARNITURE

225 g de camembert
1/2 verre de lait
1 c. à café de cerfeuil frais haché
6 prunes fraîches dénoyautées et finement hachées

SAUCE

300 g de prunes rouges en conserve
1/2 c. à café de cannelle en poudre
1 c. à café de cerfeuil haché, plus quelques brins entiers pour la décoration

1 Pour préparer les profiteroles, versez de l'eau dans une casserole. Ajoutez le beurre et mélangez en portant à ébullition, puis tamisez au-dessus la farine, la moutarde et la cannelle. Remuez vivement avec une cuillère en bois jusqu'à ce que la pâte se détache des bords de la casserole.

2 Laissez refroidir la pâte 10 minutes. Incorporez les œufs un par un. Ajoutez le cheddar râpé. Mélangez bien. Avec une poche à douille munie d'un embout large, déposez sur une plaque de cuisson beurrée des boules de pâte de 2,5 cm de diamètre. Faites cuire au four préchauffé à 200 °C (therm. 5) pendant 20 minutes. Laissez refroidir sur une grille.

3 Découpez le camembert en morceaux et mixez ceux-ci avec le lait et le cerfeuil haché. La consistance du mélange doit être onctueuse. Ôtez ce mélange du mixeur et ajoutez-y les prunes hachées.

4 Pendant que la pâte refroidit, préparez la sauce. Égouttez les prunes en conserve. Dénoyautez-les si nécessaire. Mixez-les dans le robot avec la cannelle et le cerfeuil, jusqu'à l'obtention d'une sauce onctueuse.

5 Fendez les profiteroles sur le côté, à mi-hauteur. Emplissez les moitiés inférieures de garniture au camembert, puis recouvrez-les des moitiés supérieures. Dressez les profiteroles sur les assiettes et saupoudrez-les d'un peu de cannelle. Servez la sauce à part.

NEMS AU PORC, AU THYM ET AUX CHÂTAIGNES D'EAU

On peut trouver des châtaignes d'eau (bulbes de joncs sauvages) en conserves dans les épiceries asiatiques ou au rayon de produits exotiques des supermarchés.

POUR 8 PERSONNES

1 c. à soupe d'huile de tournesol, plus 4 autres pour la cuisson
1 c. à café de gingembre frais râpé
300 g de filet de porc finement haché
6 bulbes de ciboule hachés
115 g de champignons de Paris hachés
75 g de pousses de bambou hachées
12 châtaignes d'eau finement hachées
2 c. à café de Maïzena
1 c. à soupe de sauce soja
2 c. à café de pâte d'anchois
2 c. à café de thym frais haché
Sel, poivre
8 grandes feuilles de brick
25 g de beurre fondu

1 Dans une poêle, faites revenir le gingembre dans de l'huile chaude pendant quelques secondes, puis ajoutez le porc. Mélangez. Lorsque le porc est coloré, mettez les ciboules et les champignons, et laissez cuire jusqu'à ce qu'ils soient tendres. Ajoutez les pousses de bambou et les châtaignes d'eau.

2 Dans un bol, délayez la Maïzena avec la sauce soja et la pâte d'anchois. Versez ce mélange dans la poêle, remuez et ajoutez le thym haché. Salez, poivrez. Continuez la cuisson jusqu'à épaississement de la farce.

3 Pliez une feuille de brick en deux pour former un carré. Mettez deux cuillerées à soupe de farce dans un angle de la feuille. Rabattez cet angle puis les côtés de la feuille par-dessus et roulez-la. Recouvrez les bords de beurre fondu. Fermez le nem et disposez-le, ouverture dessous, dans un linge. Rabattez le linge dessus. Procédez de même pour les autres nems.

4 Plongez deux ou trois nems à la fois dans l'huile bouillante, jusqu'à mi-hauteur. Faites-les frire jusqu'à ce qu'ils dorent. Égouttez-les sur du papier absorbant et servez chaud.

En haut : *profiteroles au camembert, au cerfeuil et aux prunes.* En dessous : *nems au porc, au thym et aux châtaignes d'eau.*

TOURTE D'AGNEAU À LA POIRE ET AU GINGEMBRE, SAUCE MENTHE

L'association de l'agneau et du fruit est d'origine persane. Dans cette recette, le gingembre et la menthe relèvent la douceur des arômes.

POUR 6 PERSONNES

1 kg de filet d'agneau désossé

Sel, poivre

8 grandes feuilles de brick

25 g de beurre

FARCE

1 c. à soupe de beurre

1 petit oignon pelé et haché

115 g de chapelure

Le zeste d'un citron râpé

300 g de poires en conserve égouttées (dont 130 g et le sirop pour la sauce)

1 pincée de gingembre en poudre

1 petit œuf battu

Brochettes, ficelle de cuisine et grande aiguille pour la roulade

SAUCE

Le reste des poires en conserve et leur sirop

2 c. à café de menthe fraîche hachée

1 Pour préparer la farce, faites fondre le beurre dans une poêle, puis jetez-y tous les oignons. Cuisez-les sans les faire colorer. Préchauffez le four à 180 °C (therm. 4). Mixez le beurre et les oignons dans un robot ménager avec la chapelure, le zeste de citron, les poires et le gingembre. Assaisonnez légèrement et ajoutez l'œuf battu pour lier la farce.

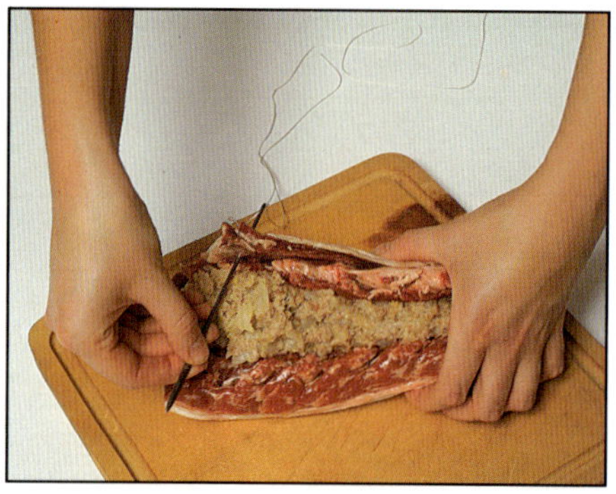

2 Posez la viande à plat sur une planche de bois, côté gras en dessous. Assaisonnez. Mettez la farce au milieu dans le sens de la longueur, et rabattez délicatement les côtés l'un sur l'autre. Maintenez la roulade avec des brochettes pendant que vous cousez les bords. Dans une cocotte, faites brunir l'agneau sur tous les côtés pendant 20 à 30 minutes. Laissez-le refroidir puis tenez-le au frais jusqu'à l'emploi.

3 Préchauffez le four à 200 °C (therm. 5). Badigeonnez 2 feuilles de brick de beurre fondu. Étalez-les en formant un carré. Posez les autres feuilles par-dessus, deux par deux, et toujours en carré, après les avoir badigeonnées de beurre fondu.

4 Disposez la roulade d'agneau en diagonale dans un angle du carré de feuilles de brick. Rabattez l'angle puis les côtés. Badigeonnez l'intérieur de la pâte avec le beurre fondu. Enroulez l'agneau dans le carré. Mettez la roulade sur une plaque beurrée, ouverture en dessous. Badigeonnez-la de beurre fondu. Mettez au four 30 minutes. La tourte doit prendre une belle teinte dorée.

5 Mixez le reste des poires en conserve et leur jus avec la menthe. Servez cette sauce avec l'agneau.

Steak and kidney pie à la moutarde et au laurier

Un plat traditionnel avec une recette plus aromatisée. Le parfum de la moutarde, du laurier et du persil s'allie merveilleusement à la saveur du bœuf.

Pour 4 personnes

450 g de pâte feuilletée
2 c. à soupe et demie de farine
Sel, poivre
750 g de romsteck découpé en cubes
170 g de rognons de porc ou d'agneau
25 g de beurre
1 oignon moyen pelé et haché
1 c. à soupe de moutarde anglaise (faite avec de la moutarde en poudre délayée dans du vin blanc et du vinaigre aromatisé)
2 feuilles de laurier
1 c. à soupe de persil haché
15 cl de bouillon de bœuf
1 œuf battu

1 Sur un plan de travail fariné, abaissez les deux tiers de la pâte feuilletée sur une épaisseur de 3 mm environ. Foncez un moule rond d'une contenance de 1,5 litre.

2 Mettez la farine, du sel et du poivre dans une jatte. Ajoutez les cubes de bœuf et mélangez. Dégraissez les rognons, ôtez leur peau et émincez-les finement. Ajoutez-les dans la jatte et mélangez bien. Faites fondre le beurre dans une poêle et faites-y revenir l'oignon. Ajoutez moutarde, laurier, persil et bouillon de bœuf. Remuez bien.

3 Préchauffez le four à 190 °C (therm. 5). Disposez le bœuf et les rognons avec leur sauce dans le moule. Étalez le reste de la pâte sur une épaisseur de 3 mm environ. Dorez à l'œuf battu les bords de la pâte, puis recouvrez le moule de la seconde abaisse de pâte. Soudez les bords, en enlevant ce qui dépasse. Enfoncez un morceau de carton roulé au centre de la tourte. Décorez le dessus de la tourte avec les chutes de pâte.

4. Dorez la tourte à l'œuf battu. Enfournez et laissez cuire 1 h environ, jusqu'à ce que la pâte soit bien dorée.

Dinde aux pommes et au laurier, sauce madère

Un ragoût tout simple. La garniture aux pommes (on peut également ajouter des pâtissons) est originale, délicieuse, et ajoute une note décorative.

Pour 4 personnes

750 g d'escalope de dinde émincée en tranches de 2 cm d'épaisseur
Sel, poivre
50 g de beurre, plus 1 c. à soupe pour la garniture aux pommes
4 pommes acides pelées et coupées en tranches
4 c. à soupe de madère, plus 2 pour la garniture aux pommes
15 cl de bouillon de volaille
3 feuilles de laurier
2 c. à café de Maïzena
15 cl de crème fraîche épaisse
16 pâtissons (facultatif)

1 Assaisonnez les escalopes de dinde. Faites-les revenir dans une poêle avec 25 g de beurre, puis mettez-les dans une cocotte. Préchauffez le four à 180 °C (therm. 4). Ajoutez dans la cocotte le reste du beurre et deux pommes émincées. Enfournez et laissez cuire doucement pendant 1 ou 2 minutes.

2 Ajoutez dans la cocotte le madère, le bouillon, les feuilles de laurier et mélangez bien. Faites mijoter quelques instants, puis faites cuire à couvert pendant 40 minutes.

3 Délayez la Maïzena avec un peu de crème puis ajoutez le reste de la crème. Versez ce mélange dans la cocotte et remettez celle-ci au four pendant 10 minutes, le temps que la sauce épaississe.

4 Pour préparer la garniture, faites fondre 25 g de beurre dans une poêle et faites revenir doucement les deux autres pommes émincées. Versez le madère et faites flamber. Prolongez la cuisson après la fin du flambage jusqu'à ce que les pommes soient légèrement dorées. Dressez-les dans la cocotte et servez directement.

Bœuf à la moutarde aux fines herbes et à l'orange

Pour accompagner vos croustades au jambon ou au porc et d'autres plats comme celui-ci, faites vous-même votre moutarde aux fines herbes et à l'orange. Ici, elle rehausse agréablement le goût du bœuf.

Pour 4 personnes

50 cl d'huile
750 g de bœuf à braiser coupé en cubes
225 g d'oignons pelés et émincés
1 gousse d'ail pelée et écrasée
2 c. à soupe de farine
30 cl de bouillon de bœuf
2 oranges
1 c. à soupe de concentré de tomates
3 c. à soupe de Grand Marnier
1 c. à soupe de sirop d'érable ou de miel
Sel, poivre
100 g de champignons de Paris émincés

Moutarde aux fines herbes

2 c. à soupe d'herbes fraîches (par exemple, thym, ciboulette), finement ciselées
Le jus et le zeste râpé d'une demi-orange (conservez l'autre moitié pour la décoration)
3 c. à soupe de moutarde de Dijon

1 Dans une poêle, saisissez le bœuf dans l'huile. Mettez-le dans une cocotte. Faites fondre l'ail et l'oignon dans la poêle, égouttez-les et jettez-les dans la cocotte. Saupoudrez de farine. Cuisez pendant 1 minute. Ajoutez le bouillon et portez à ébullition.

2 Prélevez l'écorce de 2 oranges et taillez-la en fine julienne. Pressez les oranges et versez leur jus dans la cocotte avec la julienne. Ajoutez le concentré de tomates, le Grand Marnier, le sirop d'érable et assaisonnez le tout. Préchauffez le four à 180 °C (therm. 4).

3 Couvrez et faites cuire au four pendant au moins 1 h 30. Ajoutez les champignons et prolongez la cuisson de 30 minutes. Servez le plat garni d'une demi-orange coupée en tranches, accompagné de moutarde aromatisée.

4 Pour préparer la moutarde aromatisée, mélangez ensemble le zeste d'orange, les herbes hachées, le jus d'orange et la moutarde. Servez séparément dans une coupelle.

FRICASSÉE DE POULET AUX MÛRES ET À LA CITRONNELLE

Un ragoût délicieux aux arômes subtils. L'association du vin et des mûres le rend encore plus étonnant.

POUR 4 PERSONNES

4 ailes de poulet avec les blancs
Sel, poivre
25 g de beurre
1 c. à soupe d'huile de tournesol
25 g de farine
15 cl de vin rouge
15 cl de bouillon de volaille
Le zeste râpé d'une demi-orange
1 c. à soupe de jus d'orange
3 brins de citronnelle finement ciselés, plus un autre brin pour la décoration
15 cl de crème fraîche épaisse
1 jaune d'œuf
100 g de mûres fraîches, plus 50 g pour la décoration

1 Ôtez la peau des morceaux de poulet et assaisonnez-les. Dans une poêle, faites-les saisir dans le beurre et l'huile puis mettez-les dans une cocotte. Versez la farine, le vin, le bouillon dans la poêle et portez à ébullition. Ajoutez le zeste et le jus d'orange ainsi que la citronnelle ciselée. Arrosez le poulet de cette préparation.

2 Préchauffez le four à 180 °C (therm. 4). Enfournez la cocotte et faites cuire à couvert pendant 40 minutes.

3 Mélangez dans un bol la crème et le jaune d'œuf. Prélevez un peu de sauce dans la cocotte et incorporez-la à ce mélange. Versez le tout dans la cocotte en y ajoutant les mûres (sauf celles destinées à la décoration). Continuez la cuisson à couvert pendant 10 à 15 minutes. Servez le plat garni du reste des mûres et de la citronnelle.

PORC AUX CHAMPIGNONS, À LA SAUGE ET AU CHUTNEY À LA MANGUE

Le chutney à la mangue et les feuilles de sauge rehaussent la saveur de ce plat.

POUR 4 PERSONNES

25 g de beurre
1 c. à soupe d'huile de tournesol
75 g de porc coupé en cubes
175 g d'oignons pelés et hachés
2 c. à soupe de farine
50 cl de bouillon
4 c. à soupe de vin blanc
Sel, poivre
225 g de champignons de Paris émincés
6 feuilles de sauge fraîche finement hachées
2 c. à soupe de chutney à la mangue
1 mangue fraîche pelée et coupée en tranches, pour la décoration

1 Saisissez le porc dans l'huile et le beurre chauds. Mettez-le ensuite dans une cocotte. Faites revenir les oignons, incorporez la farine et cuisez pendant 1 minute.

2 Préchauffez le four à 180 °C (therm. 4). Versez le bouillon et le vin blanc sur les oignons et amenez à ébullition. Assaisonnez, puis ajoutez les champignons, la sauge et le chutney à la mangue.

3 Nappez le porc de cette préparation et couvrez la cocotte. Faites cuire au four pendant 1 heure environ, selon l'épaisseur de la viande (qui doit être tendre). Vérifiez l'assaisonnement. Servez le porc garni de tranches de mangue et accompagné de riz.

En haut : *porc aux champignons, à la sauge et au chutney à la mangue.* En dessous : *fricassée de poulet aux mûres et à la citronnelle.*

LOTTE AUX POIREAUX SAUCE THYM

La lotte est un poisson apprécié de nos jours pour sa saveur délicate et pour sa chair ferme.

POUR 4 PERSONNES

1 kg de lotte coupée en cubes
Sel, poivre
75 g de beurre
4 poireaux lavés et émincés
1 c. à soupe de farine
15 cl de fumet de poisson ou de bouillon de légumes
2 c. à café de thym frais finement ciselé, plus quelques brins pour la décoration
Le jus d'un citron
15 cl de crème fraîche
Une chicorée (trévise) pour la garniture

1 Assaisonnez le poisson. Faites-le revenir rapidement à la poêle dans un tiers du beurre préalablement fondu. Mettez-le de côté. Étuvez les poireaux à la poêle dans un tiers du beurre. Quand ils sont tendres, mettez-les de côté.

2 Faites fondre le dernier tiers de beurre dans une casserole, complétez avec le fond de beurre de la poêle. Ajoutez la farine en remuant constamment. Mouillez avec le fumet ou le bouillon. Dès que le roux épaissit, ajoutez le thym et le jus de citron.

3 Mettez la lotte et les poireaux dans la casserole et laissez mijoter pendant quelques minutes. Versez la crème et assaisonnez. Ne laissez pas bouillir, sinon la crème tournerait. Servez le plat aussitôt, décoré de thym et de trévise.

Poisson au cidre et au calvados, avec persil et aneth

Cette recette de poisson exhale un éventail d'arômes très intéressant, qui ne manquera pas d'étonner vos invités. Le choix des poissons est vaste : achetez-les très frais, en fonction de vos goûts.

Pour 4 personnes

1 kg de poisson blanc

1 c. à soupe de persil ciselé, plus quelques feuilles pour la décoration

225 g de champignons de Paris

225 g de tomates en conserve

Sel, poivre

2 c. à café de farine

1 c. à soupe de beurre

50 cl de cidre

3 c. à soupe de calvados

1 grande botte d'aneth frais, plus 4 brins pour la décoration

1 Découpez grossièrement le poisson. Disposez-le dans une cocotte allant au four et ajoutez le persil, les champignons, les tomates, le sel et le poivre.

2 Préchauffez le four à 180 °C (therm. 4). Travaillez le beurre avec la farine. Faites chauffer le cidre et incorporez-y peu à peu le beurre manié, en remuant constamment. Continuez la cuisson jusqu'à ce que le roux épaississe.

3 Versez ce roux et le reste des ingrédients sur le poisson. Mélangez délicatement. Couvrez et faites cuire au four pendant 30 minutes. Servez le poisson garni de brins d'aneth et de feuilles de persil.

Agneau aux poireaux, menthe et ciboule

Ce plat est un régal, surtout avec de l'agneau de lait et des petits poireaux provenant – pourquoi pas ? – de votre potager. La délicatesse de ce plat mérite un bouillon de volaille fait maison ; sinon, utilisez un bouillon de bonne qualité.

Pour 6 personnes

2 c. à soupe d'huile de tournesol

2 kg d'agneau (filet ou gigot), découpé en cubes

10 bulbes de ciboules émincés en grosses rondelles

3 poireaux émincés en grosses rondelles

1 c. à soupe de farine

15 cl de vin blanc

30 cl de bouillon de volaille

1 c. à soupe de concentré de tomates

1 c. à soupe de sucre

Sel, poivre

2 c. à soupe de feuilles de menthe fraîche finement ciselées, plus quelques autres pour la décoration

115 g de poires séchées hachées

1 kg de pommes de terre pelées et émincées en rondelles

30 g de beurre fondu

1 Faites revenir l'agneau dans l'huile chaude, puis mettez-le dans une cocotte. Préchauffez le four à 180 °C (therm. 4).

2 Faites fondre les ciboules et les poireaux dans une poêle pendant une minute. Saupoudrez de farine et laissez cuire encore une minute. Ajoutez le vin et le bouillon. Portez à ébullition. Mélangez avec le concentré de tomates, le sucre, du sel et du poivre, la menthe, les poires. Mettez le tout dans la cocotte et remuez bien. Terminez par les rondelles de pommes de terre que vous badigeonnerez de beurre fondu.

3 Couvrez et faites cuire au four pendant 1 h 30. Portez la température à 200 °C (therm. 5) pendant 30 minutes, sans couvercle, pour faire dorer les pommes de terre. Garnissez avec les feuilles de menthe.

Oignons farcis persillés

Un plat végétarien qui peut accompagner aussi les viandes. Servi avec du pain grillé et une salade, il sera également succulent au dîner.

Pour 4 personnes

4 gros oignons pelés

4 c. à soupe de riz cuit

4 c. à café de persil frais finement ciselé, plus quelques feuilles pour la décoration

4 c. à soupe de cheddar fort ou de cantal râpé fin

Sel, poivre

2 c. à soupe d'huile d'olive

1 c. à soupe de vin blanc

1 Décalottez les oignons du côté de la tige et évidez-les en laissant assez d'épaisseur tout autour. Mélangez tous les ingrédients et mouillez avec le vin. Préchauffez le four à 180 °C (therm. 4).

2 Farcissez les oignons de cette préparation. Enfournez et faites cuire pendant 45 minutes. Servez le plat décoré de quelques feuilles de persil.

POULET AUX HERBES ET POMMES DE TERRE FARCIES AUX ABRICOTS ET AUX NOIX DE PÉCAN

Les farcis de pommes de terre sont un superbe accompagnement pour le poulet. Vous pouvez également, si le cœur vous en dit, varier à l'infini les ingrédients de la farce.

POUR 8 PERSONNES

8 blancs de poulet
2 c. à soupe de beurre
6 champignons de Paris hachés
1 c. à soupe de noix de pécan hachées
115 g de jambon haché
50 g de chapelure
1 c. à soupe de persil haché, plus quelques feuilles pour la décoration
Sel, poivre
8 piques à cocktail

SAUCE

2 c. à café de Maïzena
12 cl de vin blanc
50 g de beurre
50 g de chutney aux abricots

POMMES DE TERRE FARCIES

4 grosses pommes de terre à chair ferme
170 g de chair à saucisse
225 g d'abricots au sirop en conserve, égouttés et coupés en quartiers
1/4 de c. à café de cannelle
Le zeste râpé d'une demi-orange
2 c. à soupe de miel ou de sirop d'érable
2 c. à soupe de beurre
3 c. à soupe de noix de pécan hachées, plus quelques noix coupées en deux pour la décoration

1 Placez les blancs de poulet entre deux feuilles de papier sulfurisé et aplatissez-les à l'aide d'un rouleau à pâtisserie ou d'une batte. Faites fondre le beurre dans une poêle et sauter les champignons, les noix de pécan et le jambon. Ajoutez la chapelure et le persil, et mélangez bien. Assaisonnez. Répartissez cette préparation sur les 8 blancs de poulet, roulez la viande et maintenez chaque roulade avec une pique. Réservez au réfrigérateur.

2 Faites cuire les pommes de terre au four à 160 °C (therm. 3) et préparez la sauce. Délayez la Maïzena dans un peu de vin. Mettez le reste du vin dans une casserole et versez la Maïzena délayée. Laissez mijoter pour obtenir une liaison onctueuse. Ajoutez le beurre, le chutney aux abricots. Faites cuire le tout 5 minutes sans cesser de remuer.

3 Dressez les blancs dans un plat à four creux et recouvrez-les de la sauce. Cuisez au four 20 minutes (sans changer la température), en même temps que les pommes de terre, en arrosant souvent.

4 Lorsque les pommes de terre sont cuites, coupez-les en deux et évidez l'intérieur avec précaution. Écrasez la chair et mettez-la dans une jatte.

5 Faites revenir la chair à saucisse, en enlevant une partie de la graisse fondue. Ajoutez-la aux pommes de terre écrasées et mélangez le tout délicatement. Remplissez les pommes de terre évidées avec ce mélange et décorez-les avec les moitiés de noix de pécan. Enfournez à côté du poulet et laissez cuire 30 minutes de plus.

6 Retirez le poulet du four et versez la sauce dans un autre récipient. Émincez les roulades, dressez-les dans les assiettes et nappez-les de sauce. Mettez une pomme de terre farcie dans chaque assiette et garnissez de feuilles de persil.

STEAKS DE GIBIER AU SUREAU ET À L'ORANGE

De nos jours, on trouve facilement du gros gibier d'élevage. La sauce douce atténue le goût fort de la viande.

POUR 4 PERSONNES

4 steaks de gibier (cerf, sanglier...) de 170 à 225 g chacun
Huile d'olive pour arroser
Poivre noir
Sel
2 c. à soupe de vin rouge
2 c. à soupe de jus d'orange, plus quelques quartiers d'orange pour la décoration
2 c. à soupe de gelée de sureau
Brins de persil pour la décoration

1 Attendrissez les steaks en les frappant avec une batte.

2 Badigeonnez-les d'huile d'olive et assaisonnez-les avec du poivre noir fraîchement moulu. Faites-les griller à four chaud selon la cuisson désirée. Salez.

3 Dans une poêle, mettez le vin à réduire, puis ajoutez le jus d'orange et la gelée de sureau et laissez mijoter doucement pendant 10 minutes. Nappez les steaks de cette sauce. Servez-les garnis de quartiers d'orange et de feuilles de persil.

En haut : *steaks de gibier au sureau et à l'orange.* En dessous : *poulet aux herbes et pommes de terre farcies aux abricots et aux noix de pécan.*

POULET AU GENIÈVRE ET AU GIN À LA PRUNELLE

Les baies de genièvre entrent dans l'élaboration du gin. Aussi leur parfum et la saveur du gin à la prunelle forment-ils une délicieuse association.

POUR 8 PERSONNES

2 c. à soupe de beurre
2 c. à soupe d'huile de tournesol
8 blancs de poulet
350 g de carottes cuites
1 gousse d'ail épluchée et écrasée
1 c. à soupe de persil finement ciselé
4 c. à soupe de bouillon de volaille
4 c. à soupe de vin rouge
4 c. à soupe de gin à la prunelle (ou d'eau-de-vie de prunelle)
1 c. à café de baies de genièvre pilées
Sel, poivre
1 bouquet de basilic pour la décoration

1 Dans une poêle, mettez le beurre à fondre avec l'huile et faites-y colorer à feu vif les blancs de poulet sur toutes leurs faces.

2 Mixez tous les autres ingrédients (sauf le basilic) dans un robot ménager. Si cette sauce vous paraît trop épaisse, allongez-la d'un peu de vin rouge ou d'eau pour rectifier sa consistance.

3 Placez les blancs de poulet dans une poêle. Couvrez-les de la sauce et faites-les cuire à petit feu pendant 15 minutes. Rectifiez l'assaisonnement. Servez le poulet parsemé de basilic frais haché.

MAGRETS DE CANARD AUX PRUNES ROUGES, AVEC CANNELLE ET CORIANDRE

La préparation de cette recette est toute simple; son résultat est un délice.

POUR 4 PERSONNES

4 magrets de canard (sans leur peau) de 175 g chacun
Sel
2 c. à café de cannelle en bâton écrasée
50 g de beurre
1 c. à soupe d'eau-de-vie de prune (ou de cognac)
25 cl de bouillon de volaille
25 cl de crème fraîche épaisse
6 prunes rouges fraîches, dénoyautées et émincées
6 brins de coriandre fraîche, plus quelques feuilles pour la décoration

1 Préchauffez le four à 190 °C (therm. 5). Incisez les magrets et poudrez-les de sel. Frottez-les de chaque côté de cannelle écrasée, en appuyant bien. Faites fondre la moitié du beurre dans une poêle, puis saisissez les magrets sur toutes leurs faces. Dressez-les, avec le beurre de cuisson, dans un plat à rôtir et cuisez-les au four pendant 6 à 7 minutes.

2. Retirez le plat du four et mettez les magrets dans une poêle. Ajoutez l'eau-de-vie et faites flamber. Retirez les filets de la poêle et réservez-les. Versez le bouillon et la crème fraîche dans la poêle et faites épaissir cette sauce à feu doux. Rectifiez l'assaisonnement. Réservez des lamelles de prune pour la décoration.

3 Dans une poêle, faites fondre l'autre moitié du beurre, puis mettez à revenir rapidement les lamelles de prune et les brins de coriandre. Présentez les magrets nappés de sauce accompagnés des lamelles de prune revenues et de la coriandre hachée. Décorez avec les lamelles de prune réservées et les feuilles de coriandre.

DINDE AUX FIGUES, À LA CONFITURE D'ORANGE ET À LA MENTHE

La dinde est une viande maigre que l'on devrait consommer toute l'année, et pas seulement à Noël. Avec une sauce qui sort de l'ordinaire, son goût sera mis en valeur.

POUR 4 PERSONNES

500 g de figues séchées
1/2 bouteille de vin blanc doux et fruité
4 escalopes de dinde de 170 g à 225 g chacune
1 c. à soupe de beurre
2 c. à soupe de confiture d'orange
10 feuilles de menthe, finement ciselées, plus quelques feuilles pour la décoration
Le jus d'un demi-citron
Sel, poivre

1 Mettez les figues dans une casserole et mouillez-les avec le vin. Portez à ébullition, puis faites mijoter très doucement pendant 1 h. Laissez refroidir et réservez au réfrigérateur pendant une nuit.

2 Faites sauter les escalopes dans le beurre jusqu'à ce qu'elles soient cuites. Réservez-les au chaud. Dégraissez la poêle et versez-y le jus des figues. Portez à ébullition et faites réduire ce jus : il ne doit plus en rester que 15 cl.

3 Ajoutez la confiture d'orange, la menthe ciselée, le jus de citron et faites cuire à petit feu pendant quelques minutes. Assaisonnez à votre goût. Servez les escalopes nappées de la sauce et garnies de figues et de feuilles de menthe.

AGNEAU À LA MENTHE ET AU CITRON

L'association de l'agneau et de la menthe est fort ancienne – et, étant donné le plaisir qu'elle procure, bien pensée.

POUR 8 PERSONNES

8 côtelettes d'agneau de 225 g chacune
Le zeste râpé et le jus d'un citron
2 gousses d'ail épluchées et écrasées
2 ciboules finement ciselées
2 c. à café de feuilles de menthe fraîche hachées, plus quelques feuilles pour la décoration
4 c. à soupe d'huile d'olive
Sel, poivre noir

1 Préparez la marinade en mélangeant tous les ingrédients. Assaisonnez à votre goût. Disposez les côtelettes dans un plat creux et laissez-les macérer toute une nuit au réfrigérateur.

2 Faites cuire les côtelettes sous le gril très chaud, en les arrosant régulièrement avec la marinade en cours de cuisson. Retournez-les à mi-cuisson. Servez-les garnies de feuilles de menthe.

Biftecks d'aloyau à la coriandre, sauce Bloody Mary

Les ingrédients de la sauce rappellent ceux du fameux cocktail, et ils sont tout aussi délicieux.

Pour 4 personnes

4 biftecks d'aloyau de 225 g chacun

Marinade

2 c. à soupe de sauce soja
4 c. à soupe de vinaigre balsamique
2 c. à soupe d'huile d'olive

Sauce

1 kg de tomates bien mûres pelées et concassées
Concentré de tomates, si nécessaire
50 g d'oignons pelés et hachés
2 ciboules
1 c. à café de coriandre fraîche ciselée
1 c. à café de cumin moulu
1 c. à café de sel
1 c. à soupe de jus de citron vert
12 cl de consommé de bœuf
4 c. à soupe de vodka
1 c. à soupe de sauce du Worcestershire

1 Placez les biftecks dans un plat creux. Mélangez les ingrédients de la marinade dans un bol et recouvrez-en les biftecks. Laissez mariner quelques heures au réfrigérateur en retournant la viande deux fois.

2 Si les tomates ne sont pas tout à fait mûres, ajoutez un peu de concentré de tomates. Mettez tous les ingrédients de la sauce dans un mixeur et réduisez-les en purée. Versez la sauce dans une casserole. Portez à ébullition, puis faites mijoter pendant 5 minutes.

3 Égouttez les biftecks puis placez-les sous le gril chaud. Servez-les avec la sauce.

Rôti de porc à la sauge, à la marjolaine et aux feuilles de céleri

Le porc est économique, mais il convient aussi bien à un repas de famille qu'à un dîner de fête. Servi avec une purée de fruits, il n'en devient que plus appétissant.

Pour 8 personnes

3 kg de rôti de porc
8 feuilles de sauge fraîche
1 c. à soupe de marjolaine fraîche
3 c. à soupe de feuilles de céleri ciselées
Sel, poivre
4 c. à soupe de cidre

Purée

1 c. à soupe de beurre
2 pommes à croquer
2 bananes
1 c. à soupe de calvados

1 Préchauffez le four à 165 °C (therm. 4). Placez le rôti sur une feuille d'aluminium. Mélangez la sauge, la marjolaine et les feuilles de céleri dans un bol, puis recouvrez la partie grasse du rôti avec ce mélange d'herbes. Assaisonnez. Enveloppez soigneusement le rôti dans l'aluminium et faites-le cuire au four pendant 1 h.

2 Ouvrez la feuille d'aluminium, arrosez le rôti de cidre et refermez. Continuez la cuisson 1 h. Le rôti est cuit lorsqu'un jus clair s'écoule de la partie la plus épaisse quand vous piquez avec un couteau.

3 Pour préparer la purée, épluchez et émincez les pommes et les bananes. Faites fondre le beurre dans une casserole et faites-y revenir les fruits. Ajoutez le calvados et faites flamber. Lorsque les flammes sont éteintes,versez cette préparation dans un mixeur et réduisez-la en purée. Servez le rôti de porc avec cette purée.

En haut : *biftecks d'aloyau à la coriandre, sauce Bloody Mary.* En dessous : *rôti de porc à la sauge, à la marjolaine et aux feuilles de céleri.*

MAÏS AU BEURRE D'AIL CROUSTILLANT

Ce plat enthousiasmera tous vos convives, qu'ils soient végétariens ou amateurs de viande. Il régalera même ceux qui, habituellement, dédaignent les épis de maïs.

POUR 6 PERSONNES

6 épis de maïs mûrs
225 g de beurre
2 c. à soupe d'huile d'olive
2 gousses d'ail épluchées et écrasées
2 c. à café de poivre noir fraîchement moulu
115 g de chapelure
1 c. à soupe de persil ciselé

1 Cuisez les épis à l'eau bouillante salée pendant 15 minutes. Égouttez-les et laissez-les refroidir.

2 Faites fondre le beurre dans une casserole et ajoutez-y l'huile, l'ail et le poivre noir, puis versez le tout dans un plat. Mélangez la chapelure et le persil dans un autre plat. Roulez les épis dans le premier mélange, puis dans la chapelure.

3 Posez-les sous le gril très chaud jusqu'à ce que la chapelure soit dorée.

AUTRES USAGES DU BEURRE D'AIL

- Tranchez un pain de campagne à intervalles réguliers, sans séparer complètement les tranches. Tartinez chacune d'elles de beurre d'ail, puis cuisez à four modéré.
- Pour des croûtons à l'ail, faites dorer à feu moyen des cubes de pain dans le beurre d'ail fondu. Remuez fréquemment la poêle.
- Enduisez des blancs de poulet de beurre d'ail avant de les faire rôtir.

BROCHETTES VÉGÉTARIENNES À LA SAUCE AU POIVRE VERT

Vous pouvez aussi composer ces brochettes avec d'autres variétés de légumes selon la saison. La sauce au poivron vert, elle, peut accompagner merveilleusement une infinité de plats.

POUR 4 PERSONNES

8 brochettes de bois trempées dans l'eau une heure auparavant
24 champignons
16 tomates cerises
16 rondelles épaisses de courgette
16 morceaux de poivron rouge découpés en carrés
16 grandes feuilles de basilic
16 grandes feuilles de menthe, plus quelques feuilles pour la décoration

POUR LA PRÉPARATION

12 cl de beurre fondu
1 gousse d'ail, épluchée et écrasée
1 c. à soupe de grains de poivre vert concassés
Sel

SAUCE AU POIVRE VERT

50 g de beurre
3 c. à soupe de cognac
25 cl de crème fraîche épaisse
1 c. à café de grains de poivre vert concassés

1 Enfilez les légumes sur les brochettes, en plaçant le basilic après les tomates et en enveloppant les rondelles de courgette dans les feuilles de menthe.

2 Mélangez les ingrédients de la préparation et recouvrez-en toute la surface des brochettes. Faites cuire celles-ci au four pendant 5 à 7 minutes, en les retournant et en les arrosant régulièrement avec cette préparation.

3 Pour la sauce, mettez à fondre le beurre dans une poêle. Ajoutez le cognac et faites flamber. Puis incorporez la crème et le poivre vert en tournant bien. Laissez cuire pendant 2 minutes sans cesser de tourner. Servez les brochettes décorées de feuilles de basilic et de menthe fraîches. Présentez séparément la sauce au poivre vert.

Champignons à l'ail et à la marjolaine avec pain aux tomates et aux graines de potiron

Les champignons à l'ail ont toujours du succès. Servis avec un pain à l'italienne, ils n'en seront que meilleurs.

Pour 6 personnes

Champignons à l'ail

350 g de champignons de Paris
3 c. à soupe d'huile d'olive
1 c. à soupe d'eau
2 gousses d'ail épluchées et écrasées
4 c. à soupe de marjolaine fraîche ciselée
Le jus d'un citron
Sel, poivre

Pain de tomates

50 g de tomates séchées à l'huile d'olive
20 cl d'eau bouillante
1 c. à café de basilic frais haché
1 c. à café de marjolaine fraîche hachée
1 c. à café de romarin frais haché
50 g de beurre
1 c. à café de sel
500 g de farine
1 sachet de levure chimique
3 c. à soupe d'huile d'olive
1 œuf
1 c. à soupe de graines de potiron

1 Pour préparer les champignons, mettez tous les ingrédients dans une casserole. Portez à ébullition, puis réduisez le feu et faites mijoter pendant 10 minutes. Mettez le tout dans un bol et réservez au réfrigérateur pendant une nuit.

En haut : *champignons à l'ail et à la marjolaine avec pain aux tomates et aux graines de potiron.* En dessous : *pilons de poulet en croûte de miel et de coriandre.*

2 Pour préparer le pain, égouttez les tomates et coupez-les grossièrement. Placez-les dans un bol et versez dessus l'eau bouillante. Ajoutez les herbes et laissez macérer pendant 20 à 25 minutes.

3 Dans une jatte, pétrissez la farine, le beurre et le sel jusqu'à obtenir une consistance de chapelure. Incorporez la levure. Passez les tomates au tamis, récupérez le liquide de macération et faites-le tiédir. Placez dans un plat creux les tomates égouttées.

4 Mélangez les tomates et leur liquide avec l'huile et l'œuf. Creusez un puits au milieu de la farine et versez une grande partie de ce mélange. Pétrissez jusqu'à obtenir une pâte assez épaisse (si elle l'est trop, ajoutez le reste du liquide).

5 Travaillez la pâte dans la jatte jusqu'à ce qu'elle soit bien souple. Formez une boule et posez-la sur une feuille de papier sulfurisé beurrée. Recouvrez la boule d'un torchon et laissez-la lever légèrement dans une pièce chaude pendant une 1/2 h. Préchauffez le four à 220 °C (therm. 6).

6 Humectez la boule avec de l'eau. Enfoncez les graines de potiron sur le dessus et sur les côtés de la boule. Cuisez 15 à 20 minutes. Sortez le pain du four et retournez-le sur une grille. Tapez sur le côté plat du pain; s'il sonne creux, c'est qu'il est cuit. Sinon, prolongez la cuisson. Laissez le pain refroidir avant de le couper en tranches.

Pilons de poulet en croûte de miel et de coriandre

Un enrobage croustillant et absolument délicieux qui vous permettra d'éblouir votre famille et vos amis.

Pour 8 pilons

8 pilons de poulet
170 g de beurre
2 c. à soupe d'huile de tournesol
5 c. à soupe de miel liquide
1 c. à soupe de moutarde forte
1 c. à café de graines de coriandre concassées
Quelques brins de coriandre pour décorer
1 c. à café de poivre noir fraîchement moulu
450 g de chapelure

1 Faites griller les pilons pendant 6 minutes, en les retournant plusieurs fois. Dans une petite poêle, faites chauffer le beurre, l'huile et le miel. Mélangez bien les ingrédients.

2 Préchauffez le four à 180 °C (therm. 4). Ajoutez la moutarde, la coriandre et le poivre dans la poêle. Mélangez soigneusement. Badigeonnez les pilons de cette préparation, puis roulez-les dans la chapelure.

3 Faites cuire les pilons au four pendant 20 à 25 minutes. Leur jus doit être clair lorsqu'ils sont cuits. Servez-les garnis de brins de coriandre.

Côtelettes d'agneau marinées à la menthe et au xérès

Le secret de cette recette réside dans la marinade. Le xérès ajoute une note parfumée fort appréciée.

Pour 6 personnes

6 côtelettes d'agneau découvertes, ou 12 premières

Marinade

2 c. à soupe de feuilles de menthe fraîche ciselées

1 c. à soupe de grains de poivre noir

1 oignon moyen pelé et haché

12 cl de xérès

4 c. à soupe d'huile d'olive

2 gousses d'ail

1 Hachez très finement la menthe et le poivre noir dans un robot ménager. Ajoutez l'oignon et mixez le tout. Ajoutez les autres ingrédients de la marinade et mixez en purée. Celle-ci doit avoir une consistance assez épaisse.

2 Dressez les côtelettes dans un plat creux et recouvrez-les de la marinade. Couvrez le plat de cellophane et réservez au frais pendant une nuit.

3 Faites cuire les côtelettes au gril ou au barbecue à haute température, en les arrosant régulièrement de marinade.

DARNES DE SAUMON À LA SAUCE ORIGAN

Le saumon et les tomates piquantes sont une heureuse association : un plat idéal pour déjeuner en été.

POUR 4 PERSONNES

1 c. à soupe de beurre

4 darnes de saumon de 225 g chacune

12 cl de vin blanc

1/2 c. à café de poivre noir fraîchement moulu

2 c. à soupe d'origan frais ciselé, plus quelques brins pour la décoration

4 ciboules coupées en tronçons

225 g de tomates mûres pelées

2 c. à soupe d'huile d'olive

1/2 c. à café de sucre en poudre

1 c. à soupe de concentré de tomates

1 Préchauffez le four à 140 °C (therm. 3). Beurrez un plat et placez-y les darnes de saumon. Ajoutez le vin et le poivre noir. Couvrez le plat d'un papier d'aluminium et enfournez-le 15 minutes. Le poisson doit être juste cuit. Laissez refroidir.

2 Hachez l'origan très finement dans un mixeur. Ajoutez les ciboules, les tomates et tous les autres ingrédients. Mixez le tout grossièrement, en procédant par à-coups pour ne pas obtenir une purée homogène.

3 Servez les darnes de saumon froides avec la sauce et garnies d'un brin d'origan.

Pitas à la tomate, au guacamole et au basilic

Le basilic frais et la tomate forment un duo harmonieux qui s'associe très bien avec le goût épicé du guacamole.

Pour 6 personnes

6 grandes pitas

1 ou 2 grandes tomates coupées en rondelles

12 feuilles de basilic

2 grands avocats mûrs

1 tomate

1/2 oignon rouge

1 gousse d'ail, épluchée et écrasée

1 c. à soupe de jus de citron vert

1/4 de c. à café de piment en poudre

2 c. à soupe d'aneth frais haché

1 Incisez les pitas pour former une poche. Introduisez dedans quelques rondelles de tomate et 2 feuilles de basilic.

2 Hachez grossièrement la pulpe des avocats, le reste des tomates et le demi-oignon rouge. Mixez rapidement les autres ingrédients dans un robot ménager.

3 Incorporez les ingrédients mixés au mélange avocat-tomates et garnissez les pitas avec cette préparation. Servez aussitôt.

Sandwichs au brie, au raisin et à la menthe

Voici une garniture originale fort appréciée, qui n'en sera que meilleure associée à un très bon pain spécial ou à un pain aromatisé.

Pour 4 personnes

8 tranches épaisses de pain complet

Beurre pour tartiner

350 g de brie bien fait

30 à 40 grains de raisin

16 feuilles de menthe fraîche

1 Beurrez légèrement chaque tranche de pain. Émincez le brie en lamelles épaisses.

2 Étalez le brie sur les tranches de pain. Pelez les grains de raisin, coupez-les en deux, épépinez-les et placez-les sur les morceaux de brie. Ciselez finement la menthe et parsemez-en le brie et les raisins. Refermez chaque sandwich avec une tranche de pain et coupez-le en deux pour mettre en valeur sa garniture.

Autres sandwichs aux herbes

- Pita à la feta, aux olives noires, à la laitue, à la tomate et à la menthe fraîchement ciselée.
- Ciabatta (pain rectangulaire italien) au salami, au fromage frais, à la tomate et au basilic frais.
- Pain complet au blanc de poulet émincé, à la mayonnaise et à l'aneth.
- Fougasse à la tomate séchée, à la mozzarella grillée, aux olives noires, à la roquette et au basilic frais.
- Baguette à l'hoummos, à la laitue et à la coriandre fraîchement hachée.
- Pain de mie aux graines de pavot, au jambon de Parme, aux olives vertes et aux feuilles de roquette.

En haut : *sandwichs au brie, au raisin et à la menthe.* En dessous : *pitas à la tomate, au guacamole et au basilic.*

BROCOLIS ET CHOU-FLEURS, À LA SAUCE CIDRE ET MENTHE VERTE

Cette sauce au cidre accompagne parfaitement d'autres légumes, comme le céleri ou les haricots. Elle est aromatisée au tamari, une sauce soja japonaise, et à la menthe verte.

POUR 4 PERSONNES

1 gros oignon pelé et haché
2 grosses carottes hachées
1 grosse gousse d'ail
1 c. à soupe de graines d'aneth
4 brins de menthe verte bien fournis
2 c. à soupe d'huile d'olive
2 c. à soupe de farine
30 cl de cidre sec
500 g de brocolis en bouquets
500 g de chou-fleur en bouquets
2 c. à soupe de tamari
2 c. à café de gelée de menthe

1 Faites revenir l'oignon, les carottes, l'ail, les graines d'aneth et la menthe dans l'huile d'olive. Juste avant la fin de la cuisson, incorporez la farine. Cuisez encore 30 secondes. Versez le cidre et laissez mijoter jusqu'à ce que la sauce présente un aspect glacé.

2 Faites cuire les brocolis et les choux-fleurs à l'eau bouillante salée, dans deux casseroles distinctes, jusqu'à ce qu'ils soient tendres.

3 Versez la sauce dans un robot ménager. Ajoutez le tamari et la gelée de menthe. Réduisez le tout en une purée fine. Servez les choux-fleurs et les brocolis nappés de cette sauce.

RUBANS DE COURGETTES ET DE CAROTTES AU BRIE, AVEC POIVRE NOIR ET PERSIL

Voici un succulent plat végétarien. C'est aussi une bonne idée pour varier l'accompagnement du plat principal en proposant des légumes très colorés.

POUR 4 PERSONNES

1 gros poivron vert coupé en dés
1 c. à soupe d'huile de tournesol
225 g de brie
2 c. à soupe de crème fraîche
1 c. à café de jus de citron
4 c. à soupe de lait
2 c. à café de poivre noir fraîchement moulu
2 c. à soupe de persil très finement haché, plus quelques feuilles pour la décoration
Sel, poivre
6 grosses courgettes
6 grosses carottes

1 Faites revenir le poivron dans l'huile. Mettez les autres ingrédients (sauf les carottes et les courgettes) dans un robot ménager et réduisez-les en purée. Versez ce mélange dans une sauteuse et ajoutez le poivron dès qu'il est tendre.

2 Pelez les courgettes et les carottes. Utilisez un couteau économe ou un épluche-légumes pour les émincer en lamelles longues et minces. Mettez les carottes et les courgettes dans deux casseroles différentes. Couvrir d'eau à hauteur et laissez cuire à feu doux pendant 3 minutes. Les légumes doivent être à peine cuits.

3 Faites chauffer la sauce, puis versez-la dans un plat de service creux. Mêlez les carottes et les courgettes, avant de les dresser dans le plat avec la sauce. Mélangez rapidement. Décorez avec un peu de persil finement haché.

Salade de pâtes au saumon fumé et à l'aneth

Servez cette salade en hors-d'œuvre, ou bien, au dîner, comme plat principal. L'association parfaite du saumon et de l'aneth devient un vrai régal avec des pâtes.

Pour 2 (en plat principal) ou 4 personnes (en hors-d'œuvre)

Sel, poivre
350 de pâtes (tortillons)
6 brins d'aneth frais hachés, plus quelques autres pour la décoration
2 c. à soupe d'huile d'olive
1 c. à soupe de vinaigre de vin blanc
30 cl de crème fraîche épaisse
170 g de saumon fumé

1 Faites cuire les pâtes à l'eau bouillante salée. Elles doivent rester fermes. Égouttez-les et passez-les sous l'eau froide pour les refroidir complètement.

2 Pour préparer l'assaisonnement, mixez tous les ingrédients (sauf le saumon fumé et l'aneth pour la décoration) dans un robot ménager. Assaisonnez à votre goût.

3 Détaillez le saumon en fines lanières que vous placerez dans un saladier. Ajoutez les pâtes froides. Versez l'assaisonnement et mélangez délicatement. Versez le tout dans un plat de service creux. Décorez de brins d'aneth.

Salade d'avocat et de pâtes à la coriandre

Servi seul ou avec d'autres salades, ce plat savoureux plaira à tout le monde. L'assaisonnement est assez relevé, mais très rafraîchissant.

Pour 4 personnes

115 g de pâtes (papillons ou tortillons)
1 l de bouillon de volaille
4 branches de céleri finement hachées
2 avocats coupés en dés
1 gousse d'ail épluchée et écrasée
1 c. à soupe de coriandre fraîche finement hachée, plus quelques feuilles pour la décoration
115 g de cheddar râpé

Assaisonnement

15 cl d'huile d'olive
1 c. à soupe de vinaigre de cidre
2 c. à soupe de jus de citron
Le zeste râpé d'un demi-citron
1 c. à café de moutarde forte
1 c. à soupe de coriandre fraîche hachée

1 Portez le bouillon à ébullition. Jetez-y les pâtes et faites cuire 10 minutes à petit feu. Égouttez les pâtes et rafraîchissez-les sous l'eau froide.

2 Mélangez le céleri, les avocats, l'ail et la coriandre dans un saladier. Ajoutez les pâtes. Parsemez de cheddar râpé.

3 Pour préparer l'assaisonnement, mixez tous les ingrédients dans un robot ménager. La coriandre doit être très finement hachée. Servez l'assaisonnement à part ou versez-le sur la salade et mélangez avant de servir. Décorez avec les feuilles de coriandre.

En haut : *salade de pâtes au saumon fumé et à l'aneth.* En dessous : *salade d'avocat et de pâtes à la coriandre.*

TOMATES FARCIES AU RIZ SAUVAGE, AU MAÏS ET À LA CORIANDRE

Une très bonne recette de tomates pour un repas léger, à servir avec une salade et du pain croustillant, ou avec la plupart des poissons ou des viandes.

POUR 4 PERSONNES

8 tomates moyennes
50 g de maïs doux en grains
2 c. à soupe de vin blanc
50 g de riz sauvage cuit
1 gousse d'ail
50 g de cheddar râpé
1 c. à soupe de coriandre ciselée
Sel, poivre
1 c. à soupe d'huile d'olive

1 Décalottez les tomates, enlevez les graines et la pulpe avec une petite cuillère. Hachez le tout, y compris les chapeaux des tomates.

2 Préchauffez le four à 180 °C (therm. 4). Dans une poêle, faites cuire doucement à couvert les tomates hachées, le maïs et le vin blanc. Lorsque le maïs est tendre, égouttez cette préparation.

3 Ajoutez tous les autres ingrédients, sauf l'huile d'olive, et mélangez. Salez et poivrez à votre goût. Garnissez les tomates avec précaution, en formant un dôme avec la farce. Arrosez-les d'huile d'olive et dressez-les dans un plat à four. Mettez à cuire dans le four pendant 15 à 20 minutes jusqu'à cuisson complète.

LASAGNES AUX ÉPINARDS ET AUX NOIX, AVEC GRUYÈRE ET BASILIC

Avec leur éventail très riche en arômes, ces lasagnes aux noix n'ont rien à envier aux lasagnes traditionnelles à la viande et aux tomates.

POUR 8 PERSONNES

350 g de lasagnes vertes (à cuisson rapide)

SAUCE À LA TOMATE ET AUX NOIX

3 c. à soupe d'huile de noix
1 gros oignon pelé et haché
225 g de céleri-rave finement hâché
400 g de tomates en conserve
1 grosse gousse d'ail pelée et finement hachée
1/2 c. à café de sucre
115 g de noix hachées
15 cl de Dubonnet

SAUCE AUX ÉPINARDS ET AU GRUYÈRE

75 g de beurre
2 c. à soupe d'huile de noix
1 oignon moyen pelé et haché
75 g de farine
1 c. à café de moutarde en poudre
1 l de lait
500 g d'épinards en purée
250 g de gruyère râpé
Sel, poivre
Muscade râpée
2 c. à soupe de basilic haché

1 Préparez d'abord la sauce à la tomate et aux noix. Dans une casserole, faites revenir pendant 8 à 10 minutes l'oignon et le céleri-rave dans l'huile de noix chaude. Entre-temps, réduisez les tomates en purée dans un robot ménager. Ajoutez l'ail dans la casserole et, 1 minute après, le sucre, les noix, la purée de tomates et le Dubonnet. Assaisonnez à votre goût. Prolongez la cuisson à feu doux pendant 25 minutes.

2 Pour préparer la sauce aux épinards et au gruyère, faites cuire l'oignon pendant 5 minutes dans le mélange de beurre et d'huile de noix. Ajoutez la farine et mélangez. Laissez cuire 1 minute, puis incorporez la moutarde en poudre et le lait. Mélangez bien. Lorsque la sauce bout, ôtez-la du feu et ajoutez les trois quarts du gruyère râpé. Salez, poivrez et mettez la muscade. Incorporez la purée d'épinards.

3 Préchauffez le four à 180 °C (therm. 4). Tapissez le fond d'un plat à four avec une partie des lasagnes. Mettez en alternance une couche de sauce aux épinards et au gruyère, une couche de sauce à la tomate et aux noix, une couche de lasagnes, etc. Terminez par une couche de l'une ou l'autre sauce.

4 Parsemez le dessus du plat de gruyère râpé, puis de basilic. Faites cuire pendant 45 minutes.

SALADE DE POMMES DE TERRE À LA MAYONNAISE AU CARVI

La salade de pommes de terre se prépare à l'avance : c'est donc un plat idéal pour les buffets campagnards, et qui plaît à tout le monde.

POUR 6 PERSONNES

Sel

1 kg de pommes de terre nouvelles, non épluchées

30 cl de mayonnaise

6 feuilles de carvi

Poivre noir

Laitue ou autre salade verte pour servir

1 Faites cuire les pommes de terre à l'eau salée pendant 15 minutes, ou jusqu'à ce qu'elles soient tendres. Égouttez et réservez dans un saladier.

2 Incorporez les feuilles de carvi et le poivre noir à la mayonnaise. Nappez les pommes de terre encore chaudes de cette mayonnaise. Laissez refroidir et servez sur un lit de salade verte.

Salade de tomates et de haricots verts à la sarriette

Le haricot vert et la sarriette sont faits l'un pour l'autre. Avec des tomates mûres, ils accompagnent à merveille les viandes froides ou les salades de légumes.

Pour 4 personnes

500 g de haricots verts
1 kg de tomates mûres
3 ciboules grossièrement émincées
1 c. à café de pignons de pin
4 brins de sarriette fraîche

Assaisonnement

2 c. à soupe d'huile d'olive
Le jus d'un citron vert
75 g de fromage blanc
1 gousse d'ail, pelée et écrasée
Sel, poivre

1 Préparez l'assaisonnement à l'avance pour le laisser reposer avant utilisation. Après les avoir salés et poivrés, mixez tous les ingrédients de l'assaisonnement dans un robot ménager afin d'obtenir un mélange onctueux. Réservez cet assaisonnement dans un bol.

2 Coupez les extrémités des haricots et effilez-les. Faites-les cuire à point (un peu fermes sous la dent). Égouttez-les et refroidissez-les complètement sous l'eau. Émincez les tomates en rondelles ou coupez-les en quartiers.

3 Mélangez tous les ingrédients de la salade, sauf les pignons et la sarriette. Ajoutez l'assaisonnement. Parsemez la salade de pignons, puis de sarriette.

GÂTEAU AUX FRUITS D'ÉTÉ ET AUX PENSÉES SAUVAGES

Comment résister au charme des pensées sauvages ? Un gâteau d'été pour un repas d'amoureux dans le jardin.

POUR 6 À 8 PERSONNES

100 g de margarine ramollie, et un peu plus pour le moule
100 g de sucre
2 c. à café de miel liquide
150 g de farine à levure incorporée
1/2 c. à café de levure
2 c. à soupe de lait
2 œufs, plus un autre blanc pour confire
1 c. à soupe d'eau de rose
1 c. à soupe de Cointreau
16 pensées sauvages
Sucre cristallisé, pour confire les pensées
Sucre glace, pour la décoration
500 g de fraises
Quelques feuilles de fraisier, pour la décoration

1 Préchauffez le four à 190 °C (therm. 5). Graissez et farinez légèrement un moule à savarin. Dans un saladier, mettez la margarine, le sucre, le miel, la farine, la levure, le lait et les 2 œufs. Travaillez le tout pendant une minute. Ajoutez l'eau de rose, le Cointreau et mélangez bien.

2 Versez cette pâte dans le moule. Enfournez et faites cuire pendant 40 minutes. Sortez le gâteau et laissez-le reposer avant de le démouler sur le plat de service.

3 Faites confire les pensées en les badigeonnant de blanc d'œuf légèrement battu et en les saupoudrant de sucre cristallisé. Laissez sécher.

4 Saupoudrez le dessus du gâteau de sucre glace. Remplissez le centre de fraises – s'il y en a trop, garnissez-en le pourtour. Servez le gâteau entouré des pensées confites et de feuilles de fraisier.

SORBET À LA BOURRACHE, À LA MENTHE ET À LA CITRONNELLE

Les fleurs de bourrache sont si jolies qu'on les cultiverait rien que pour réaliser cette recette, et pour les voir flotter dans nos verres en été. Quant au sorbet, rafraîchissant et délicat, il sera sublime par un chaud après-midi d'été.

POUR 6 À 8 PERSONNES

500 g de sucre
50 cl d'eau
6 brins de menthe, plus quelques autres pour la décoration
6 feuilles de citronnelle
25 cl de vin blanc
2 c. à soupe de jus de citron
Quelques feuilles de bourrache

1 Lavez la menthe et la citronnelle. Mettez-les dans une casserole avec le sucre et l'eau. Portez à ébullition. Retirez du feu et ajoutez le vin. Couvrez et laissez refroidir. Réservez au frais quelques heures, puis ajoutez le jus de citron. Faites glacer la préparation au congélateur. Dès qu'elle commence à durcir, battez-la bien et remettez le récipient au froid. Répétez l'opération tous les quarts d'heure jusqu'au moment de servir.

2 Préparez des coupes en glace. Versez environ 1 cm d'eau bouillie refroidie dans des bols de 60 cl environ. Placez quelques brins de citronnelle et de menthe dans l'eau et mettez les bols au congélateur. Lorsque l'eau a gelé, ajoutez-en un peu sur les herbes et faites glacer de nouveau.

3 Insérez un bol d'un diamètre inférieur dans chacun des bols glacés. Placez un poids dans chaque petit bol. Comblez d'eau l'espace compris entre les grands et les petits bols. Parsemez de quelques herbes et mettez à glacer au congélateur.

4 Pour démouler les coupes, trempez les petits bols dans un peu d'eau chaude et extrayez-les en leur imprimant un mouvement de rotation. Réchauffez les grands bols en les plongeant dans de l'eau chaude. Dégagez les coupes en glace et placez-y des boules de sorbet. Servez-les avec un décor de menthe et de bourrache.

En haut : *gâteau aux fruits d'été et aux pensées sauvages.* En dessous : *sorbet à la bourrache, à la menthe et à la citronnelle.*

BOMBE MERINGUÉE AU CITRON ET AU CHOCOLAT À LA MENTHE

Une glace toute simple, qui épatera vos invités. L'alliance de ses saveurs est certes peu courante, mais, de toute façon, c'est un délice.

POUR 6 À 8 PERSONNES

2 gros citrons
150 g de sucre cristallisé
3 petites branches de menthe fraîche
15 cl de crème fouettée
60 cl de yaourt grec nature
2 grosses meringues
225 g de chocolat à la menthe râpé

1 Enlevez le zeste des citrons à l'aide d'un couteau éplucheur. Pressez le jus des citrons. Mixez finement les zestes et le sucre dans un robot ménager. Ajoutez la crème, le yaourt, le jus de citron et mixez une nouvelle fois avec soin. Versez cette préparation dans un saladier, ajoutez les meringues grossièrement écrasées.

2 Réservez l'une des branches de menthe. Ciselez finement les deux autres et ajoutez-les à la préparation meringuée. Versez le tout dans un moule de 1 litre. Faites glacer au congélateur pendant 4 heures.

3 Quand la glace a pris, évidez le centre de la bombe avec une cuillère et réservez. Remplissez ce puits avec une partie du chocolat râpé. Remettez par-dessus la calotte de glace que vous aviez réservée et replacez la bombe au congélateur.

4 Pour démouler la bombe, plongez le moule dans de l'eau très chaude pendant quelques secondes, puis retournez-le sur le plat de service. Servez la bombe meringuée décorée de la branche de menthe réservée et saupoudrée du reste de chocolat râpé.

Mousse à la pomme, au pamplemousse rose et à la menthe

Si la menthe abonde dans votre jardin potager, voici une recette succulente pour l'utiliser au mieux.

Pour 4 à 6 personnes

500 g de pommes acides pelées et émincées
225 g de pamplemousse rose en quartiers
3 c. à soupe de miel liquide
2 c. à soupe d'eau
6 petites branches de menthe à feuilles rondes (au goût de pomme), plus quelques feuilles pour décorer
15 cl de crème fraîche épaisse
30 cl de crème anglaise

1 Dans une casserole, faites cuire à couvert et à feu doux les pommes, le pamplemousse, le miel, l'eau et la menthe pendant 10 minutes. Lorsque les fruits sont tendres, laissez-les refroidir dans la casserole. Retirez la menthe. Réduisez les fruits en purée dans un robot ménager.

2 Fouettez la crème fraîche jusqu'à ce qu'elle ait doublé de volume et incorporez la à la crème anglaise ; réservez deux cuillères à soupe de cet appareil pour la décoration. Mélangez délicatement à la purée de fruits. Servez dans des coupes rafraîchies, décorées de crème fouettée et de petites feuilles de menthe.

Sabayon de fruits de la Passion à l'angélique

Les parfums acidulés des fruits de la Passion font de ce sabayon un dessert original.

Pour 6 personnes

6 fruits de la Passion

1 c. à soupe d'angélique confite hachée, plus quelques bâtons pour la décoration

Le zeste et le jus de 2 citrons verts

12 cl de vin blanc

50 g de sucre glace

30 cl de crème fraîche épaisse

15 cl de yaourt grec nature

1 Prélevez à la cuillère la pulpe, les graines et le jus des fruits de la Passion et répartissez-les entre 6 coupes de service. Dans un robot ménager, réduisez en purée l'angélique hachée avec le jus et le zeste de citron vert.

2 Dans un saladier, mélangez la purée de citron vert, le vin et le sucre glace, jusqu'à complète dissolution de ce dernier.

3 Fouettez la crème jusqu'à ce qu'elle double de volume, puis ajoutez-la progressivement au mélange citron-vin. Le sabayon doit prendre consistance peu à peu. Incorporez le yaourt en fouettant.

4 Répartissez le sabayon sur les fruits de la Passion et réservez les coupes au réfrigérateur jusqu'au moment de servir. Décorez avec de l'angélique confite.

Salade de fruits japonaise à la menthe et au café

Les ingrédients de ce dessert, très populaire au Japon, s'harmonisent parfaitement; en outre, le café rehausse la saveur des fruits.

POUR 6 PERSONNES

12 litchis en conserve et leur sirop
1 petit ananas
2 grosses poires mûres
2 pêches fraîches
12 fraises
6 petits brins de menthe, plus 12 autres pour la décoration
1 c. à soupe de café soluble
2 c. à soupe d'eau bouillante
15 cl de crème fraîche épaisse

1 Pelez les fruits lorsque c'est nécessaire et coupez-les en morceaux réguliers. Dressez-les dans un saladier en verre et arrosez-les du sirop des litchis. Réservez au réfrigérateur.

2 Passez au mixeur la menthe, les granulés de café et l'eau bouillante. Ajoutez la crème et mixez quelques secondes.

3 Égouttez les fruits. Servez-les dans des coupelles garnies chacune de deux petits brins de menthe et accompagnées de la crème au café.

CLÉMENTINES AU BEAUMES-DE-VENISE ET AU GÉRANIUM

Pour cette délicieuse recette ensoleillée, vous n'utiliserez que la moitié d'une bouteille de beaumes-de-venise : l'autre moitié sera la bienvenue en guise d'apéritif.

POUR 6 PERSONNES

10 clémentines

1/2 bouteille de muscat de beaumes-de-venise

12 feuilles de géranium odorant

Quelques feuilles d'oranger pour la décoration

1 Épluchez les clémentines en ôtant les membranes blanches, mais en laissant les fruits entiers.

2 Dressez-les sur un plat en verre. Arrosez avec le vin. Parsemez de feuilles de géranium et mettez le plat au réfrigérateur pendant une nuit. Au moment de servir, retirez les feuilles et proposez le dessert bien frais et décoré de feuilles d'oranger. Le vin restant, parfumé à la clémentine, pourra être bu en digestif.

Aumônières de chocolat aux amandes et à la menthe

Comment résister à ces aumônières de truffe ? N'espérez surtout pas qu'il vous en reste.

Pour 18 aumônières

1 c. à soupe de menthe très finement ciselée

75 g d'amandes en poudre

50 g de chocolat noir râpé

2 pommes pelées et râpées

115 g de crème fraîche ou de fromage frais

9 grandes feuilles de brick

75 g de beurre fondu

1 c. à soupe de sucre glace

1 c. à soupe de cacao en poudre

1 Préchauffez le four à 190 °C (therm. 5). Dans une jatte, mélangez la menthe, les amandes, les pommes et le chocolat râpés, la crème. Coupez les feuilles de brick en carrés de 7,5 cm de côté et couvrez-les d'un torchon pour éviter qu'elles ne sèchent.

2 Badigeonnez de beurre fondu l'un des carrés de brick. Superposez un second carré, également badigeonné de beurre, sur le premier. Avec une cuillère, garnissez le centre de ces carrés avec un peu du mélange aux fruits. Réunissez les quatre coins et tordez-les pour donner au carré une forme de bourse. Procédez de même pour les autres aumônières.

3 Disposez les aumônières sur une plaque de cuisson beurrée. Enfournez-les et faites-les cuire environ 10 minutes. Laissez-les refroidir hors du four. Saupoudrez-les de sucre glace, puis de cacao en poudre.

À gauche : *clémentines au beaumes-de-venise et au géranium.* À droite : *aumônières de chocolat aux amandes et à la menthe.*

VINAIGRE DE ROMARIN

Changez le goût de vos salades avec un vinaigre aromatisé. Rien de plus simple à faire et, de surcroît, bouteilles et bocaux sont fort décoratifs. Essayez aussi cette recette avec des capucines.

POUR 60 CL DE VINAIGRE

Prévoyez assez de brins de romarin pour remplir un bocal de 60 cl, gardez quelques brins pour le coup d'œil

60 cl de vinaigre blanc

1 Glissez les brins de romarin dans un bocal stérilisé. Remplissez de vinaigre jusqu'en haut. Fermez-le hermétiquement. Placez-le dans un lieu ensoleillé et laissez macérer pendant 4 à 6 semaines.

2 Passez le vinaigre dans un filtre à papier. Retirez le romarin. Faites chauffer le vinaigre jusqu'à frémissement, sans qu'il arrive à ébullition.

3 Lavez soigneusement le bocal et son joint à l'eau chaude savonneuse. Rincez-le bien et faites-le sécher à four chaud. Versez le vinaigre dans le bocal (ou dans une bouteille). Vous pouvez ajouter un ou deux brins de romarin, pour le coup d'œil. Fermez le bocal et conservez-le à l'abri de la lumière. À consommer dans le courant de l'année qui suit.

ASSAISONNEMENT AUX HERBES DU JARDIN

Cet assortiment d'herbes séchées se conservera tout l'hiver et vous permettra d'attendre la repousse de vos plantes aromatiques. Il relèvera l'assaisonnement de vos salades, la saveur de vos légumes ou de vos ragoûts.

120 g d'origan séché
120 g de basilic séché
50 g de marjolaine séchée
50 g d'aneth séché
50 g de feuilles de menthe séchées
50 g d'oignon en poudre
2 c. à soupe de moutarde en poudre
2 c. à café de sel
1 c. à soupe de poivre noir moulu

1 Mélangez les ingrédients et conservez-les dans un bocal hermétique.

2 Lorsque vous désirez préparer un assaisonnement, prélevez 2 c. à soupe de ces aromates. Ajoutez 35 cl d'huile d'olive et 12 cl de vinaigre. Mélangez bien les éléments de la vinaigrette et laissez reposer celle-ci une heure. Mélangez encore une fois avant l'emploi.

Pickles à l'aneth

C'est le genre de condiments qui convient à des usages multiples. On les sert aussi bien dans des hamburgers, des sandwichs ou sur des canapés que pour accompagner les viandes froides. Vous pouvez utiliser des concombres, des cornichons ou des malossols.

Pour environ 2,5 l de pickles

6 petits concombres
40 cl d'eau
1 litre de vinaigre de vin blanc
120 g de sel
3 feuilles de laurier
3 c. à soupe de graines d'aneth
2 gousses d'ail coupées en lamelles
Quelques feuilles d'aneth pour la garniture

1 Coupez les concombres en rondelles d'épaisseur moyenne. Mettez l'eau, le vinaigre et le sel dans une casserole. Portez à ébullition et retirez aussitôt du feu.

2 Emplissez des bocaux stérilisés, en alternant les rondelles de concombre, l'ail et les herbes. Couvrez du vinaigre chaud. Ajoutez les feuilles d'aneth. Fermez hermétiquement. Laissez macérer pendant une semaine avant utilisation.

HUILE AU PERSIL, À LA SAUGE ET AU THYM

Faites cuire vos aliments ou assaisonnez vos salades à l'huile aromatisée aux herbes. Voici une possibilité parmi de nombreuses recettes : n'hésitez pas à en inventer d'autres. Avec quelques gouttes d'une huile aromatisée à l'ail dans l'eau de cuisson de vos pâtes, par exemple, celles-ci n'en seront que plus savoureuses.

POUR 60 CL D'HUILE

60 cl d'huile de tournesol
50 g de persil frais haché
25 g de sauge fraîche hachée
50 g de thym frais haché

1 Versez l'huile dans un bocal stérilisé. Ajoutez les herbes. Couvrez et laissez reposer à température ambiante pendant une semaine, au plus, en remuant de temps en temps le bocal.

2 Filtrez l'huile dans une bouteille stérilisée. Jetez les herbes. Ajoutez un ou deux brins d'herbe fraîche, pour le coup d'œil. Fermez la bouteille. Conservez-la dans un endroit frais et consommez dans les six mois.

SAUCE AUX CANNEBERGES ET AU PORTO, AVEC THYM CITRON

Cette sauce aux canneberges et au porto accompagne superbement la dinde, le poulet, le porc ou le jambon. Le thym citron, en particulier, exhale un parfum unique.

POUR 60 CL DE SAUCE

4 c. à soupe de porto
4 c. à soupe de jus d'orange
115 g de sucre
225 g de canneberges fraîches
1 c. à soupe de zeste d'orange finement râpé
1 c. à soupe de thym citron très finement ciselé

1 Versez le porto et le jus d'orange, puis le sucre dans une petite casserole. Faites fondre celui-ci à feu doux, en remuant fréquemment avec une cuillère.

2 Mettez cette sauce dans une casserole plus grande. Montez légèrement le feu et ajoutez les canneberges. Portez à ébullition, puis faites mijoter pendant 5 minutes en remuant régulièrement. Les canneberges doivent être tendres à point et leur peau doit commencer à se fendre.

3 Retirez la casserole du feu. Incorporez délicatement le zeste d'orange et le thym citron.

4 Quand la sauce est refroidie, versez-la dans des bocaux stérilisés. Fermez hermétiquement chaque bocal avec un disque de papier paraffiné et couvrez avec de la Cellophane maintenue par un élastique. Collez des étiquettes et, pour la présentation, nouez une grosse ficelle autour du goulot des bocaux.

CRÈME DE CITRON À LA MENTHE

La crème de citron que l'on fait chez soi est bien supérieure à celle du commerce. La menthe ajoute à cette recette son goût original. Essayez-en différentes variétés. Cette crème sera meilleure avec des ingrédients de qualité, comme des œufs de ferme frais et des citrons non traités.

POUR ENVIRON 1,5 KG DE CRÈME

6 feuilles de menthe fraîche
900 g de sucre cristallisé
350 g de beurre coupé en dés
Le jus et le zeste de 6 citrons découpés en fines bandelettes
8 œufs battus

1 Mixez les feuilles de menthe et le sucre dans un robot ménager. La menthe doit être très finement hachée et bien mélangée au sucre.

2 Versez ce sucre à la menthe dans un saladier. Ajoutez les autres ingrédients et mélangez bien.

3 Placez le saladier dans une casserole d'eau frémissante. Laissez cuire la crème en remuant délicatement. Le beurre doit fondre et le sucre se dissoudre. Retirez les zestes de citron.

4 Continuez la cuisson, en remuant régulièrement, pendant 35 à 40 minutes : la crème doit épaissir. Versez-la dans des bocaux stérilisés qui doivent être remplis à ras bord. Fermez hermétiquement chaque bocal avec un disque de papier paraffiné et un couvercle de Cellophane maintenu par un élastique. Collez des étiquettes et, pour la présentation, nouez une grosse ficelle autour du goulot des bocaux. Consommez cette crème dans les trois mois qui suivent.

En haut : *crème de citron à la menthe.*
En dessous : *sauce aux canneberges et au porto, avec thym citron.*

Confiture de rhubarbe à la menthe gingembre

La menthe gingembre se cultive facilement dans les jardins. Mettez-en un peu dans la confiture de rhubarbe pour en souligner le goût.

Pour 2,75 kg de confiture

2 kg de rhubarbe
25 cl d'eau
Le jus d'un citron
5 cm de gingembre frais épluché
1,5 kg de sucre
115 g de gingembre confit haché
2 à 3 c. à soupe de feuilles de menthe gingembre hachées très fin

1 Lavez et effilez les tiges de rhubarbe et coupez-les en tronçons de 2,5 cm de long. Dans une bassine, versez l'eau, ajoutez la rhubarbe et le jus de citron; amenez à ébullition. Pelez et pilez le gingembre frais et ajoutez-le. Laissez frémir en remuant fréquemment jusqu'à ce que la rhubarbe soit tendre. Retirez le gingembre frais pilé.

2 Ajoutez le sucre et remuez jusqu'à ce qu'il fonde. Portez à ébullition et faites cuire pendant 10 à 15 minutes, jusqu'à ce que la confiture soit complètement prise. Écumez la surface de la préparation avec une écumoire.

3 Ajoutez le gingembre confit et les feuilles de menthe. Versez la confiture dans des bocaux stérilisés. Fermez chaque bocal avec du papier paraffiné et un couvercle en Cellophane maintenu par un élastique. Décorez avec des cordons de raphia.

GELÉE DE PÉTALES DE ROSE

Cette gelée au goût délicat se déguste à l'heure du thé, avec des toasts et du beurre. Elle donnera au pain un parfum d'été et d'Orient.

POUR ENVIRON 900 G DE GELÉE

60 cl de pétales de rose, rouges ou roses
45 cl d'eau
700 g de sucre cristallisé
10 cl de jus de raisin blanc
10 cl de jus de raisin rouge
50 g de pectine de fruit en poudre
2 c. à soupe d'eau de rose

1 Retirez l'extrémité blanche des pétales. Mettez ceux-ci dans une casserole avec l'eau et environ 1/8 du sucre. Amenez à ébullition. Baissez le feu et faites mijoter pendant 5 minutes. Retirez du feu et laissez le sirop infuser pendant la nuit et s'imprégner du parfum de rose.

2 Ôtez les pétales du sirop et mettez celui-ci dans une bassine. Ajoutez les jus de raisin blanc et rouge et la pectine. Faites bouillir 1 minute seulement. Mettez le reste du sucre, en remuant bien, et laissez bouillir 1 minute de nouveau. Retirez du feu.

3 Vérifiez que la gelée est prise : versez une cuillère à café de sirop chaud dans une assiette froide. Au bout de quelques minutes, poussez le sirop avec le doigt. Ni trop liquide ni trop solide, la gelée doit se plisser ; si elle demeure trop coulante, remettez la casserole sur le feu et prolongez la cuisson.

4 Ajoutez l'eau de rose. Versez la gelée avec une louche dans des bocaux de verre stérilisés. Fermez-les avec un disque de papier paraffiné et un couvercle de Cellophane fixé par un élastique. Décorez-les avec des bouts d'étoffe et des rubans.

SCONES AU FROMAGE ET À LA MARJOLAINE

Petits pains servis à l'heure du thé. Tartinés de succulentes garnitures, ces scones constitueront la base d'un déjeuner léger accompagné d'une salade verte croquante.

POUR ENVIRON 18 SCONES

115 g de farine complète
115 g de farine à levure incorporée
1 pincée de sel
40 g de beurre
1/4 de c. à café de moutarde en poudre
2 c. à soupe de marjolaine séchée
50 à 75 g de cheddar finement râpé
1 c. à café d'huile de tournesol (facultatif)
12 cl environ de lait
50 g de noix de pécan ou de noix hachées

1 Tamisez délicatement les deux farines au-dessus d'un saladier. Ajoutez le sel. Coupez le beurre en petits morceaux et incorporez-le à la farine jusqu'à ce que le mélange ressemble à de la chapelure.

2 Ajoutez la moutarde, la marjolaine, le fromage râpé. Mélangez en ajoutant suffisamment de lait pour obtenir une pâte onctueuse. Pétrissez soigneusement la pâte.

3 Préchauffez le four à 220 °C (therm. 7). Étalez la pâte au rouleau sur un plan de travail fariné en conservant une épaisseur de 2 cm, puis découpez à l'emporte-pièce des carrés de 5 cm de côté. Beurrez (ou huilez, si vous préférez) la plaque de cuisson du four et placez-y tous les carrés de pâte.

4 Badigeonnez ces carrés d'un peu de lait et parsemez-les de noix de pécan ou de noix hachées. Faites cuire pendant 12 minutes. Servez chaud.

BISCUITS À L'ANETH ET AUX POMMES DE TERRE

Dorés et moelleux à souhait, les biscuits aux pommes de terre sont appréciés de toute la famille : simples à faire, délicieux, ils font toujours beaucoup d'effet.

POUR 10 BISCUITS ENVIRON

225 g de farine à levure incorporée
40 g de beurre ramolli
1 pincée de sel
1 c. à soupe d'aneth frais finement haché
170 g de purée de pommes de terre
2 à 3 c. à soupe de lait

1 Préchauffez le four à 230 °C (therm. 8). Tamisez la farine au-dessus d'un saladier. Ajoutez le beurre, le sel et l'aneth. Incorporez la purée de pommes de terre, mélangez avec du lait et travaillez la pâte jusqu'à ce qu'elle soit homogène.

2 Étalez celle-ci finement au rouleau, puis découpez à l'emporte-pièce des cercles de 7,5 cm de diamètre.

3 Répartissez les biscuits sur la plaque de cuisson beurrée. Faites cuire pendant 20 à 25 minutes jusqu'à ce que la pâte ait bien levé et que les biscuits soient dorés.

Pain au fromage et au romarin

Coupé en tranches fines, ce pain aromatisé est exquis avec du fromage ou un potage, et idéal pour un repas léger.

Pour un pain

1 sachet de levure chimique
170 g de farine complète
170 g de farine à levure incorporée
30 g de beurre, et un peu plus pour le saladier et le moule
6 cl d'eau chaude (à 45 °C)
25 cl de lait (à température ambiante)
1 c. à soupe de sucre
1 c. à café de sel
1 c. à soupe de graines de sésame
1 c. à soupe d'oignon séché haché
1 c. à soupe de feuilles de romarin frais, plus quelques feuilles pour décorer
120 g de cheddar coupé en dés
Gros sel, pour la décoration

1. Faites fondre le beurre. Mélangez la levure et les farines dans une jatte. Ajoutez l'eau, le lait, le sucre, le beurre fondu, l'oignon, le sel, le sésame et le romarin. Travaillez la pâte jusqu'à ce qu'elle soit souple.

2 Aplatissez celle-ci en un pâton arrondi au fond du saladier. Ajoutez les dés de cheddar et pétrissez le tout.

3 Mettez la pâte dans un saladier propre et beurré. Retournez-la pour qu'elle s'imprègne complètement du beurre. Couvrez le saladier d'un torchon propre et sec. Laissez reposer dans un endroit chaud pendant 1 h 30 : la pâte doit alors avoir doublé de volume.

4 Beurrez un moule à cake. Pressez la pâte pour en évacuer l'air. Façonnez-la en forme de pain et déposez-la dans le moule beurré. Couvrez-la du torchon propre et laissez-la reposer 1 h jusqu'à ce qu'elle ait encore doublé de volume. Préchauffez le four à 190 °C (therm. 5).

5 Enfournez et laissez cuire pendant 30 minutes. Entre 5 à 10 minutes avant la fin de la cuisson, couvrez le pain d'un papier d'aluminium pour éviter qu'il ne noircisse. Démoulez-le et laissez-le refroidir sur une grille. Décorez-le de feuilles de romarin et de gros sel.

MUFFINS AUX MÛRES, À LA PRUNELLE ET À L'EAU DE ROSE

On peut tout à fait remplacer les mûres par d'autres baies : du sureau ou des myrtilles, par exemple.

POUR ENVIRON 12 MUFFINS

300 g de farine
50 g de sucre roux
4 c. à soupe de levure chimique
1 pincée de sel
60 g d'amandes mondées hachées
90 g de mûres fraîches
2 œufs
20 cl de lait
40 g de beurre fondu, et un peu plus pour beurrer les moules
1 c. à soupe d'eau-de-vie de prunelle
1 c. à soupe d'eau de rose

En haut : *muffins aux mûres, à la prunelle et à l'eau de rose. Les muffins sont de petits pains au lait ronds que l'on sert chauds pour le thé avec du beurre et de la confiture.*

1 Travaillez ensemble la farine, le sucre, la levure, le sel dans un grand saladier. Ajoutez-y, en mélangeant, les amandes hachées et les mûres fraîches. Préchauffez le four à 200 °C (therm. 6).

2 Dans un autre saladier, mélangez les œufs et le lait, puis ajoutez successivement le beurre, l'eau de vie et l'eau de rose. Creusez un puits au centre de la pâte et versez-y ce mélange. Remuez bien.

3 Répartissez la pâte dans des moules individuels. Faites cuire pendant 20 à 25 minutes : les muffins doivent être bien dorés. Retournez-les sur une grille et laissez-les refroidir. Servez avec du beurre.

GÂTEAU AU CHOCOLAT ET AU CARAMEL À LA MENTHE

L'alliance de la menthe et du chocolat est très savoureuse. Et tout particulièrement dans cette recette exquise et très originale. On peut utiliser de la fécule de pommes de terre, mais également de la purée de pommes de terre.

POUR UN GÂTEAU

6 à 10 feuilles de menthe fraîche
170 g de sucre cristallisé
120 g de beurre, et un peu plus pour le moule
75 g de purée de pommes de terre bien fraîche
50 g de chocolat noir fondu
170 g de farine à levure incorporée
1 pincée de sel
2 œufs battus

GARNITURE

4 feuilles de menthe fraîche
120 g de beurre
120 g de sucre glace
2 c. à soupe de liqueur de menthe

COUVERTURE

225 g de beurre
50 g de sucre en poudre
2 c. à soupe de liqueur de menthe
2 c. à soupe d'eau
170 g de sucre glace
25 g de cacao en poudre
Des demi-noix de pécan pour la décoration

1 Morcelez les feuilles de menthe et mélangez-les avec le sucre cristallisé. Réservez pendant une nuit. Lors de l'utilisation du sucre parfumé, ôtez les feuilles de menthe.

Page de droite, en haut : *gâteau au chocolat et au caramel à la menthe.* En dessous : *biscuit à la menthe et à la fraise.*

2 Préchauffez le four à 200 °C (therm. 6). Travaillez le beurre en crème avec le sucre et la purée de pommes de terre. Ajoutez le chocolat fondu, puis la moitié de la farine tamisée, une pincée de sel et la moitié des œufs battus. Mélangez bien. Ajoutez le reste de la farine et des œufs battus.

3 Beurrez un moule à manqué et remplissez-le de cette préparation. Faites cuire pendant 20 à 25 minutes. Piquez le gâteau de la pointe d'un couteau : celle-ci doit ressortir propre. Démoulez le gâteau sur une grille et laissez-le refroidir. Coupez-le en deux abaisses d'égale épaisseur.

4 Hachez les feuilles de menthe, ajoutez-y le beurre et le sucre. Une fois le gâteau refroidi, arrosez l'intérieur des abaisses avec la liqueur de menthe et répartissez la garniture. Reconstituez le gâteau.

5 Dans une casserole, mettez le beurre, le sucre en poudre, la liqueur et l'eau. Faites bouillir pendant 5 minutes. Mélangez le sucre glace et le cacao tamisés et incorporez-y la préparation à la liqueur. Travaillez jusqu'à épaississement et complet refroidissement. Nappez le gâteau de ce caramel. Décorez avec les noix de pécan.

BISCUIT À LA MENTHE ET À LA FRAISE

Le mariage du fruit, de la menthe et de la crème glacée vous comblera à coup sûr.

POUR UN GÂTEAU

6 à 10 feuilles de menthe fraîche, plus quelques feuilles pour décorer
170 g de sucre cristallisé
170 g de beurre, et un peu plus pour le moule
3 œufs
170 g de farine à levure incorporée
1 litre de glace à la fraise
60 cl de crème fraîche épaisse
2 c. à soupe de liqueur de menthe
350 g de fraises fraîches

1 Coupez la menthe et mélangez-la avec le sucre. Réservez une nuit.

2 Beurrez un moule à manqué. Préchauffez le four à 190 °C (therm. 5). Ôtez la menthe du sucre et mélangez ce dernier avec le beurre. Ajoutez ensuite la farine, puis les œufs. Garnissez le moule de la pâte ainsi obtenue.

3 Enfournez et laissez cuire pendant 20 à 25 minutes. La pointe d'un couteau enfoncée au centre doit ressortir propre. Démoulez le biscuit sur une grille. Laissez-le refroidir puis, avec précaution, partagez-le en deux abaisses d'égale épaisseur.

4 Lavez le moule et tapissez l'intérieur de papier sulfurisé. Déposez l'abaisse inférieure au fond du moule. Recouvrez-la de la glace à la fraise, puis de la seconde abaisse. Réservez au congélateur pendant 3 à 4 heures.

5 Fouettez la crème avec la liqueur de menthe. Sortez le biscuit du congélateur et tartinez-le rapidement de crème, sans chercher à obtenir une surface lisse. Remettez le biscuit au congélateur. Vous le sortirez 10 minutes avant le service. Présentez-le décoré de quartiers de fraise et entouré de feuilles de menthe fraîche.

GÂTEAU DE CAROTTES AU FROMAGE BLANC ET AU GÉRANIUM

Le gâteau de carottes est certes calorique, mais vous pourrez toujours prétexter qu'il est bon pour la santé.

POUR UN GÂTEAU

2 à 3 feuilles de géranium odorant (de préférence, au parfum de citron)
225 g de sucre glace
115 g de farine à levure incorporée
1 c. à café de bicarbonate de soude
1/2 c. à café de cannelle en poudre
1/2 c. à café de clous de girofle pilés
200 g de sucre brun
225 g de carottes râpées
150 g de raisins de Smyrne
150 g de gingembre confit finement haché
150 g de noix de pécan hachées
15 cl d'huile de tournesol
2 œufs légèrement battus
Beurre pour le moule

NAPPAGE AU FROMAGE

60 g de fromage blanc frais
30 g de beurre ramolli
1 c. à café de zeste de citron râpé

1 Coupez les feuilles de géranium en petits fragments et mélangez-les dans un bol avec le sucre glace. Laissez le sucre s'imprégner de ce parfum dans un endroit chaud pendant la nuit.

2. Mélangez la farine tamisée, le bicarbonate et les épices. Ajoutez le sucre brun, les carottes, les raisins, le gingembre et les noix de pécan. Mélangez bien. Ajoutez l'huile et les œufs battus. Mixez le tout au batteur électrique (5 minutes) ou à la main (15 à 20 minutes).

3 Préchauffez le four à 180 °C (therm. 4). Beurrez un moule à cake et tapissez-en le fond de papier sulfurisé beurré. Versez la pâte dans le moule. Enfournez et faites cuire pendant 1 heure. Sortez le gâteau du four, laissez-le reposer quelques minutes. Démoulez-le sur une grille et laissez-le refroidir.

4 Entre-temps, préparez le nappage au fromage blanc frais. Ôtez les morceaux de feuilles de géranium du sucre. Mettez le fromage blanc, le beurre et le zeste de citron dans un saladier. Incorporez progressivement le sucre glace en battant au fouet à main ou électrique jusqu'à ce que le mélange soit onctueux.

5 Une fois que le gâteau est refroidi, recouvrez-le bien de ce nappage au fromage.

Page de droite
À gauche : *cookies à la lavande*.
À droite : *gâteau de carottes au fromage blanc et au géranium*.

COOKIES À LA LAVANDE

Vous pouvez remplacer la lavande par tout autre aromate : cannelle, citron, menthe, par exemple.

POUR ENVIRON 30 COOKIES

150 g de beurre, et un peu plus pour les plaques
120 g de sucre en poudre
1 œuf battu
1 c. à soupe de feuilles de lavande séchées
170 g de farine à levure incorporée
Feuilles et fleurs de lavande pour la décoration

1 Préchauffez le four à 180 °C (therm. 4). Battez le beurre et le sucre en crème, puis incorporez l'œuf. Mélangez avec la farine et les fleurs de lavande.

2 Déposez des cuillerées de cette préparation sur deux plaques de cuisson beurrées. Faites cuire 20 minutes, jusqu'à ce que les cookies soient dorés. Servez-les garnis de feuilles et de fleurs de lavande.

Cocktail aux fruits et aux herbes

Pour vos réceptions d'été dans le jardin, une boisson délicieuse aux fruits frais et aux herbes, mais sans alcool.

Pour une trentaine de verres

50 cl de miel
4 litres d'eau
50 cl de jus de citron fraîchement pressé
3 c. à soupe de feuilles de romarin frais, plus quelques autres pour la décoration
1,5 kg de fraises émincées
50 cl de jus de citron vert pressé
2 litres d'eau minérale gazeuse
Cubes de glace
3 à 4 feuilles de géranium odorant

1 Mettez dans une casserole le miel, 1 litre d'eau, 1/8 du jus de citron et les feuilles de romarin. Amenez à ébullition, sans cesser de tourner, jusqu'à ce que le miel soit bien dissous. Retirez du feu et laissez reposer 5 minutes. Filtrez le liquide au-dessus d'un grand bol à punch.

2 Passez les fraises à travers un tamis fin au-dessus du bol à punch. Versez le reste de l'eau et du jus de citron, puis le jus de citron vert et l'eau gazeuse. Mélangez les ingrédients. Ajoutez la glace 5 minutes avant de servir. Présentez avec des feuilles de géranium et de romarin.

LIQUEUR D'ANGÉLIQUE

Une boisson à déguster après un bon repas, dans de petits verres. Elle facilite la digestion, tout en flattant agréablement le palais.

POUR ENVIRON 1 LITRE DE LIQUEUR

1 c. à café de graines de fenouil
1 c. à café de graines d'anis
20 graines de coriandre
2 à 3 clous de girofle
2 c. à soupe de tiges d'angélique confites
225 g de sucre cristallisé
1 bouteille de vodka

1 Pilez les graines de fenouil, d'anis et de coriandre et les clous de girofle et hachez les tiges d'angélique confites.

2 Mettez les graines et l'angélique dans un grand bocal à conserve.

3 Versez le sucre. Recouvrez de vodka. Placez le bocal près d'une fenêtre ensoleillée pendant deux semaines, et agitez-le chaque jour.

4 Passez le liquide à travers une mousseline fine dans une bouteille stérilisée et fermez hermétiquement. Laissez reposer au chaud dans un placard pendant au moins 4 mois. Dégustez dans un petit verre garni d'un morceau d'angélique.

Champagne à la fraise et à la menthe

Une préparation toute simple qui donne un goût différent au champagne, et qui vous rafraîchira à la belle saison par une chaude soirée d'été.

Pour 4 à 6 personnes

500 g de fraises

6 à 8 feuilles de menthe fraîche

1 bouteille de champagne ou d'un autre vin blanc effervescent

1 Mixez les fraises et les feuilles de menthe en purée dans un robot ménager.

2 Passez le tout à travers un tamis fin, au-dessus d'un bol. Remplissez les verres à mi-hauteur de cette purée, puis complétez avec du champagne. Servez bien frais et décoré d'un brin de menthe.

Cocktail melon, gingembre et bourrache

Le melon et le gingembre sont des ingrédients parfaitement complémentaires. Si vous n'aimez pas le gingembre : ce cocktail sera plus doux, mais tout aussi délicieux.

Pour 6 à 8 personnes

1/2 melon d'hiver, de grande taille

1 litre de bière au gingembre (ginger beer)

1 c. à café de gingembre en poudre

Quelques brins de bourrache en fleur pour la décoration

1 Retirez les graines de la moitié de melon. Prélevez la pulpe et réduisez-la en purée dans un robot ménager.

2 Versez cette purée dans un grand pichet et recouvrez-la de bière au gingembre. Ajoutez du gingembre en poudre selon votre goût. Servez dans des verres décorés de bourrache.

En haut, à gauche : *cocktail melon, gingembre et bourrache.* En bas, à droite : *champagne à la fraise et à la menthe.*

COUPE À LA MENTHE

La menthe rehausse le goût de nombreux mets et leur donne une saveur exotique et subtile, voire inhabituelle comme dans cette boisson aux fruits.

POUR 1 PERSONNE

4 brins de menthe fraîche
1/2 c. à café de sucre
Glace pilée
1/2 c. à café de jus de citron
2 c. à soupe de jus de pamplemousse
12 cl de tonic glacé
Rondelles de citron pour la décoration

1 Pilez deux des brins de menthe avec le sucre. Versez le tout dans un verre et remplissez-le de glace pilée.

2 Ajoutez les jus de citron et de pamplemousse ainsi que le tonic. Remuez délicatement et décorez du reste de la menthe et des rondelles de citron.

MOUSSEUX À LA FLEUR DE SUREAU

La fleur de sureau exhale un parfum délicat qui revient à la mode. Cette recette présente l'un des plus agréables rafraîchissements qui se puisse concevoir. Son goût frais et léger peut le faire préférer au champagne.

POUR 5 LITRES DE MOUSSEUX

750 g de sucre cristallisé
50 cl d'eau chaude
4 grosses têtes de fleur de sureau
2 c. à soupe de vinaigre de vin blanc
Le jus et le zeste pelé d'un citron
4 litres d'eau

1 Faites dissoudre le sucre dans l'eau chaude. Versez le liquide dans un récipient Ajoutez les autres ingrédients. Remuez, couvrez et laissez reposer pendant 5 jours.

2 Filtrez la boisson dans des bouteilles en verre stérilisées et munies d'un bouchon à vis. Laissez reposer encore une semaine. Servez glacé avec un zeste de citron.

Infusion à la camomille

Cette jolie fleur jaune donne aux infusions une saveur et une couleur délicates.

Pour 4 personnes

60 cl d'eau bouillante

1 c. à soupe de fleurs de camomille séchées

Sucre cristallisé ou miel (facultatif)

1 Mettez les fleurs de camomille dans une théière ou répartissez-les dans des tasses à thé. Couvrez d'eau bouillante et laissez infuser pendant 5 minutes, ou plus longtemps si vous préférez une infusion plus corsée.

2 Passez l'infusion et, si vous le désirez, servez-la avec du sucre ou du miel en remuant bien.

Autres infusions aux herbes

- Infusion glacée à la verveine.
- Infusion à la menthe et à la fleur de lavande, servie glacée en été.
- Infusion au souci et à la cannelle.

TISANE AU CASSIS ET À LA VERVEINE CITRONNELLE

Un breuvage chaud, fruité et réconfortant qui vous revigorera lors de vos soirées d'hiver. Servi glacé, par une chaude journée d'été, il vous régalera tout autant.

POUR 4 PERSONNES

60 cl d'eau bouillante
1 c. à soupe de grains de cassis
10 feuilles de verveine citronnelle
Sucre brun (facultatif)

1 Arroser d'eau bouillante le cassis et la verveine citronnelle. Laissez infuser 5 minutes, ou plus longtemps, selon votre goût.

2 Passez l'infusion dans des tasses ou des verres hauts. Décorez-les d'un brin de verveine citronnelle. Si vous préférez que l'infusion ait un goût plus doux, ajoutez une cuillère à café de sucre brun.

HERBES DANS LA MAISON

COURONNE D'HERBES FRAÎCHES

Une jolie couronne de plantes aromatiques pour décorer votre cuisine. Elle constituera aussi un stock d'herbes séchées dans lequel vous pourrez puiser. Mais la réalisation ci-dessous vise plutôt à produire un effet décoratif.

Pistolet à colle chaude
Fil de fer cuivré
1 anneau fin d'un diamètre de 25 cm environ
Petits bouquets d'herbes faciles à manipuler, telles que des brins et des feuilles de sauge, de camomille, de lavande, de santoline, de géranium odorant
Ciseaux
2 m de ruban de 2 cm de largeur

1 Fixez sur l'anneau une bonne épaisseur de sauge et de camomille avec de la colle ou du fil de fer.

2 Préparez des petits bouquets de lavande et de santoline, et faites-les tenir sur la couronne avec le fil de fer.

3 Disposez des feuilles de géranium par groupes de trois aux endroits où vous placerez les rubans, qui ressortiront mieux sur ce fond végétal. Faites des nœuds doubles aux rubans. Maintenez-les avec du fil et attachez-les ou collez-les à la couronne. Vous pouvez mettre aussi des petites fleurs et d'autres herbes. Lorsque celles-ci commencent à sécher, ajoutez d'autres herbes fraîches : vous obtiendrez ainsi une couronne bien épaisse, qui formera un superbe décor de plantes séchées.

Pot de lavande

La lavande, en particulier la lavande aspic, de couleur bleu foncé, embaume toutes les pièces où il y a des placards. Mais vous pouvez tout à fait assortir plusieurs variétés de lavande, rose, blanche ou bleu pâle. Utilisez de préférence de la lavande séchée, car les épis frais s'étiolent rapidement.

1 pot de terre cuite
Bloc de mousse grise pour fleurs séchées
4 à 5 bouquets de lavande
Ciseaux
1 m de ruban large
Fil de fleuriste fin

1 Mettez la mousse au fond du pot. Coupez les tiges de lavande à la longueur désirée, en laissant 5 cm en plus (qui seront plantés dans la mousse). Plantez un mince bouquet de lavande au centre du pot.

2 Continuez de remplir le pot ainsi en serrant bien les bouquets de lavande. Pensez à vous procurer une quantité suffisante de lavande, car vous aurez besoin de plusieurs bouquets pour recouvrir le pot.

3 Lorsque le pot est plein et que vous ne pouvez plus rien y planter, entourez sa partie supérieure d'un ruban. Faites un grand nœud. On voit ci-dessus que le ruban est renforcé d'un fil très fin, ce qui vous permet de lui donner de très belles formes.

Petit bouquet

Offrez ce charmant petit bouquet, facile à composer, lorsque vous êtes invité à dîner chez des amis.

6 roses Menuet
1 bouquet de citronnelle
Fil de fleuriste
Feuilles d'ellébore
Quelques tiges d'asparagus
1 collerette à bouquet
Floratape (ruban floral adhésif de couleur verte)
Ciseaux
Ruban

1 Entourez la tige des roses avec la citronnelle et fixez avec du fil de fer. Complétez avec des petits bouquets d'hellébore.

2 Ajoutez quelques petits bouquets d'ellébore et d'asparagus attachés avec du fil.

3 Assemblez les roses et les feuilles en composant un bouquet agréable à regarder. Placez celui-ci dans l'ouverture ménagée au centre de la collerette. Fixez avec du Floratape et décorez avec le ruban.

Panier de roses et d'herbes

Les fleurs fraîches et les herbes vont bien ensemble. Ainsi, un mélange de roses et d'herbes suspendu dans une pièce où l'on passe souvent est un grand plaisir pour les sens. Vous pouvez mettre dans ce panier de la sauge et du romarin ou toute plante à feuilles persistantes.

Bloc de mousse verte de fleuriste
1 petit panier avec une anse
1 feuille en plastique
Floratape
Ciseaux
Feuilles d'hellébore
Feuilles de géranium odorant
12 petits rameaux d'origan doré
12 roses de couleur crème

1 Mettez la mousse à tremper. Tapissez le panier de la feuille en plastique pour empêcher l'eau de couler. Fixez la mousse dans le panier avec du Floratape. Recouvrez complètement la mousse avec un mélange de feuilles d'hellébore et de géranium odorant.

2 Disposez les rameaux d'origan doré sur la mousse, en les espaçant suffisamment pour pouvoir y insérer les roses à intervalles réguliers (six de part et d'autre de l'anse). La composition doit être équilibrée mais pas trop symétrique. Arrosez le dessus de la mousse tous les jours pour conserver la fraîcheur des plantes le plus longtemps possible.

Au premier plan : *petit bouquet.*
Au second plan : *panier de roses et d'herbes.*

CENTRE DE TABLE GARNI D'HERBES

On met parfois sur la table des herbes dont le parfum trop fort recouvre les arômes des aliments. Celles que l'on a choisies ici ont un bouquet délicat et sont très décoratives.

1 corbeille
2 blocs de mousse grise pour fleurs séchées
Fil de fleuriste
Floratape
Ciseaux
2 bouquets de chardons
3 grandes bougies de couleur ivoire
Bouquets d'herbes séchées, en fleurs si possible, notamment origan, lavande, marjolaine, fenouil

1 Mettez la mousse dans la corbeille en la calant bien partout. Regroupez les têtes de chardon en trois endroits différents. Façonnez des épingles à cheveux avec le fil de fleuriste et, à l'aide du Floratape, fixez trois de ces épingles à la base de chaque bougie. Disposez les bougies au centre de la corbeille.

2 Nouez ensemble des petits bouquets de lavande et de marjolaine à l'aide du fil et répartissez-les régulièrement sur la mousse.

3 Disposez des fleurs de fenouil dans la composition, une par une ou réunies en bouquet par du fil, en fonction de la place qu'il vous reste.

Attention : surveillez toujours cette corbeille lorsque les bougies sont allumées.

TOPIAIRE AUX HERBES SÉCHÉES

L'art topiaire a influencé cette création de fleurs et de feuilles séchées. Dans cette composition, les petits pots de terre cuite, fixés en haut et en bas, ajoutent une touche originale.

1 grand pot de terre cuite pour la base
Ciment ou plâtre de Paris
1 segment de branche d'arbre en guise de tronc
1 boule de 13 cm de diamètre de mousse grise pour fleurs séchées
Mousse grise en petits morceaux
2 grands bouquets de feuilles de hêtre rouge ou de toute autre variété, séchées et glycérinées
Ciseaux
Fil de fleuriste épais
Cutter
12 pots de terre cuite miniatures
2 bouquets de verges d'or
Fil de fleuriste fin
Pistolet à colle chaude, si nécessaire
2 bouquets de têtes de pavot

1 Remplissez de ciment frais ou de plâtre un grand pot de terre, à mi-hauteur, après avoir bouché le trou au fond. Lorsque le ciment commence à prendre, plantez la branche pour former le tronc. Laissez sécher au moins pendant 48 heures avant de passer à l'étape suivante.

2 Enfoncez la boule de mousse sur le haut du tronc, mais sans la transpercer de part en part. Recouvrez de morceaux de mousse la surface cimentée du pot.

3 Couvrez la boule et la base du tronc de feuilles de hêtre ou d'autres feuilles séchées. Passez un fil épais à travers le trou des petits pots de terre et tordez-le de manière à former une tige. Plantez les tiges dans la mousse et attachez ces pots au tronc.

4 Disposez les pots en haut et au pied de l'arbre et remplissez-les de petits bouquets de verges d'or attachées avec du fil, en les taillant avec des ciseaux et en les maintenant en place avec de la colle, si nécessaire. Disséminez les têtes de pavot en les fixant aussi avec du fil fin.

Couronne de Noël

Mettez des demi-rondelles d'orange à sécher au four, à feu très doux, pendant quelques heures, jusqu'à ce qu'elles deviennent craquantes. Vernissez-les ensuite soigneusement pour éviter qu'elles ne moisissent.

Quelques tiges de houx frais
2 rameaux de conifère frais
Ciseaux
Pistolet à colle chaude
1 anneau de 25 cm de diamètre pour la couronne
Bombe de peinture dorée
1 pot de terre cuite de 5 cm
Fragments de pot de terre cuite brisée
7 épis de blé dorés à la bombe
1 petit bouquet de sauge séchée
1 bouquet d'origan
Fil de fleuriste
6 demi-rondelles d'orange séchée

1 À l'aide du pistolet à colle, fixez le houx et les rameaux de conifère à l'anneau sur environ la moitié de sa circonférence.

2 Dans un lieu bien ventilé, pulvérisez de la peinture dorée sur le pot et sur les fragments de pot, puis collez le tout sur la couronne. Ajoutez les épis de blé. Préparez des petits bouquets de sauge et placez-les derrière les fragments de pot.

3 Faites un gros bouquet avec l'origan en liant les tiges ensemble et fixez-le avec de la colle dans le grand pot de terre. Collez les demi-rondelles d'orange vernies en les répartissant dans toute la composition. Les végétaux sécheront (lentement) en exhalant leur parfum.

BOUQUET ROND D'HERBES SÉCHÉES

Voici un bouquet qui fera un charmant cadeau ou un décor de table romantique. Vous pouvez même composer plusieurs bouquets à l'avance et avoir ainsi des cadeaux en réserve.

1 petit bouquet de roses séchées
Fil de fleuriste
1 petit bouquet d'alchémille
1 petit bouquet de marjolaine
1 collerette festonnée vieux rose
3 gerbes de laurier sec
Pistolet à colle chaude
Floratape
Ciseaux
Ruban assorti

1 Le centre est formé d'un petit bouquet de roses rouges attachées ensemble avec du fil. Ajoutez-lui un peu d'alchémille, que vous fixerez délicatement mais fermement, toujours avec du fil.

2 Mettez ensuite de la marjolaine, des roses une à une et de l'alchémille, en attachant le tout avec du fil, jusqu'à ce que la taille du bouquet vous convienne. Passez les tiges du bouquet à travers le trou de la collerette.

3 Détachez les feuilles de laurier de leur tige et collez-les à différents endroits du bouquet et autour de la collerette.

4 Redressez le bord de la collerette autour du bouquet, et fixez celle-ci en dessous avec du Floratape. Enroulez un joli ruban autour des tiges et faites un nœud.

Bougies parfumées et décorées

Dans un salon ou une salle à manger, les bougies dispensent toujours un éclairage délicat. Elles diffuseront aussi un parfum si vous versez une goutte d'huile essentielle autour de la mèche (de préférence celle qui correspond aux herbes et fleurs séchées appliquées sur la cire pour le décor).

1 grand bocal à conserve
ou tout autre récipient haut
Eau bouillante
Grandes bougies
Herbes séchées, en particulier
géranium, verveine citronnelle, lierre,
fleurs de fenouil
Huiles essentielles de plantes,
selon vos goûts

1 Remplissez le bocal d'eau bouillante. Pour décorer les bougies, plongez-les dans l'eau une par une en les tenant par la mèche. Maintenez-les immergées pendant une minute et demie. À l'aide d'une pince à épiler, appliquez les herbes sur la cire ramollie.

2 Lorsque vous avez terminé ou que la cire a durci, immergez de nouveau les bougies dans l'eau bouillante : les herbes se recouvriront d'une couche de cire – plus l'immersion est longue, plus elles s'enfonceront dans la cire.

3 Réalisez une série de motifs différents, puis faites une composition décorative avec toutes les bougies.

Pot-pourri d'herbes

Les pots-pourris que l'on fait soi-même n'ont rien à voir avec ceux que l'on trouve dans le commerce. Avec des herbes séchées, vous obtiendrez un mélange de parfums harmonieux qui embaumeront vos pièces. Remuez-les de temps en temps pour réveiller les senteurs endormies.

1 poignée de feuilles de menthe séchées
2 poignées de soucis secs
1 poignée d'herbes sèches diverses,
notamment thym, sauge, marjolaine
10 rondelles d'orange séchées
6 bâtons de cannelle
Piments secs
4 noix de muscade
1 c. à café d'huile essentielle de menthe
1 c. à soupe d'huile essentielle
d'orange douce
1 c. à soupe de racine d'iris en poudre
Grand bol en métal ou en plastique
1 sac en plastique

1 Mélangez tous les éléments (sauf la racine d'iris) dans un bol. Celui-ci ne doit être ni en bois ni en plastique pour ne pas absorber l'huile essentielle dont il garderait indéfiniment le parfum. Assurez-vous que cette huile soit bien mélangée aux autres éléments.

2 Versez le tout dans un sac en plastique. Ajoutez la poudre d'iris et agitez bien. Laissez macérer pendant une ou deux semaines, en remuant régulièrement. Transvasez le tout dans une coupe ou un récipient décoratif. Rappelez-vous que l'huile essentielle peut ternir les surfaces cirées : évitez donc de poser la coupe sur une table en bois.

Au premier plan : *pot-pourri d'herbes.*
Au second plan : *bougies parfumées et décorées.*

SACHETS D'HERBES ANTIMITES

Le parfum des herbes, s'il est puissant, éloigne les mites. La tanaisie et la citronnelle s ont très efficaces, mais la lavande est la plante qui les importune le plus – et qui dégage le parfum que nous préférons.

2 tasses de fleurs de lavande séchées
1 tasse de feuilles de tanaisie séchées
2 tasses de citronnelle séchée
2 bâtons de cannelle pilés
1 c. à café de racine d'iris
Petits sachets en toile de jute
Petits élastiques
Ruban ou cordon, au choix

1 Mélangez tous les ingrédients, puis répartissez-les dans les sachets en toile de jute. Fermez l'extrémité des sachets avec des petits élastiques.

2 Décorez les sachets avec des cordons ou des rubans. Suspendez-les dans vos armoires ou glissez-les dans vos tiroirs.

Oreillers et coussins d'herbes

On connaît depuis longtemps les propriétés sédatives des oreillers de houblon, mais celles des mélanges d'herbes sont tout aussi efficaces. Il existe bien sûr d'autres assortiments d'herbes séchées.

1 tasse de menthe séchée
1 tasse de lavande séchée
1 tasse de verveine citronnelle séchée
1 tasse de thym citron séché
3 tasses de feuilles de géranium séchées au parfum de citron
Sacs en calicot ou en mousseline
Élastiques, ficelle ou une aiguille et du fil
1 c. à café de racine d'iris (facultatif)
1 c. à café d'huile d'herbe essentielle (facultatif)
1 sac en plastique

1 Mélangez tous les éléments. Mettez-les dans les sacs, que vous fermerez avec des élastiques, de la ficelle ou en les cousant. Glissez ces sacs d'herbes dans des oreillers ou des coussins, qui diffuseront alors un parfum délicat.

2 Si vous désirez un parfum plus soutenu, ajoutez aux éléments de base de la racine d'iris ou de l'huile essentielle. Laissez macérer le tout dans un sac en plastique pendant une semaine ou deux avant usage.

SACHETS DE LAVANDE

Les sachets de lavande sont des petits cadeaux qui font toujours plaisir. Disposez-en plusieurs dans votre armoire et ils donneront un délicat parfum à vos draps.

Petits sachets en calicot ou en mousseline
Fleurs de lavande
Élastiques
Ruban, selon vos goûts
Assortiment d'herbes séchées
Pistolet à colle chaude
Tiges d'herbes séchées (facultatif)

1 Remplissez les sachets de fleurs de lavande séchées et fermez les extrémités avec des élastiques. Ne garnissez pas trop les sachets, sinon vous aurez du mal à serrer l'élastique.

2 Nouez le haut des sachets avec un joli ruban et agrémentez d'un assortiment d'herbes séchées que vous fixerez à l'aide du pistolet à colle. L'une des décorations les plus réussies consiste à mettre ensemble quelques roses séchées et un beau brin de lavande.

DIFFUSEUR DE BOUTONS DE ROSE ET DE CARDAMOME

Amusante à réaliser, cette boule parfumée aux boutons de rose égaiera vos pièces. Suspendez-la au mur ou au miroir de votre coiffeuse. Dorée à la bombe, elle servira ensuite de décoration à Noël.

Ruban ou cordon pour suspendre la boule
Fil de fleuriste moyen
1 boule de mousse grise de 7,5 cm de diamètre
Ciseaux
Petits boutons de rose
Ruban adhésif
Graines de cardamome verte

1 Faites une grande boucle avec le ruban ou le cordon. Consolidez la base du cordon avec du fil de fleuriste, en laissant libre une bonne longueur de ce fil. Traversez la boule de part en part avec le fil, en le laissant dépasser de 3 cm. Courbez la partie qui dépasse et plantez-la dans la mousse.

2 Plantez les tiges des roses dans la mousse. Si les roses n'ont pas de tiges, fixez-les avec un peu de colle. Couvrez entièrement la boule de roses, en les serrant les unes contre les autres : la mousse doit être invisible. Collez quelques graines de cardamome entre les boutons de rose pour obtenir un contraste de couleurs et de textures.

Brosses parfumées

Quelques gouttes d'huile essentielle suffisent à donner un parfum délicat à vos brosses et à vos accessoires en bois. Cette huile abîme le vernis, n'en mettez donc pas sur les objets qui en sont enduits.

Brosses en bois non verni
Huile essentielle de lavande, par exemple
Barrettes à cheveu en bois non verni

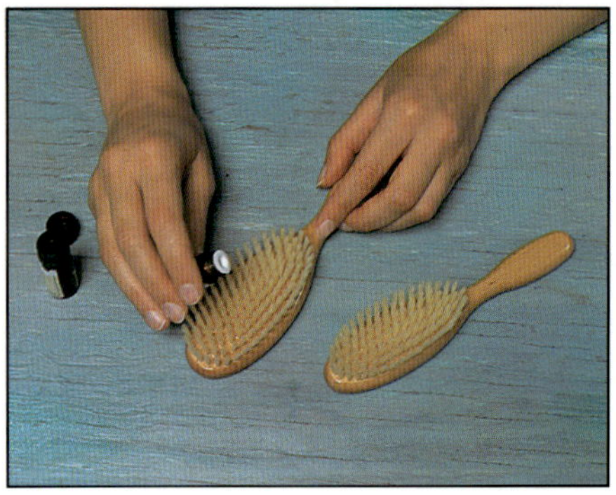

1 Déposez deux ou trois gouttes de votre huile essentielle favorite sur une brosse en bois, du côté des poils. Les poils et le bois de la brosse s'imprégneront du parfum de l'huile et le diffuseront pendant un bon moment. Si ce parfum s'estompe, ajoutez un peu d'huile régulièrement. Vos cheveux dégageront des senteurs subtiles lorsque vous les brosserez. Versez l'huile très doucement, et sans trop en mettre, car elle est plutôt salissante.

2 Pour que le parfum reste plus longtemps dans vos cheveux, déposez quelques gouttes d'huile sur votre barrette en bois : celle-ci, n'étant pas vernie, ne risque pas de ternir.

Bouquets de boutonnière

Réalisez vous-même des boutonnières à porter au revers de vos vêtements. Achetez vos collerettes chez le fleuriste ou découpez le centre d'un napperon en papier.

1 fleur de taille moyenne
1 brin d'herbe pourvu de jolies feuilles
Fil de fleuriste fin
1 petite collerette à bouquet ou un napperon découpé
Floratape

1 Au centre, vous pouvez mettre une rose ou un petit bouquet d'œillets minuscules. Entourez-les de brins d'herbes – du persil, par exemple – et attachez le tout avec du fil de fleuriste fin.

2 Glissez les tiges des plantes dans l'ouverture de la collerette et recouvrez-les avec du Floratape. D'autres associations conviennent tout aussi bien, par exemple, du romarin, de la sauge, de la lavande ou du buis.

CŒUR PARFUMÉ DE LA SAINT-VALENTIN

Tout le monde apprécie les cadeaux de la Saint-Valentin en forme de cœur. Celui-ci est une boîte dont le couvercle est orné de fleurs et d'herbes séchées. On l'offrira avec une composition florale fraîche, qui conservera son éclat en séchant.

1 boîte en forme de cœur
Ruban large et ruban étroit
Pistolet à colle chaude
5 roses séchées
Feuilles de laurier sec
1 bouquet de verges d'or séchées
1 couronne en forme de cœur
Feuilles de houttuynia
Roses Menuet
1 brin de lavande fraîche

1 Pour commencer, faites un grand nœud avec un ruban large. Collez les éléments séchés sur la boîte de manière à former un bouquet de fleurs. Fixez le nœud sur le dessus la boîte avec de la colle.

2 Collez un ruban étroit tout autour de la couronne. Ajoutez quelque feuilles de houttuynia (ici, de la variété *Houttuynia cordata*), quelques roses et de la lavande fraîche. Si vous le préférez, fixez ces éléments avec du fil plutôt qu'avec de la colle.

Papillotes de Noël

Pour donner une touche personnelle à la fête de Noël, réalisez vous-même vos décorations. Achetez des papillotes toutes préparées dans le commerce et, avec vos enfants, amusez-vous à les embellir avec des fleurs séchées.

Papillotes
Ruban de couleur étroit
Ciseaux
Fleurs et feuilles séchées, selon vos goûts
Pistolet à colle chaude ou ruban adhésif

1 Attachez les extrémités des papillotes avec des rubans, en faisant de jolis nœuds.

2 Préparez des petits bouquets d'herbes et collez-les sur les papillotes entre les nœuds.

Agenda aux plantes séchées et parfumées

On peut parfumer un agenda ou un carnet en le mettant simplement dans une boîte avec un sachet de lavande ou du coton imbibé de quelques gouttes d'huile essentielle : au bout d'un mois, il s'en dégagera une senteur persistante. Autre solution : frottez légèrement le verso de la couverture avec du coton imprégné d'huile essentielle. Choisissez un carnet ou un agenda sans inscriptions ni décorations (elles risqueraient de s'abîmer). Recouvrez-le avec du papier en plastique fin transparent.

Feuilles et fleurs séchées sous presse :
fleurs de bourrache, alchémille, pâquerette, rose, myosotis
1 agenda ou 1 carnet
Pince à épiler
Grande aiguille de tapissier
Colle transparente
Film plastique adhésif transparent

1 Disposez un assortiment de feuilles et d'herbes séchées sous presse sur la couverture de l'agenda ou du carnet, en vous aidant d'une pince à épiler.

2 Formez une jolie composition florale avec les fleurs et feuilles séchées sous presse.

3 Lorsque le motif floral vous plaît, fixez-le avec la grande aiguille et de la colle. Passez l'aiguille dans la colle, puis, en veillant à ne rien déplacer, appliquez un peu de colle sous les feuilles et les pétales pour les maintenir en place. Recouvrez la composition de plastique adhésif transparent.

Cartes décorées de fleurs séchées

On a souvent envie de faire ses cartes de vœux soi-même pour les personnaliser. Cela demande du temps et de la patience. Faites-en peu à la fois et gardez-les.

Fleurs et herbes séchées sous presse :
bleuets, lierre, romarin, bourrache
Cartes de vœux vierges
Grande aiguille de tapissier
Colle transparente
Film plastique adhésif transparent

1 Faites un choix de feuilles et de fleurs et répartissez-les sur la carte, en vous aidant d'une pince à épiler.

2 Lorsque vous avez terminé votre motif, fixez-le en passant la grande aiguille dans de la colle, puis en appliquant un peu de colle sous les feuilles et les fleurs, en veillant à ne rien déplacer. Recouvrez la composition d'une mince pellicule de plastique adhésif.

À droite : *cartes et agendas décorés de feuilles, d'herbes et de fleurs séchées et parfumées.*

Masque à la camomille et au miel

Une fois appliqué sur votre visage, ce masque vous donnera une peau nette et lisse. Les fleurs de camomille, qui servent à faire des infusions, se trouvent dans tous les magasins de produits diététiques.

1 c. à soupe de fleurs de camomille séchées
17,5 cl d'eau bouillante
2 c. à soupe de son
1 c. à café de miel liquide chauffé

1 Versez l'eau bouillante sur les fleurs de camomille et laissez macérer pendant 30 minutes. Filtrez ensuite cette décoction. Jetez les fleurs de camomille.

2 Délayez le son et le miel avec 3 c. à soupe de cette décoction et appliquez ce mélange sur votre visage et votre cou. Si le masque vous semble un peu rigide au début, il s'assouplira peu à peu au contact de la peau. Gardez-le 10 minutes, puis rincez à l'eau chaude.

LOTION TONIQUE À LA TANAISIE

Le parfum des feuilles de tanaisie est puissant, et la lotion qu'on en tire tonifiera votre peau. Conservez-la au froid et commencez bien la journée en vous aspergeant de ce tonique revigorant.

1 grande poignée de feuilles de tanaisie
15 cl d'eau
15 cl de lait

1 Mettez dans une casserole les feuilles, l'eau et le lait, et portez à ébullition. Laissez frémir pendant 15 minutes, puis faites refroidir dans la casserole.

2 Filtrez le liquide dans une bouteille. Conservez cette lotion au réfrigérateur. Appliquée froide sur la peau, elle exerce une action à la fois adoucissante et tonique.

LAIT HYDRATANT À LA GRANDE CAMOMILLE

La grande camomille se ressème toute seule dans les jardins où elle prolifère dans les parterres d'herbes. Ce lait hydrate les peaux sèches, estompe leurs imperfections et combat aussi l'apparition des points noirs.

1 grande poignée de feuilles de grande camomille
30 cl de lait

1 Faites cuire doucement les feuilles et le lait dans une casserole pendant 20 minutes.

2 Laissez refroidir dans le récipient, puis filtrez ce liquide dans une bouteille que vous conserverez au réfrigérateur.

LA GRANDE CAMOMILLE

- La grande camomille se cultive facilement; plantée en serre dans des bacs ou dans des pots, c'est ainsi qu'elle se révèle avoir le plus de charme.
- Suspendez des bouquets de fleurs têtes en bas et laissez-les sécher; vous pourrez ensuite les ajouter à vos compositions de fleurs séchées.

LOTION AU FENOUIL

Le fenouil se ressème tout seul dans le jardin. Une fois planté, il se multiplie rapidement. Ses feuilles ont un arôme anisé. Cette préparation nettoie en douceur, et en profondeur, les impuretés accumulées dans la journée.

1 c. à soupe de graines de fenouil
25 cl d'eau bouillante
1 c. à café de miel
2 c. à soupe de babeurre

1 Pilez légèrement les graines de fenouil. Versez-les dans l'eau bouillante et laissez infuser 30 minutes.

2 Passez le liquide refroidi dans un petit bol. Ajoutez le miel et le babeurre. Transvasez le tout dans une bouteille propre et conservez celle-ci au réfrigérateur.

LES GRAINES DE FENOUIL

- Les graines de fenouil sont appréciées pour leurs arômes puissants. Au siècle passé, elles symbolisaient la force. Élancées et gracieuses, les tiges du fenouil, couronnées de fleurs jaunes, atteignent 1,50 mètre.
Jadis, on associait les graines de fenouil, d'aneth et de carvi. On les présentait dans des sachets, ou bourses, et on les mâchait pendant les réunions de prière pour calmer sa faim ; aussi les appelait-on «graines de réunion».

Tonique capillaire au persil

Le persil fortifie le cuir chevelu et active sa circulation. Il stimule la pousse des cheveux et donne à ceux-ci du brillant.

1 grande poignée de brins de persil
2 c. à soupe d'eau

1 Mettez les brins de persil et l'eau dans un robot ménager.

2 Réduisez le tout en fine purée. Appliquez cette lotion verte sur le cuir chevelu. Enveloppez votre tête dans une serviette chaude. Au bout d'une heure, shampouinez vos cheveux.

Lotion de rinçage à la verveine citronnelle

Cette lotion donne à vos cheveux un parfum subtil. Elle resserre les pores du cuir chevelu et en active la circulation. Faites pousser de la verveine citronnelle dans votre jardin pour le plaisir d'en cueillir un brin en passant.

Une poignée de feuilles de verveine citronnelle
25 cl d'eau bouillante

1 Versez l'eau bouillante sur les feuilles de verveine citronnelle. Laissez macérer pendant 1 heure.

2 Filtrez soigneusement cette lotion et utilisez-la pour rincer vos cheveux après les avoir traités.

De gauche à droite : *lotion de rinçage à la verveine citronnelle et tonique capillaire au persil.*

Lotion de rinçage à la camomille

Les fleurs de camomille donnent une nuance plus claire et de l'éclat aux cheveux blonds, mais elles n'ont pas le pouvoir d'éclaircir les cheveux châtains ou bruns. Elles rendent plus brillants les cheveux clairs, tout en les parfumant agréablement.

12,5 cl de fleurs de camomille
60 cl d'eau
1 poignée de feuilles de géranium odorant

1 Mettez les fleurs de camomille et l'eau dans une casserole ; amenez à ébullition. Laissez frémir pendant environ quinze minutes.

2 Filtrez le liquide encore chaud en le versant sur les feuilles de géranium odorant. Laissez macérer pendant 30 à 40 minutes. Filtrez de nouveau le liquide, dans une bouteille cette fois-ci. Utilisez cette lotion après le shampooing.

Lotion capillaire au romarin

De temps à autre, le romarin remplace avantageusement les shampooings vendus en pharmacie. Il retarde l'apparition des cheveux gris et rehausse l'éclat et la couleur de vos cheveux.

1 tasse de pousses de romarin
1,2 litre d'eau minérale

1 Mettez tous les éléments dans une casserole et amenez à ébullition. Faites frémir pendant 20 minutes, puis laissez refroidir dans la casserole.

2 Filtrez le liquide et conservez-le dans une bouteille propre. Utilisez-le comme après-shampooing.

SACHETS DE BAINS AUX HERBES

Il est plus agréable d'utiliser ces sachets que les bains moussants du commerce. Attachez-les sous le robinet d'eau chaude de manière que celle-ci, en coulant, s'imprègne de leur suave parfum aux propriétés relaxantes et adoucissantes.

3 disques de gaze de 23 cm de diamètre
6 c. à soupe de son
1 c. à soupe de fleurs de lavande
1 c. à soupe de fleurs de camomille
1 c. à soupe de pousses de romarin
3 petits élastiques
3 m de ruban étroit ou de ficelle

1 Mettez 2 c. à soupe de son au centre de chaque disque de gaze. Ajoutez les fleurs de lavande à l'un d'eux, celles de camomille au deuxième et les pousses de romarin au troisième.

2 Ramenez le bord des disques au centre et fermez les sachets avec un élastique. Nouez autour un ruban ou une ficelle de longueur adéquate. Suspendez-les au robinet d'eau chaude de manière que le parfum des herbes diffuse dans le bain.

Baume pour les mains à la rose

Un excellent baume parfumé aux propriétés adoucissantes et hydratantes.

1 c. à café de cire d'abeille
1/4 c. à café de miel
4 c. à soupe d'huile d'amande douce
4 c. à soupe d'eau de rose

1 Mettez la cire d'abeille, le miel et l'huile d'amande douce dans un bocal en verre. Faites fondre au bain-marie dans une casserole, en tournant pour bien mélanger.

2 Ajoutez l'eau de rose en remuant vigoureusement. Retirez le bocal de l'eau et mélangez, délicatement à présent, jusqu'à ce que la crème refroidisse.

Après-rasage à l'aneth

Voici une recette pour les hommes : une lotion après-rasage apaisante. Conservez cette préparation au réfrigérateur, car non seulement elle sent bon, mais le froid en développera les propriétés tonifiantes.

50 g de graines d'aneth
1 c. à soupe de miel
60 cl d'eau minérale
1 c. à soupe de distillat d'hamamélis

1 Mettez les graines d'aneth, le miel et l'eau dans une petite casserole. Amenez à ébullition, puis laissez frémir pendant 20 minutes.

2 Après refroidissement dans la casserole, ajoutez le distillat d'hamamélis. Filtrez ce liquide dans une bouteille et conservez-le au réfrigérateur.

Bain moussant à la lavande

Après avoir essayé cette recette, vous n'aurez plus envie d'acheter vos bains moussants dans le commerce. Vous adopterez très vite cette réalisation au parfum délicat, si simple à réaliser et, de plus, fort économique.

1 bouquet de lavande
1 bocal à goulot large avec une fermeture à vis
1 grande bouteille de shampooing naturel (sans parfum ni colorant)
5 gouttes d'huile de lavande

1 Placez le bouquet de lavande dans le bocal, têtes en bas. Si les tiges dépassent du goulot, coupez-les, car ce sont les fleurs qui comptent. Ajoutez le shampooing et l'huile de lavande.

2 Fermez le bocal et placez-le sur le rebord d'une fenêtre ensoleillée pendant 2 à 3 semaines. Remuez de temps à autre.

3 Filtrez le liquide et mettez-le en bouteille. Versez-en 1 c. à soupe dans votre bain pour le parfumer délicieusement.

Infusion au pissenlit

Les infusions de plantes ont souvent des propriétés revigorantes. Le pissenlit combat la rétention d'eau et les sensations de lourdeur. On lui prête aussi des vertus antirhumatismales. En outre, cette infusion est légèrement laxative : il faut donc la boire avec modération.

5 à 6 feuilles de pissenlit
Eau bouillante
1 c. à café de miel (facultatif)

1 Ôtez les tiges des pissenlits. Tronçonnez les feuilles en fragments que vous déposerez au fond d'une tasse. Couvrez-les d'eau bouillante et laissez macérer 5 à 10 minutes.

2 Filtrez l'infusion, retirez le gros des feuilles de pissenlit. L'infusion est prête à boire. Si vous la préférez plus sucrée, ajoutez une petite cuillerée de miel.

Les pissenlits

- Les racines de pissenlit séchées remplacent le café ; on peut aussi en parfumer la bière ou le vin.
- Parfois mélangées à des lardons (poêlés), les feuilles de pissenlit constituent une délicieuse salade ; blanchies quelques minutes, elles se servent en légume d'accompagnement.

Infusion au thym

Le thym est un excellent remède contre le rhume et la toux. Mais si cette infusion peut compléter un traitement, elle ne doit pas s'y substituer. Elle permet aussi de combattre l'insomnie.

25 g de thym frais
60 cl d'eau bouillante
1 c. à café de miel

1 Couvrez le thym frais d'eau bouillante. Laissez infuser pendant 5 à 10 minutes, selon votre goût.

2 Ajoutez le miel. Buvez l'infusion pendant qu'elle est encore chaude.

Le thym décoratif

- Cueillez du thym et laissez-le sécher à l'air libre. Vous pourrez utiliser ses fleurs dans des compositions de plantes séchées décoratives.
- Autre possibilité : lorsque les fleurs sont sèches, détachez-les avec vos doigts et utilisez-les pour compléter des pots-pourris.

Bain à la lavande et à la marjolaine

Un bon bain chaud est un excellent moyen de soulager la fatigue et les tensions d'une longue journée. En même temps, il hydrate la peau. Enfin les huiles essentielles favorisent le sommeil. Pour accroître ces propriétés bénéfiques, vous pouvez ajouter à l'eau du bain un sachet rempli de lavande et de marjolaine fraîches.

2 c. à soupe d'huile d'amande douce
7 gouttes d'huile de lavande
3 gouttes d'huile de marjolaine

1 Mettez tous les ingrédients du bain dans une coupelle ou un bol.

2 Mélangez-les soigneusement, puis versez ce mélange dans votre baignoire pendant qu'elle se remplit. Attardez-vous dans votre bain, jusqu'à ce que vous soyez complètement détendu.

Bain à la citronnelle, à la coriandre et au clou de girofle

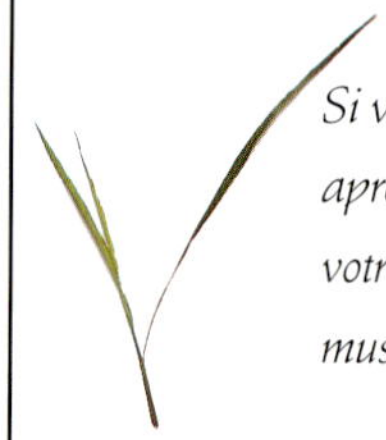

Si vous êtes courbaturé(e) après un effort, ce bain activera votre circulation et soulagera vos muscles et vos articulations.

2 c. à soupe d'huile d'amande douce
2 gouttes d'huile de citronnelle
2 gouttes d'huile de coriandre
2 gouttes d'huile de clou de girofle

1 Versez la dose d'huile d'amande douce dans une coupelle.

2 Ajoutez délicatement les huiles essentielles. Mélangez tous les éléments. Versez-les dans l'eau de votre bain pendant que votre baignoire se remplit. Rincez la coupelle sous le robinet pour être sûr(e) que toutes les huiles essentielles sont déversées dans la baignoire. Savourez votre bain en prenant votre temps et en vous détendant.

L'essence de lavande

De toutes les huiles essentielles, celle de lavande est la plus utile et, sans doute, la plus inoffensive. Elle ne provoque, à notre connaissance, aucune réaction allergique et, à l'inverse de bien des essences, elle peut s'appliquer directement sur la peau.

- Elle favorise le sommeil : déposez-en quelques gouttes sur l'oreiller ou sur un mouchoir posé sur l'oreiller, et enfants et adultes passeront une nuit paisible.

- Elle soigne les brûlures, les piqûres, les plaies bénignes. Elle éloigne les insectes lorsque vous prenez l'air, les soirs d'été : pour cela, enduisez les parties découvertes de votre corps (mains, bras, pieds) avec un peu d'huile.

- Versez 10 gouttes d'huile essentielle dans un litre d'eau. Aspergez vos taies d'oreiller et vos draps de ce liquide parfumé avant de repasser, et votre linge sentira toujours bon.

De gauche à droite : *bain à la citronnelle, à la coriandre et au clou de girofle, et bain à la lavande et à la marjolaine.*

Lotion à la consoude

Cette décoction traite efficacement les coupures et les écorchures. Utilisez-la à température ambiante pour qu'elle soit vraiment apaisante.

2 c. à soupe de consoude fraîche (ou 1 c. à soupe de consoude séchée)
30 cl d'eau bouillante

1 Émiettez la consoude fraîche et recouvrez-la d'eau bouillante. Faites macérer pendant 10 minutes. Laissez refroidir.

2 Tamponnez délicatement les coupures et les éraflures avec une compresse imbibée de cette lotion. Celle-ci convient également aux brûlures et aux coups de soleil.

Bain de pied à la menthe et huile de massage

Après une dure journée de marche, lorsque vos pieds sont bien fatigués, offrez-leur un bon bain apaisant. Ensuite, avant de vous coucher, massez-les avec l'huile de menthe : c'est une essence qui adoucit et détend et, de plus, dégage un parfum rafraîchissant.

Bain à la menthe
12 grands brins de menthe
12 cl d'eau froide
2,4 litres d'eau bouillante

Huile de massage
1 c. à soupe d'huile d'amande douce
1 goutte d'huile essentielle de menthe

1 Mettez la menthe dans un robot ménager. Ajoutez de l'eau froide. Réduisez le tout en une purée de couleur verte. Versez celle-ci dans un grand bol et ajoutez l'eau bouillante. Lorsque ce mélange est revenu à une température encore chaude mais supportable, plongez-y vos pieds.

2 Essuyez vos pieds délicatement avec une serviette douce. Mélangez les huiles d'amande douce et de menthe et massez vos pieds avec cette lotion.

Infusion au basilic

Si certaines préparations sont peu agréables au goût, l'infusion au basilic est aussi délicieuse à boire qu'efficace. Cette plante combat la nausée et possède, dit-on, des propriétés antiseptiques. Elle ne doit pas pour autant remplacer les traitements anti-infectieux, mais seulement les compléter.

1 grand brin de basilic
30 cl d'eau bouillante
1 c. à café de jus d'orange frais

1 Versez l'eau bouillante sur les brins de basilic. Laissez infuser pendant 5 minutes environ, puis retirez la plante

2 Ajoutez le jus d'orange. Remuez et buvez pendant que c'est chaud.

Boisson calmante au fenouil

Cette boisson calmante aide à digérer et à apaiser les coliques. On l'administre le plus souvent aux nourrissons, mais rien n'empêche d'en donner aux enfants et aux adultes. Les proportions pour un nourrisson sont les suivantes : deux doses d'eau pour une dose de boisson au fenouil, à consommer chaude ou froide.

1 c. à café de graines de fenouil
30 cl d'eau bouillante

1 Pilez les graines de fenouil. Couvrez-les d'eau bouillante et laissez macérer pendant une vingtaine de minutes.

2 Filtrez l'infusion soigneusement de façon à éliminer toutes les graines.

À créer avec vos enfants

- Des sachets de lavande garnis de brins de camomille et de rubans multicolores pour parfumer le linge.
- Des cartes de vœux et du papier à lettres décorés de feuilles et de fleurs d'herbes séchées.
- Un jardin miniature composé de lavande, de soucis et de roses.

Glossaire

Akène : fruit sec des plantes de la famille des composées (ou en latin *Compositae*) qui ne contient qu'une graine qui ne s'ouvre pas à maturité.

Bractée : petite feuille à l'aisselle de laquelle se développe la fleur ou l'inflorescence.

Capitule : inflorescence constituée d'un groupe de fleurs généralement sessiles (sans pédoncule) situé sur le réceptacle (caractéristique de la famille des composées).

Caulinaire : se dit d'une feuille qui naît sur la tige.

Composé : une inflorescence composée est constituée d'un ensemble d'inflorescences.

Corymbe : inflorescence dont les fleurs arrivent toutes à peu près à la même hauteur.

Cyme : inflorescence dont l'axe se termine par une seule fleur. Peut donner lieu à une succession de ramifications toujours terminées par une seule fleur.

Denté : dont les bords sont garnis de dents plus ou moins larges.

Épi : inflorescence en grappes simples aux fleurs sessiles (ex. le blé).

Foliole : division d'une feuille composée (ex. feuilles de l'acacia).

Inflorescence : ensemble de fleurs sur une tige commune, disposées dans un ordre déterminé qui se développe en général à l'aisselle d'une bractée.

Lancéolé : en forme de lance.

Ligneux : qui a la nature du bois.

Limbe : partie principale, aplatie et large, d'une feuille.

Nœud : niveau de l'insertion d'une feuille sur une tige, souvent délimitée par un renflement.

Ombelle : inflorescence constituée par des fleurs dont les pédoncules partent d'un même point de la tige et rayonnent pour leur faire prendre dans leur ensemble une disposition plane ou plus ou moins convexe (ex. carotte, fenouil…).

Opposé : feuilles placées l'une en face de l'autre, à la même hauteur sur la tige.

Penné : feuille ressemblant à une plume (ex. feuille de l'acacia).

Pétiole : partie rétrécie de la feuille par laquelle elle tient à la tige.

Rhizome : tige souterraine de certaines plantes vivaces (ex. la menthe).

Sagitté : en forme de flèche.

Sessile : dépourvu de support (feuille sans pétiole, fleur sans pédoncule, anthère sans filet).

Style : petite colonne portant le stigmate.

Verticille : ensemble de trois ou plusieurs feuilles, branches ou fleurs insérées au même niveau sur la tige.

Index des plantes

Index des recettes de cuisine

Crédits photographiques

Toutes les photographies reproduites dans cet ouvrage ont été réalisées par John Freeman et Michelle Garrett, exceptées celles publiées aux pages 36 (g) et 37, 54 et 55 et 36 (d), 75 (rose trémière), 77 (arméria maritime), 81 (centaurée noire), 82 (anthémis des teinturiers), 87 (roquette), 90 (géranium robert), 93 (gaude), 95 (lavande française), 98 (mauve), 107 (grand plantain), 113 (sarriette), et 117 (consoude de Russie, var. panachée) et 121 (vérâtre blanc) qui ont été obligemment prêtées respectivement par Jenny Balfour-Paul, Jacqui Hurst, the Garden Picture Library et Bernard Pasquier.
Les photographies reproduites pp. 7 (b), 8 (h, b), et 9 (d) ont été fournies par Visual Arts Library.